财政干部教育培训用书
现代财政制度系列教材

现代预算制度研究

财政部干部教育中心 组编

中国财经出版传媒集团
经济科学出版社
Economic Science Press

图书在版编目（CIP）数据

现代预算制度研究／财政部干部教育中心组编．
—北京：经济科学出版社，2017.7
财政干部教育培训用书　现代财政制度系列教材
ISBN 978-7-5141-8327-6

Ⅰ．①现⋯　Ⅱ．①财⋯　Ⅲ．①预算制度–中国–干部培训–教材　Ⅳ．①F812.3

中国版本图书馆 CIP 数据核字（2017）第 194120 号

责任编辑：白留杰　凌　敏
责任校对：刘　昕
责任印制：李　鹏
封面设计：陈宇琰

现代预算制度研究

财政部干部教育中心　组编

经济科学出版社出版、发行　新华书店经销
社址：北京市海淀区阜成路甲 28 号　邮编：100142
教材分社电话：010-88191354　发行部电话：010-88191522
网址：www.esp.com.cn
电子邮箱：bailiujie518@126.com
天猫网店：经济科学出版社旗舰店
网址：http://jjkxcbs.tmall.com
北京密兴印刷有限公司印装
710×1000　16 开　22.75 印张　320000 字
2017 年 9 月第 1 版　2017 年 9 月第 1 次印刷
ISBN 978-7-5141-8327-6　定价：79.00 元
（图书出现印装问题，本社负责调换。电话：010-88191510）
（版权所有　侵权必究　举报电话：010-88191586
电子邮箱：dbts@esp.com.cn）

前　言

党的十八届三中全会通过的《中共中央关于全面深化改革若干重大问题的决定》提出了财政是国家治理的基础和重要支柱的重要论断，并就深化财税体制改革作出了总体部署。当前，统筹推进"五位一体"总体布局和协调推进"四个全面"战略布局，牢固树立和贯彻落实新发展理念，努力实现"两个一百年"奋斗目标和中华民族伟大复兴的中国梦，都迫切需要充分发挥财政对于推进国家治理体系和治理能力现代化的基础和支柱作用，构建与我国综合国力和国际影响力相匹配的财政体系和财政能力。中央政治局会议审议通过的《深化财税体制改革总体方案》明确提出，到2020年基本建立现代财政制度。现代财政制度在体系上要构建全面规范、公开透明的预算管理制度，公平统一、调节有力的税收制度，中央和地方事权与支出责任相适应的制度；在功能上要适应科学发展需要，更好地发挥财政稳定经济、提供公共服务、调节分配、保护环境、维护国家安全等方面的职能；在机制上要符合国家治理体系与治理能力现代化的新要求，包括权责对等、有效制衡、运行高效、可问责、可持续等一系列制度安排。

深化财税体制改革是一场关系我国国家治理现代化的深刻变革，是完善社会主义市场经济体制、加快转变政府职能的迫切需要，是转变经济发展方式、促进经济社会持续稳定健康发展的必然要求，是建立健全现代国家治理体系、实现国家长治久安的重要保障。财政干部在深化财税体制改革、建立现代财政制度中责任重大，使命光荣。

为满足广大财政干部的学习需求，财政部人事教育司、干部教育中心组织协调中央财经大学、上海财经大学、中南财经政法大学、东北财经大学、江西财经大学、山东财经大学6所部省共建高校和部内有关司局，联合研究编写了我国现代财政制度系列教材。系列教材共分7本：《中国现代财政制度建设之路》《现代预算制度研究》《现代税收制度研究》《现代政府间财政关系研究》《现代财政法治化研究》《现代财政宏观调控研究》《现代财政监督研究》。教材突出前瞻性、实用性、科学性和通俗性，希望能为广大财政干部学习专业知识、提高业务能力提供帮助，进而为加快推进建立我国现代财政制度作出积极贡献。

《现代财政制度系列教材》编写组
2017年9月

目 录

第一章 现代预算制度概述 /1

第一节 现代预算制度与国家治理 /1

一、国家治理、现代财政制度、现代预算制度 /2

二、国家治理与现代预算制度 /7

第二节 现代预算制度概述 /9

一、现代预算制度的内涵 /9

二、现代预算制度的特征 /13

三、现代预算制度的演进 /15

四、中国建设现代预算制度的必要性 /21

第三节 现代预算制度的原则 /22

一、西方国家政府预算原则的介绍 /22

二、中国构建现代预算制度的原则 /24

第二章 典型国家现代预算制度构建之路 /30

第一节 英国现代预算制度发展历程 /30

一、议会逐步剥夺君主税权（1215~1688年） /31

二、议会控制债权和支出权（1689~1851年）　/ 34
三、一系列政府预算制度改革（1852年至今）　/ 36

第二节　美国现代预算制度发展历程　/ 39

一、国会主导预算时期（1789~1920年）　/ 39
二、行政主导预算时期（1921~1973年）　/ 42
三、国会和行政共同主导预算时期（1974年至今）　/ 46

第三节　日本现代预算制度发展历程　/ 49

一、日本现代预算制度的发展演变　/ 49
二、近年来日本政府预算制度的改革动向　/ 56
三、日本政府预算管理体制的特点　/ 59

第四节　澳大利亚现代预算制度发展历程　/ 61

一、大规模预算改革前（20世纪70年代以前）　/ 61
二、大规模预算改革时期（20世纪70年代至90年代）　/ 62
三、大规模预算改革后期（20世纪90年代以来）　/ 65

第五节　俄罗斯预算制度发展历程　/ 66

一、俄罗斯国家预算制度的初步形成　/ 66
二、俄罗斯帝国时期预算制度发展　/ 67
三、苏联时期预算制度的建立与发展　/ 70
四、20世纪90年代的俄罗斯预算制度　/ 71
五、2001年以来俄罗斯预算制度改革　/ 72

第三章　中国迈向现代预算制度的发展历程　/ 75

第一节　中国现代预算制度的产生及发展　/ 75

一、中国预算制度的产生及驱动因素　/ 75
二、新中国预算制度的形成与发展　/ 81

目 录

第二节 1994年以来中国预算制度改革 /88

一、改革的背景 /89

二、改革的主要内容框架 /93

第三节 中国预算制度改革的评价 /98

一、现有改革的评价 /98

二、与现代预算制度的差距 /101

第四章 全面完整的现代预算制度构建之路 /107

第一节 预算外资金纳入预算管理 /107

一、预算外资金的概念与演进 /107

二、预算外资金的作用与问题 /114

三、深化改革重要举措：政府非税收入管理 /116

第二节 强化部门预算管理 /121

一、部门预算改革的背景 /121

二、部门预算的基本内容 /124

三、部门预算改革的发展历程 /132

第三节 政府预算体系的全面完整 /136

一、预算体系的全面完整的范围 /137

二、预算报告体系的全面完整 /138

三、预算收支范围的全面完整 /140

四、预算管理范围的全面完整 /147

五、预算管理流程的全面完整 /149

第五章 规范有序的现代预算制度构建之路 / **152**

第一节 规范有序的预算执行制度构建 / **153**

一、预算执行的主要任务 / 153

二、法律规范下的预算执行 / 154

第二节 规范收支执行的制度基础:国库集中收付制度 / **166**

一、国库集中收付制度的含义及特征 / 166

二、国库集中收付制度的基本内容 / 167

三、国库集中收付制度的改革历程 / 172

第三节 规范支出执行的制度保障:规范化的政府采购 / **183**

一、政府采购制度概述 / 183

二、规范的政府采购制度框架 / 188

三、规范有序的政府采购制度构建之路 / 192

第四节 规范预算执行的制度基础:政府会计与财务报告 / **201**

一、政府会计的内涵与构成 / 201

二、政府会计要素 / 204

三、政府会计的确认基础和计量 / 206

四、政府会计的功能 / 209

五、政府会计报告 / 210

六、中国权责发生制政府综合财务报告改革方案 / 214

第六章 约束严格的政府债务管理制度构建之路 / **218**

第一节 政府债务管理概述 / **218**

一、政府债务的内涵与形式 / 218

二、政府债务管理的内涵 / 220

三、政府债务管理的基本内容和目标 / 220

四、债务适度规模管理 / 223

第二节 地方政府债务管理 / 226

一、地方政府债务与地方政府债券 / 226

二、地方政府债务规模控制和预算管理 / 227

三、地方政府债券发行管理 / 230

四、地方政府债券风险防范管理 / 231

五、地方政府债务置换管理 / 238

第七章 绩效结果导向的现代预算制度构建之路 / 243

第一节 预算绩效管理概论 / 244

一、预算绩效管理的内涵 / 244

二、绩效评价与绩效预算 / 245

三、绩效预算与分项预算 / 247

四、政府预算绩效管理的理论依据 / 248

五、中国推行预算绩效管理的意义 / 252

第二节 预算绩效管理发展历程与中国现状 / 253

一、国外预算绩效管理发展历程 / 253

二、中国预算绩效管理引进历程与现状 / 257

第三节 全流程绩效管理机制构建 / 262

一、预算绩效管理的原则 / 262

二、绩效目标管理 / 264

三、绩效运行跟踪监控管理 / 269

四、绩效评价实施管理 / 270

五、绩效评价结果反馈和应用管理 /272

第四节 中国预算绩效管理改革方向 /274

一、中国实行预算绩效管理的挑战 /274

二、中国实行绩效预算管理改革的基本思路 /276

第八章 动态平衡的现代预算制度构建之路 /283

第一节 现代预算的平衡政策类型 /283

一、年度预算平衡政策 /284

二、功能财政预算政策 /285

三、周期预算平衡政策 /286

四、充分就业预算平衡政策 /286

五、综合性的预算平衡政策 /287

第二节 跨年度预算平衡机制的构建 /288

一、预算的年度平衡与跨年度平衡 /288

二、中国跨年度预算平衡机制的构建 /292

第三节 跨年度预算平衡机制与中期财政规划 /300

一、中期财政规划的国际及国内经验 /301

二、中国中期财政规划的实施 /308

第九章 公开透明的现代预算制度构建之路 /314

第一节 预算公开透明的理念及影响要素 /315

一、预算公开透明的理念 /315

二、预算公开透明的国际标准 /316

三、预算公开透明的影响要素 /321

第二节　中国预算公开透明的发展之路　/ 325

一、改革开放前预算公开透明的状况　/ 325

二、改革开放后至党的十八大前预算公开透明状况　/ 326

三、党的十八大以来预算的公开透明及驱动因素　/ 328

第三节　推进中国预算公开透明的影响因素与制度保障　/ 333

一、中国预算公开透明的影响因素　/ 333

二、推进预算公开透明的指导思想与原则　/ 337

三、推进预算公开透明的保障措施　/ 341

参考文献　/ 344

后　记　/ 351

第一章 现代预算制度概述

本章导读：财政是国家治理的基础和重要支柱，科学的财税体制是实现国家长治久安的制度保障。按照深化财税体制改革总体方案的要求，我国财政改革的目标是到2020年基本建立现代财政制度，健全有利于优化资源配置、维护市场统一、促进社会公平、实现国家长治久安的科学的可持续的财政制度。现代预算制度是现代财政制度的基础，在国家治理能力与治理体系现代化的过程中，发挥重要的基础性技术支撑功能。现代预算制度伴随着社会经济的发展而不断演化而来，有自身固有的本质特征。因此，本章以国家治理作为切入点，介绍了现代预算制度与国家治理的关系，阐述了现代预算制度的起源、内涵、特征、原则等内容。

第一节 现代预算制度与国家治理

党的十八届三中全会《关于全面深化改革若干问题的决定》（以下简称《决定》）中，首次提出全面深化改革的总目标——完善和发展中国特色社会主义制度，推进国家治理体系和治理能力现代化，并且将财政定位为国家治理的基础与重要支柱,提出建设现代财政制度的改革目标。而建设现代预算制度是建设现代财政制度的三大核心任务之一,也是建设现代财政制度的逻辑起点和突破口。国家治理体系现代化和治理能力提升,离不开现代预算制度的支撑,现代预算制度是国家治理体系的重要组成部分和关键内容。

一、国家治理、现代财政制度、现代预算制度

(一) 国家治理

治理理论及实践发端于 20 世纪 80 年代末期的西方国家和一些国际性组织,是在对政府与市场、政府与社会、政府与公民这三对基本关系的反思中产生的,并伴随着对这些基本关系认识的不断深化而发展的。所谓国家治理,是指国家作为一个公共管理机构在既定的范围内运用公共权威维持秩序,满足公众需要的活动。它作为一种实现国家社会公共管理职能的新理念、新方式和新方法,特别强调政府与公民、政府与社会组织的协调与合作,并希望通过政府与公民、政府与社会组织之间的合作和互动,寻求一种达到"善治"的社会管理体制。它是多层管理主体共同管理社会公共事务、处理社会冲突、协调不同利益的一系列制制度、体制、规则、程序和方式的总和。随着社会发展环境的变化,政府参与社会公共领域的范围与途径、参与机制等也均有所变化,而财政制度管理框架需要适应国家治理结构的转型,发挥财政的基础和支柱性作用。

在一般意义上,国家治理体系是一国用来规范社会权力运行和维护公共秩序的一系列制度安排及运行机制的总称。其范围涵盖了一国的经济、政治、文化、社会、生态文明等各个重要领域,是一整套紧密相连、相互协调的国家制度体系。而国家治理能力,则是一个国家制定法律制度、执行公共政策、治理经济社会事务以及维护政治经济及社会秩序等能力的整体体现。一个治理能力优良的国家,对外可以有效地维护国家利益与国家安全,对内可以使

人民形成长期稳定的、良好的心理预期，人民安居乐业、学有所教、劳有所得、病有所医、老有所养、住有所居。①

从发达国家的情况看，国家治理体系与治理能力的现代化一般包括以下几个要素：一是国家治理的制度化、法治化、规则化与规范化；二是治理主体的多元化；三是治理手段的网络化；四是国家治理的价值取向，不仅关注效率，而且更关注社会公平正义。现代国家治理结构普遍采用市场、政府与社会"三维"制度安排，政府通过收入和支出的各项活动，与市场、社会发生各种联系。税收、政府收费和公共定价、公共品和公共服务提供、横向和纵向财政转移支付等财政收支活动，一头连着市场，一头连着社会，关乎各方的切身利益，因此，财政是国家治理的基础和重要支柱。

国家治理能力提升、治理体系现代化与建设现代预算制度三者之间的辩证关系是界定现代预算制度在国家治理框架内角色与定位的基础和前提，厘清这一问题可以帮助我们更加清晰、深刻地把握预算、财税领域的内在规律，进而更好地应用于国家治理能力的提升上，促进我国现代化国家治理体系的发展与完善。

(二) 国家治理与现代财政制度

财政是各种利益关系的交汇点，财政与市场、财政与社会、财政与民众各个层面都有着千丝万缕的联系。现代财政活动是在既定的民主政治制度和政治程序安排约束下进行的，财政制度管理框架需要适应国家治理结构的转型，发挥财政的基础和支柱性作用。

（1）按照国家分配论的观点，财政是以国家为主体的分配行为，具备经济与政治的双重属性。财政，顾名思义，有财就有政，以政控财，以财行政，历朝历代，财政都是治国安邦平天下的重要工具。财政稳定，财源充裕，则国家社会就总体上比较和谐稳定；财政亏空，税费庞杂，则国家社会就容易

---

① 马海涛. 现代财政制度建设之路——"十三五"时期我国财政改革与发展规划 [M]. 北京：中国财政经济出版社，2015.

动荡不安。国家的运行，政府组成部门的运转离不开财政的支持，随着市场经济下社会公众法治意识、权利意识的提升，以及经济全球化、信息网络化的背景下，社会公众要求政府提供公共服务的范围、质量、提供机制与方式等均出现了新的变化。而政府要做的，就是财政资金需要配置的领域，财政也必须能够适应这种变化，调整财政资源的决策分配机制，强化财政满足社会公共需要的"公共性、民生性"的特征，让财政真正成为与社会主义市场经济相适应的法治化的公共财政。

(2) 财政是国家治理的基础，是由财政的综合性和职能所决定的。[①] 首先，政府做任何事或从事任何活动，都是需要花钱的，都是要以花钱为条件的。政府所花的钱，来自于财政支出的拨付。政府要花钱，就要筹钱，就得有钱的来源。政府所筹措的钱，构成了财政收入。这一收一支之间或财政收支的过程，实际上便是作为国家治理主体的政府履行职能的活动。没有财政支出的拨付，没有财政收入的筹措，就不可能有政府职能的履行，也就不可能有国家治理的实现。可以说，财政是国家治理的基础。

其次，财政是国家治理实现的突破口。这是因为相对于其他方面的政府职能，财政职能所具有的一个特殊品质或突出特点，就在于其最具"综合性"——覆盖全部、牵动大部。由于财政收支既是所有政府活动的基础，又是连接政府和家庭、企业的最直接的纽带，财政职能的履行，其范围，能够覆盖所有政府职能、所有政府部门和所有政府活动领域；其触角，能够延伸至所有家庭和企业、所有经济社会活动领域。牵住了财政职能这个"牛鼻子"，顺藤摸瓜，就等于抓住了政府职能履行、国家治理实现以及整个经济社会运转的关键突破口。

最后，财政现代化与国家治理现代化息息相关。作为政府的收支或政府的收支活动，自然要遵从一定的制度规范来进行。围绕政府收支所形成的一系列财政制度安排，其优劣不仅直接决定着财政职能的履行状况，而且事关

---

① 高培勇．为什么说财政是国家治理的基础和重要支柱 [N]．光明日报，2013 - 11 - 15．

所有政府职能的履行状况，进而决定着国家治理体系的运行状况和国家治理的实现水平。所以，财政制度的现代化与国家治理的现代化息息相关。它们之间彼此依存，互为表里，相辅相成。只有打下了现代财政制度的坚实基础，才可能收获现代国家治理体系和治理能力的成果。

（3）财政是实现国家长治久安的重要保障。财政伴随着国家的产生而出现，一个国家财政状况的好坏对于国家的兴盛起到至关重要的作用。从中国两千多年的财政史历程中可以发现，社会动荡、经济危机的出现总是以财政危机为爆发点的，因为财政危机而引发的政治动荡、朝代更迭似乎成了一般性规律。中国历史上每一个王朝的前期和中期，政府相对清廉、国库比较充裕、国力上升、社会相对公正、人民安居乐业。而到了后期，一般是吏治腐败、社会公平正义缺失、国库亏空、官员们横征暴敛、老百姓们民不聊生，于是就揭竿而起，王朝加速走向衰败和灭亡。对于大国而言，强大的财政实力，尤其是强大的中央财政实力，对于维护国家的统一、政权的稳定更是至关重要。在"弱中央、强诸侯"的财力分配格局下，中央政府的权威就无法得到切实保障，而地区经济差距的加大，中央政府财力的弱化等原因，均会导致地区脱离中央政府的离心趋势增强，不利于维护国家的统一和完整。因此，财政兴则国家兴，财政弱则国家弱，保持适当的财政汲取能力，稳定宏观税负水平，同时，保证中央财政收入在全国财政收入中的主导地位，是实现国家长治久安的重要保障。

（三）现代财政制度与现代预算制度

建立现代财政制度就是健全有利于优化资源配置、维护市场统一、促进社会公平、实现国家长治久安的科学的可持续的财政制度。总体来讲，现代财政制度在体系上要构建统一规范，即全面规范、公开透明的预算管理制度，公平统一、调节有力的税收制度，中央和地方事权与支出责任相适应的制度；现代财政制度在功能上要适应科学发展需要，更好地发挥财政稳定经济、提供公共服务、调节分配、保护环境、维护国家安全等方面的职能；现代财政制度在机制上要符合国家治理体系与治理能力现代化的新要求，包括权责对等、有效制衡、运行高效、可问责、可持续等一系列制度安排。

新一轮财税体制改革，着眼全面深化改革全局，坚持问题导向，围绕党的十八届三中全会《决定》部署的"改进预算管理制度、完善税收制度、建立事权和支出责任相适应的制度"三大任务，有序、有力、有效推进。从逻辑角度来看，预算管理制度改革是基础、要先行；收入划分改革需在相关税种税制改革基本完成后进行；而建立事权与支出责任相适应的制度需要量化指标并形成有共识的方案。按照中央的部署和要求，2014~2015年预算管理制度改革要取得决定性进展，税制改革在立法、推进方面取得明显进展，事权和支出责任划分改革要基本达成共识；2016年基本完成深化财税体制改革的重点工作和任务；2020年各项改革基本到位，现代财政制度基本建立。

《决定》中还指出："要强化权力运行制约和监督体系，坚持用制度管权管事管人，让人民监督权力，让权力在阳光下运行，是把权力关进制度笼子的根本之策。"实践表明，腐败与权力失去监督、失去控制不无关系。那么，制约和监督权力运行的突破口是什么？加强对政府权力运行的制约和监督，将权力关进制度的笼子里，需要依靠什么为载体来对权力运行进行有效的制约和监督？

现代预算制度作为现代财政制度的核心，是和预算本身的功能定位分不开的。政府权力的运作，施政行为的开展离不开预算资金的财力保障，因此管住了政府花钱的行为，控制了政府预算的资金流，也就实现了对政府施政行为的有效控制，可以实现对权力运行的有效制约与监督。预算在政府施政中的功能表现在：首先，财政活动必须按预算程序依法进行，预算编制、执行、调整、决算、审计等整个预算循环过程都必须接受权力机关监督，并向社会公开，接受公众及舆论监督。现代预算已经形成了一整套错综复杂而又相互制约的政治程序，是权力机关、行政机关、社会公众以及舆论界广泛参与的一年一度的预算活动。其次，在政府治理工具或治理手段中，与以市场为核心的治理工具及机制和政府直接生产比较，无论是政府收税、收费、公共定价，还是政府将规模巨大的税款通过预算程序转换成"一揽子"公共品，均与企业及居民的利益息息相关，对资源配置、社会公平正义、国家长治久安等均至关重要。

二、国家治理与现代预算制度

建立全面规范，公开透明的现代预算制度"是国家治理体系和治理能力现代化的基础和重要标志，是强化预算约束、规范政府行为、实施有效监督，把权力关进制度笼子的重大改革举措"[①]。财政是国家治理的基础和重要支柱，而预算作为财政制度的核心内容，必然要在国家治理中发挥重要的作用。政府预算制度与国家治理之间存在着内在的互动关系。一方面，政府依据每年的财政预算来安排政府活动，它对国家治理起到一定的引导作用；另一方面，不同的国家治理结构和水平反过来对政府预算有着不同的影响和要求。越是预算制度完善的国家，其国家治理也更加高效而且负责。

（一）现代预算制度是国家治理体系的重要组成部分

现代预算制度与国家治理机制密不可分。现代预算制度是国家政治与经济监督的载体，有什么样的国家治理机制就必须有相应的符合本国特色的预算制度与之相适应。不同国家或同一国家不同时期的国家治理目标、国家的现实任务，所面临的形式，国家治理所处的地域性等规定了预算制度具体的运行规范，直接或间接影响国家预算制度发挥作用的大小。

现代预算制度是国家治理体系中的重要组成部分，更是治理能力的基础和保障。但这也决定了它必须在国家治理框架内进行工作，必定跟着国家治理的革新成长而持续赋予现代预算制度工作新内涵、新方向、新要求、新要点、新方法；必定受到同一时期国家治理的行动指南、目的要求、治理重心

---

① 楼继伟．深化财税体制改革，建立现代财政制度［EB/OL］．http：//www.mof.gov.cn/zheng-wuxinxi/caizhengxinwen/201410/t20141015_1150389.html．

和治理方式等诸多要素的影响与制约，即现代预算制度总是围绕国家治理主线上下波动，国家治理机制变化到一定程度，必然要引起现代预算制度的变革。国家治理的发展对现代预算制度的发展起决定性主导作用。

（二）现代预算制度是国家治理能力的基础和保障

在市场大潮覆盖全球的今天，无论是国家、社会组织还是个人，开展活动，都需要资金的支撑。如果没有资金作为支撑，无论是国家法令、政策还是个人行为都难以得到保障。预算是有关政府财务收支计划的报告或报告汇编，记录了收入、支出、活动及目的等信息。因而只有通过完善的预算制度，即现代预算制度，才能为我国的预算执行提供有力支撑，才能顺畅地为我国国家治理能力的发挥打下基础并提供保障。

现代预算制度实际上是涉及政府钱袋子的法律，纵观我国国家治理体系中的各项制度，现代预算制度无疑是最与社会公民息息相关的，因为它以法律形式规范了政府的各项收支活动，起到反腐倡廉和保护人民合法权益的重要作用，维护了社会公众的切身利益。而现代预算制度的实行也提高了政府财政运作效率，体现了政府的治理行为，在政府治理能力的具体发挥中起到了基础性的保障作用。

（三）现代预算制度的构建有利于完善国家治理机制

我国的预算制度在特定历史条件下遵循自身的内在规律不断演进，其方向、要求、要点和方法都是随着我国国家治理的方向、要求、要点和方法的转变而转变。预则立，不预则废。现代预算制度的前瞻性会减少庸碌行为，提高行政效率，可以在国家治理过程中发挥着重要的作用。法治前提下的预算监督在国家治理体系中应发挥重要作用，具体包括：

1. 促进政府行政法制化，推动依法治国

现代预算制度是领导决策的着眼点和民众的关注点，预算监督必须站在立党为公、执政为民的高度，切实领会全面推进依法执政、依法行政、依法治国的重要性和紧迫性，真正把促进我党依法执政、政府依法行政、全社会依法治国作为现代预算制度监督的基本行为准则，厘清政府与市场、政府与社会这两组关系，充分发挥政府的经济调节、市场监管、社会管理和公共服务四个方面的经济职能作用，尽快建立促进权责明确、行为规范、监督有效、保障有力的预算执法体制。

2. 促进政府行政高效化，推动经济社会可持续发展

现代预算制度能督促政府为避免遭受"秋后算账"的尴尬，仔细衡量公共经济资源的投入、配置及由此带来的社会效益，"深谋远虑，谋定后动"方能提升经济社会运行的品质、成绩和效果，推动经济和社会的全面、协调、可持续发展。通过开展对实践中预算问题的分析和原因探寻，深刻揭示国家治理中现存的体制性漏洞、机制性障碍和制度性缺陷，提出建设现代预算制度的建设性意见和建议，配合中央部署，全面深化改革，从而推动国家治理体系和治理能力现代化。

3. 促进对政府短视和任意行为的制约和管理

如果我们从现代预算制度的思路出发，控制住各级政府的财权，控制住公共资金的来源和流向及流量，让公共财产的收支管理都在阳光下运行，将公共资源分配和使用的权力约束在预算制度的笼子中，各级官员的"敛财冲动"和"投资冲动"将会大为降低，权力寻租的行为将没有实施环境。所以，构建起全面完整、公开透明、约束制衡、监督有力的现代预算制度是构建国家治理体系的重要内容。

第二节 现代预算制度概述

一、现代预算制度的内涵

关于现代预算制度的内涵，不同学科的学者从不同的研究视角，给出了不同的定义。比较占主流地位的是香港中文大学王绍光（2007）提出"预算国家"的概念，他把"预算国家"定义为拥有现代预算制度的国家。什么叫现代预算？现代预算必须是经法定程序批准的、政府机关在一定时期的财政收支计划。它不仅仅是财政数据的记录、汇集、估算和汇报，而是一个计划。这个计划必须由行政首脑准备与提交；它必须是全面的、有清晰分类的、统一的、准确的、严密的、有时效的、有约束力的；它必须经过立法机构批准与授权后方可实施，并公之于众。拥有这种预算制度的国家，才可以被称作预算国家。

综合对现代预算内涵的理解，本书认为：现代预算制度，是具备全面完整、规范有序、绩效控制、调控有力、公开透明、法治问责几大特征，使政府预算成为制约和监督权力运行重要载体的预算制度。

（一）从制度基础而言：政府预算是具有法律约束效力的文件

预算在经济和技术层面上看是政府收支对比的计划表，是现代经济社会配置资源的机制。通过政治程序确定的预算，首先决定整个社会资源在各部门之间配置的比例和结构，从而决定财政配置资源的规模和方向。而就现代预算制度而言，更加注重的是预算过程的法定性及预算文件的法律约束效力。

政府预算不是普通的收支计划，经过立法机构批准的政府预算本质上具有法律约束力。政府预算的形成过程实际上是国家立法机构审定预算内容和赋予政府预算执行权的过程，即政府必须将所编预算提交国家立法机构批准后才能据以进行财政活动。各国宪法一般规定，政府预算经立法机构批准公布后才具有法律效力，政府必须不折不扣地贯彻执行，不允许有任何不受预算约束的财政行为。在预算执行中由于客观情况的变化需要调整修改预算，也必须经过一定的法律程序；紧急情况的处理要补报审批手续。因此，政府预算是纳税人（公众）通过立法机构对政府行政权力的约束和限制，是立法机构对政府做出的授权和委托，政府行政机构对立法机构及其代表的社会公众负有法律责任，即政府活动内容和过程要受到法律及立法机构的严格监督和制约。

必须构造控制政府预算机制的深刻原因在于：具有独立财政权利的纳税人担负着政府的财政供应，就必然要求控制政府的财政，以政治、法律程序保证政府收支不偏离纳税人利益，保障个人的财产权利不受政府权力扩张的侵犯。政府财政是政府花众人即纳税人的钱为众人办事，成本和效用都是外在的。如果没有预算约束，或预算没有法律约束效力，政府官员就不会对公共资金的使用后果承担责任，公共资金就不会基于公众的利益而被合理、有效和正当地使用，就不可避免地出现效益低下，或贪污、腐化、挥霍、滥用。因此，政府要通过对公共资源的分配，为社会提供一定的公共产品和服务，而这一活动过程需要一定的控制系统来把控，这种控制系统就是预算或预算制度。

（二）从制度依据而言：政府预算是通过公共选择机制决定的

预算由决策编制、审议通过、执行实施、决算审计、绩效评价等一系列环节组成，通过这些环节保证政府财政活动能够满足公共利益及需要，而这一过程的实质是公共选择机制。

1. 预算决策编制是公共利益的发现过程

预算的提出和协调，首先是在对国内外的经济、政治和社会形势做出分析、评估和预测的基础上，发现社会需求的主要矛盾和问题，在此基础上，通过一定的政治程序提出政府的施政任务和目标。政府财政部门据此提出预算指导方针和技术要求，政府各支出部门据此提出预算请求，并排列出先后次序。财政部门在行政机构领导下进行多方的充分协调，按重要性或紧迫性排序，形成预算草案提交给立法机构讨论。

2. 预算的审批过程是公共利益的确认过程

立法机构对政府提交的预算草案进行辩论、听证、修改、宣读、投票批准等，实质是公共利益的继续发现和确认过程，公众代表和党派团体在讨论中表述各自的财政意愿，反映各自所代表的阶层或利益集团的要求，最后在达成利益共识的基础上批准预算，公众利益被最后确认。

3. 预算的实施和完成是公共利益的实现过程

预算实施要依据严格的程序和制度约束：各支出部门的领导对使用的资金负责，财政部门对其进行审核后批准拨款，按照政府采购、国库集中支付、执行情况报告、绩效评价等制度，最终执行结果要经过审计部门的审计，审计结果及其详细的说明材料以及绩效情况报立法机构确认，并向社会公布。

（三）从制度实施而言：政府预算反映政府集中支配财力的分配过程

从政府预算的内容上看，各项收入来源和支出去向体现了政府的职能范围，全面反映了公共财政的分配活动。一方面，政府通过预算的安排，采用税收、政府性基金、国有资本经营收益、行政性收费、公债等手段参与国民收入的分配，把各地区、各部门、各企业及个人创造的一部分收入集中起来，形成政府预算收入。集中收入的过程也反映和协调着各级政府之间、政府与部门之间、政府与企业及公民个人之间的分配关系。另一方面，通过预算安排，把集中的预算资金在全社会范围内进行分配，通过提供公共产品和服务以满足社会的公共需要。因此，政府预算收支体现着政府集中掌握的财政资金的来源、规模和流向及流量，预算分配规模和结构又直接反映并影响着经济和社会发展的规模和结构。

（四）从制度形式而言：政府预算是以年度或跨年度政府财政收支计划存在的

政府预算是政府对年度或跨年度财政收支规模和结构进行的预计、测算和安排，是按国家的政策意图和制度标准将一定时期的财政收支分门别类地列入各种计划表格，通过这个表格反映一定时期政府财政收支的具体来源和使用方向。其典型形式是经过法定程序批准的年度收支计划。这个计划必须由政府行政首脑准备与提交；它必须是全面完整的、分类清晰的、严密准确的、有时效和约束力的；它必须经过立法机构批准与授权后方可实施，并公之于众。

二、现代预算制度的特征

（一）全面完整

现代预算制度的特征之一就是确保预算是全面的、统一的、准确的、规范的和有时效的，以保证呈现在监督者面前的是一幅完整的而不是碎片化的预算全景图，这是确保内部约束、外部监督的前提，因而建设现代预算制度首先就是要从保证预算的全口径入手。政府施政行为的开展必须有相应的预算资金作为保障，那么，控制了政府预算的资金流，也就对政府的行政权力形成了有效的监督和制约。预算活动的完整过程主要包括预算的决策编制、审查批准、执行调整、绩效控制等，如何实现全过程的约束与监督，需要完善的制度设计。

（二）规范有序

自现代预算制度产生起，其重要的本源特征就是对政府收支的规范和约束。预算的主要目的是确立立法机构的职责，使立法机构能够控制税收，在取得课税权、批税权之后，预算又把注意力转移到控制支出上，即支出预算的事前确定与严格执行，在此基础上形成制度。逐步确立起规范与约束等有关收支的原则，并在政府内部建立起相关机构，控制、监督政府资金管理和使用。即预算在分配中首先要实现法律控制，通过法律法规控制税收和支出，接着是管理控制，即政府行政管理依据预算展开。预算及其执行结果直接地表明政府活动的成本、效率，其作为政府确立行政标准的依据，目的是提高行政效率和管理水平。

（三）绩效控制

公共财政，换句话说就是"取众人之财、办众人之事"，在实现政府部门花纳税人钱的合规性目标之后,就需要开始关注政府部门花纳税人钱的绩效性目标了,提高财政资金使用的绩效水平。财政资金分配中要"讲绩效、重绩效、用绩效",树立"用钱必问效、无效必问责"的绩效管理理念,建立"预算编制有目标、预算执行有监控、预算完成有评价、评价结果有反馈、反馈结果有应用"的绩效预算资金分配机制。

(四) 调控有力

现代预算制度发展的早期阶段,其功能特征主要是分配和监督。伴随着政府职能日益扩大,尤其是第一次世界大战以后各国政府支出剧增,经济大萧条影响到就业与稳定,此时财政负担起更多的职责,成为政府调节经济、实施经济政策的重要手段,预算的职责功能也随之发生了变化,派生出积极的调控经济的职责功能。首先,从政策制定角度来说,预算要分析、判断经济变化趋势,表达有效利用社会资源的意向,决定政府预算规模;其次,从政策操作角度来说,预算要对收入、支出、政府债务和货币政策等作通盘考虑,确定促进宏观经济平衡的财政政策。

(五) 公开透明

预算为公众提供了一个相对开放的渠道,公众可以确信他们的纳税没有被用于私人目标,也没有被乱用和浪费掉,而是用在了政府向他们承诺的公共事务上。没有预算的政府是"看不见的政府",而"看不见的政府"必然是"不负责任的政府","不负责任的政府"不可能是民主的政府。预算改革的目标也就在于要把"看不见的政府"变为"看得见的政府",实现预算公开和财政民主。财政透明度较低不仅直接导致"暗箱操作"盛行,增加政府执政的代理成本,而且还损伤了政府执政的公信力,使得政府宏观调控政策的有效性大打折扣。

(六) 法制问责

预算是经过立法机构审批通过的具有法律效力的政府年度财政收支计划,

是社会公众、人大监督政府施政行为的重要载体，也是控制政府行政权力扩张的重要的"非暴力工具"。因此，现代财政制度的法制性离不开现代预算制度法制性的支撑与保障。预算法制性的特征，决定了预算经人大审批通过的过程，也就是一个立法的过程，而预算执行过程中的预算调整也必须要经过严格的立法程序。在预算执行过程中出现随意调整更改预算，违反《中华人民共和国预算法》以下简称《预算法》的行为，必须要按照《预算法》的条款规定进行问责。

三、现代预算制度的演进

现代预算制度的形成是一个漫长的发展过程，经历了预算目标的演进、预算合约的取舍、预算问责的推进、预算周期的拓展的发展过程（见图1-1）。

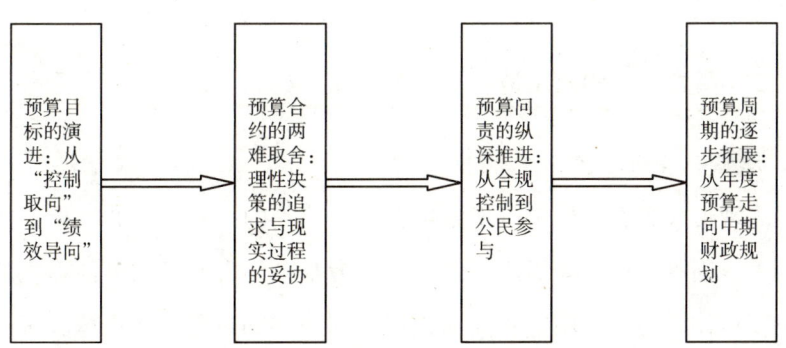

图1-1 现代预算制度演进过程

（一）预算目标的演进：从"控制取向"到"绩效导向"

现代预算制度的预算目标演进，呈现由"控制取向"向"绩效导向"转变的一般规律。早期预算制度的功能设计是以"控制"为取向的，强调古典预算原则所倡导的"明确"与"约束"原则，注重通过控制预算收支，实现立法机构对行政机关的有效控制。然而，随着政府职能与规模的不断拓展，国家干预逐渐成为一种社会思潮，客观上要求行政机构在预算问题上更具主动性。某些发达经济体由于预算执行中的支出控制太多、过于严格，制约了各部门的创新能力和灵活性。于是在20世纪50年代前后，与新公共管理运动引入公共部门之间的内部市场竞争相适应，出现了以加强政府财政权为主导思想的现代预算原则，逐步采用了赋予行政部门更多自由裁量权的分权型预算管理模式，以鼓励创新与节约。[①]

尽管不断提升预算资源的配置与使用绩效始终是现代预算制度不懈追求的目标，但就控制取向与绩效导向的现实应用而言，在不同国家的特定历史时期，结合自身的国情特点和经济社会发展阶段，又往往有所侧重和取舍。二者甚至呈现"鱼与熊掌不可兼得"的关系。这正如艾伦·希克对发展中国家推行绩效预算改革提出的忠告："发达国家只有在已经建立起可靠的控制制度之后（而不是之前），才赋予管理者运作的自由，将先后顺序颠倒就要冒这样的风险，即在有效的制度建立以前，就给予管理者随心所欲地支配财政资金的权力。"[②]

（二）预算合约的两难取舍：理性决策的追求与现实过程的妥协

1. 理性决策的追求

从表现形式来看，预算体现为贴有价格标签的一系列公共目标，但在更深层面上，则可以将预算当成一份以法律为基础的合同契约。预算决策与执行也更多地体现为一个制定和实施预算合同契约的过程。在预算决策中，由于信息交换的不对称性以及利益相关者逆向选择和道德风险的存在，这种合约往往呈现为不完全信息动态博弈。在20世纪30年代以前，虽然各国预算制度各具特点，但其组织形式及程序大体相同。自60年代以来，美国成为世界上最强大的经济体，其预算制度的不断创新引起各国的纷纷效仿。半个多世纪以来的世界预算改革，总体上呈现出追求预算决策理性化的发展趋势，

---

① 马蔡琛. 现代预算制度的演化特征与路径选择 [J]. 中国人民大学学报，2014 (5).
② 艾伦·希克. 当代公共支出管理方法 [M]. 北京：经济管理出版社，2000.

即科依在 40 年代提出的经典预算命题：如何"将有限的资源配置给活动 A，而不是活动 B，做出这一预算决策的基础何在"？因此，第二次世界大战以后，发达市场经济国家的预算管理，以早期的逐项预算为基础，先后开展了多种模式的管理制度创新，以期提升预算决策的理性化与科学化水平。无论是关注产出的绩效预算、强调长期计划性的规划—项目—预算（PPBS）、突出个体自主性的目标管理预算、强调项目优先次序的零基预算，还是融合企业管理思想的新绩效预算，均试图提供某种理想的或最佳的预算模式，将有限的资源配置给最具价值的方向或活动。

2. 现实过程的妥协

然而，现实的预算合约确定与执行过程，却更多地体现了各相关方的利益交换与妥协，这是一个可以普遍观察到的结果。现代公共财政本身就是市场与政府博弈的结果。政府预算作为一个集体选择过程，不论是预算总规模，还是具体部门或项目的资金分配，都不同程度地体现了利益博弈的倾向。如在预算资源配置过程中，受到不利影响的群体（包括行政部门）会强烈抵制预算资源的重新分配，而来自受益方的支持却往往相对分散。回顾预算发展史，预算监督与约束的演进，实际上也是立法机构与行政机构之间相互交易与博弈的结果。现实中的预算决策过程，则体现为多数人未来利益与少数人既得利益之间的博弈，其最终结果的达成往往意味着双方讨价还价的交易结果。因而，现实世界中预算合约的确定与施行，难免在某种程度上偏离理性决策的预设目标和轨道，但这并不妨碍将提升预算决策的科学化水平作为引导各国预算改革的一个方向性目标。

（三）预算问责的纵深推进：从合规控制到公民参与

如果说公共预算就是"以众人之财，办众人之事"，那么众人之事就当由众人来议定、让众人皆知晓、受众人之监督。然而，自 1295 年英国"模范议会"最早提出"涉及所有人的问题，应当由所有人来批准"这一较具普适性的预算准则以来，在各国预算实践中，最终建成"以天下之财，利天下之人"

的责任政府，仍旧是一个屡经波折的过程。

从世界范围来看，在通常的预算决策过程中，除了为数不多的市民大会或全民公决之外，大多数财政收支决策是由经过选举产生的议员做出的。早期的预算问责侧重于强调议会的外部监督，预算成为对政府实施普遍控制的一种工具。20世纪80年代以来的全球预算改革浪潮，更为注重将预算作为赋权公民参与的工具。通过广泛运用预算听证、公共服务调查、预算对话等技术手段，促使现代预算的功能从偏重合规性控制逐步拓展为向公民赋权的一种公共治理工具，从而进一步提升了现代政府的合法性基础。其中，较具代表性的当属参与式预算在拉丁美洲、亚洲、非洲和欧洲诸国的广泛兴起。自1990年参与式预算的原始模型在巴西的阿雷格里港市面世以来，目前世界范围内有记录的实施案例已达1000多个，我国浙江省温岭市、河南省焦作市、上海市闵行区、云南省盐津县等地也开展了不同形式的参与式预算改革试点。

尽管参与式预算于普通公民而言，到底是一种"生活必需品"还是"奢侈品"，仍旧存在某些分歧，然而，参与式预算通过预算过程中的公共学习，可以进一步促进政府与民间的和谐互动。作为公共服务受益方的公民，一旦通过行使公共权利而获得了权利主张，就应该接受、认同和内化权利主张的后果，尊重经由公共选择程序而达成的预算结果。

专栏1-1 参与式预算

参与式预算是一种民众能够决定部分或全部可支配预算或公共资源最终用处的机制和过程。在这种创新的决策过程中，民众直接参与决策，讨论和决定公共预算和政策，确定资源分配、社会政策和政府支出的优先性，并监督公共支出。

作为一种政治模式，参与式预算的基本原则是参与式民主和善治。但是，实施参与式预算的国家和城市还应该将它们转化为实际措施，并反映人们的需求和地方背景。在各国的实践中，参与、透明、平等、宽容、效益和效率、公平、竞争、尊重承诺等原则尤其受到重视。

实施参与式预算需要一系列基本条件：第一，行政首长和其他决策者具有比较明确的、推进改革的政治意志；第二，成熟的公民社会组织是决定性的；第三，预算讨论的额度、阶段、时限和决策规则，责任、权威和资源的分配方式，以及参与式预算委员会的构成等由民众决定；第四，民众和政府官员在公共预算方面的能力和意志；第五，信息能够通过各种可能的途径广为传播；第六，民众确定需求的优先性。

如果政府或民众对改革不热心，而且地方管理也缺乏诚实和透明度时，最好谨慎实施参与式预算。当然，这并不意味着应该放弃参与式预算的理念，人们可以实施类似的创新，力图使预算过程更为透明，在实践中创造参与式预算实施所需要的条件。

从总体上讲，参与式预算的讨论、协商和制定的过程将历经一年的时间。在这一年之中，可分为不同的实施阶段：

（1）社区和部门的全体会议。在这些会议上，行政首长将提交预算的执行情况、预算规划和参与式预算的程序规则。人们根据既有的标准选举（或委任）参加参与式预算的代表。

（2）地区和部门的会议。这些会议是代表及其社区和部门之间的会议。如果代表们愿意的话，没有地方政府的参加，他们也可以举行这样的会议。在这些会议上，参与者决定将要实施的优先性项目。

（3）市政大会。确定参与式预算委员会的成员，并同时正式地把通过公民参与确定的优先性项目名单递交给行政首长。

（4）设计预算规划。市政府和参与式预算委员会设计预算规划。关于公共支出的各种选择，都会公示出来，让民众都知晓和讨论，从而可以用来监督已达成协议的实施。

（5）过程的评估。一旦参与式预算过程结束，参与式预算的程序规则就会受到评估和调整。新的规则将会用于下一年的过程。

参与式预算包括两个循环：第一循环从社区的第一次会议开始，到批准预算规划结束；第二循环是实施和监督循环，它开始于第二年。通过这个循环，以技术研究始，以批准项目的实施终，地方政府、公民，以及通常那些专门的监督委员会能够不断地相互作用和影响。

（四）预算周期的逐步拓展：从年度预算走向中期财政规划

预算程序中反复发生（且互有重叠）的事件构成了预算周期，涵盖了预算编制、执行到决算的全过程。各国的预算管理也往往以年度性原则作为预算周期的划分依据，即预算必须每年都重新编制一次，其效力也只覆盖某一特定的预算年度。然而，在20世纪的预算发展史中，由于单纯的年度性的预算周期假定增加了预算决策成本，无法满足跨年度的资本性支出需要，也难以反映预算安排与发展规划之间的有机联系，故而越来越受到一些质疑。同时，年度预算的决策模式容易助长短期行为倾向，而忽视了财政收支安排在中长期的可持续性，限制了政府对未来更为长远的考虑。在中国现实预算管理中，过于频繁的预算调整，与预算决策所覆盖的时间范围过短、预算决策过程与公共政策制定过程分离、预算编制精细化程度有待提升等管理因素直接相关。

在"为将来而预算"的理念引导下，多数OECD成员国已采用了包括未来3~5年的多年期预算框架，以弥补年度预算的不足。在那些因各种因素制约而难以全面实施中期财政规划的国家，也针对资本性支出的未来成本、养老金等公民权益性支出的长期需求、政府担保等隐性负债，采用了某种方式的中长期展望。

需要注意的是，"鉴以往之事易，证未来之事难"，越是长时间尺度上的预算决策，其在预测精度上面临的挑战也越大。以美国为例，金融危机导致了经济形势变动，使得原有的基础性预测数据已不具有准确性。根据亚洲开发银行的观点，建立中期财政规划应具备经济运行稳定、可靠的宏观经济预测能力、严格的决策过程、良好的预算纪律性等条件。从发展中国家和转轨国家的经验来看，由于上述条件还不完全具备，因此，在实践中应采取从中期财政规划到中期预算再到中期绩效的渐进发展路径。

四、中国建设现代预算制度的必要性

（一）建设现代预算制度是民主政治建设的要求

预算制度是实现政治民主化的重要工具。因为通过预算，公民可以实现对政府的有效控制、监督与问责，从而保障公民权力的实现。预算不仅仅限于如何保证精确性的技术问题，它更多地涉及现代社会中预算和民主治理相互关系的问题。在现代民主政治建设逐步走向成熟的全球大背景下，预算制度继续发挥着完善代议制民主的作用，预算体系是完善代议民主的手段，而且预算民主将有助于增加政权的合法性。

（二）建设现代预算制度是强化政府公共责任的要求

按照现代社会契约及代议制民主的要求，政府是人民通过投票选举产生的，因此，人民选举产生出来的政府必然是要向人民负责，这同样是现代民主政治发展的潮流。选民控制政府的途径是多样化的，可以通过权力机关罢免，也可以通过选票使其下台，但这都不是常态，动荡的政局对选民来讲同样是不利的，因而预算成为民众控制政府的重要手段，民众可以通过自己的代表审议、审批政府的预算从而做到保证政府的资金使用方向，确保政府的行为维护纳税人的利益。

（三）建设现代预算制度是政府绩效改革的要求

源于西方社会的绩效预算是政府绩效改革的核心，这种预算模式认为，预算资金配置应该以结果为导向，改革的根本目的是提高公共支出的"货币价值"，即通过重新构造公共预算和财政管理体制使得纳税人缴纳给政府的税收在使用后能够创造出最大的货币价值。绩效预算管理改革是整个公共部门在新公共管理的逻辑下重新构建的一部分，这意味着，在改革预算制度的同时，公共部门的其他环节也被相应地重构了。推进绩效预算管理也是中国预算改革的目标，需要坚持不懈的努力。

第三节　现代预算制度的原则

政府预算的原则是国家选择预算形式和体系的指导思想，是一国预算立法、编制及执行所必须遵循的。现代预算原则是伴随着现代预算制度的产生而产生的，预算制度的建立和完善，又需要遵循一定的原则，并且随着社会经济和预算制度的发展变化而不断变化。早期的预算原则比较注重控制性，即立法机构将预算作为监督和控制政府的工具；而后随着财政收支内容的日趋复杂，开始强调预算的周密性，即注重研究预算技术的改进；自功能预算理论发展后，政府预算的功能趋于多样化，由此，预算原则又更注重发挥预算的功能性作用，即正确合理地运用预算功能来实现国家的整体利益。

一、西方国家政府预算原则的介绍

（一）早期预算原则

现代预算制度产生后，各国预算学者对预算原则进行了一系列的探索，较有代表性的成果是意大利学者尼琪和德国学者诺马克提出的预算原则，对预算实践产生了较大的影响。西方财政预算理论界对这些原则加以归纳总结，形成了一套为多数国家所接受的一般性预算原则，主要内容参见表1-1。

表1-1　　　　　　　　　　　一般性预算原则归纳

原则	内容
完整性	即要求政府的预算包括政府全年的全部预算收支项目，完整地反映政府全部的财政收支活动
统一性	即要求预算收支按照统一的程序来编制
年度性	即指政府预算的编制、执行，决算，这一完整的工作流程是周期性进行的，通常为一年。要求政府预算按年度编制，预算中要列明全年的预算收支，并进行对比。在年度预算的基础之上，编制3~5年的滚动预算。可见预算的年度性是预算编制的重要基础
可靠性	即要求编制预算中，科学真实地估计各项预算收支数字，对各项收支的性质必须明确地区分
公开性	即指预算应是公开的法律文件，其内容必须明确，以便于社会公众能了解、审查和监督政府如何支配公共资金
分类性	即要求各项财政收支必须依据其性质明确地分门别类，在预算中清楚列示

(二) 预算原则的发展

资本主义发展到垄断阶段，西方国家政府加强了对经济的干预，在预算上则明显地表现出主动性。最具代表性的就是美国联邦政府预算局局长史密斯为了适应联邦政府加强对经济干预的需要，于1945年提出的旨在加强政府行政部门预算权限的八条预算原则。即：(1) 预算必须有利于行政部门的计划。说明美国联邦预算必须反映总统的计划，在国会通过后，就成为施政的纲领。(2) 预算必须加强行政部门的责任。说明国会只能行使批准预算的权力，至于预算中已经核准的资金如何具体使用，则是总统的责任。(3) 预算必须加强行政部门的主动性。说明国会只能对资金使用的大致方向和目标作原则性的规定。至于如何达到目标，要由总统及其所属各个部门来决定。(4) 预算收支在时间上要保证灵活性。说明国会通过的预算收支法案必须授权总统在一定范围内可以进行调整，有权把本年度预算中的拨款，在以后年度的适当时机随时支用。(5) 预算应以行政部门的报告为依据。说明当总统向国会提出预算草案及执行情况报告时，应当提供国内外的情况资料作为国会立法的依据。(6) 预算的"工具"必须充分。说明在总统领导下必须有预算编制和执行的专职机构和众多的成员，总统有权规定季度和月度的拨款额，有权建立准备金并在必要时使用。(7) 预算程序必须多样化。说明政府的各种活动在财政上应当采取不同的管理方式，财政收支数字上也应当采用不同的预算形式。(8) 预算必须"上下结合"。说明无论在编制还是执行预算时，总统必须充分利用他所领导的各种机构和成员的力量。

可以看出，上述八项原则总的精神是加强总统的财政权，缩小国会的控制权。这一方面反映了政府加强对财政的控制；另一方面也反映了西方国家充分运用财政作为政府宏观调控手段的倾向。

二、中国构建现代预算制度的原则

一国预算原则的确立，不仅要以预算本身的属性为依据，而且要与本国的经济社会发展实践相结合，要充分体现国家的政治经济政策。前述现代预算的典型特征具体体现在指导预算实践的原则当中。

（一）全面完整原则

预算完整性要求政府的预算应包括政府的全部预算收支项目，完整地反映以政府为主体的全部财政收支活动，全面体现政府活动的范围和方向，不允许在预算规定范围之外还有任何以政府为主体的资金收支活动。预算的完整性有利于政府控制、调节各类财政性资金的流向和流量，完善财政的分配、调节和监督职能；预算的完整性也便于立法机关的审议批准和广大公众的了解，对政府预算收支起着监督和控制作用。

要保证预算的完整性，其重要的标准是预算报告的全面完整。一是各级政府预算应包括本级和所属下级政府的财政信息；二是政府预算应是各级政府预算内与预算外财政收支的集合；三是财政政策目标、宏观经济筹划、预算的政策基础和可确认的主要财政风险等财政决策依据要完整。总之，预算报告要以量化了的经济收入可能和支出需要等预算信息,从政府对资源的消费、工作的履行以及对外部影响的角度为社会公众提供一幅完整具体的财政分配画面。目前,许多国家都在致力于扩展预算的范围,加强预算的完整性。如在预算报告中除正常收支外还对税式支出、或有负债及贷款担保等加以反映。

(二) 规范有序原则

预算的规范有序原则,就是要表明一国或一级政府预算应按照统一的法律、政策、制度的要求和程序进行。具体来说,一是全国性的财政预算的方针政策必须由中央制定,全国重要的财政规章制度,如预决算制度、税收制度、企业成本开支范围等主要财务制度,必须由中央统一制定,各地区、各部门要保证贯彻执行,不得自行其是,任意改变;二是中央预算和地方预算要按照相关法律、制度规范的程序编制及执行,预算经各级人民代表大会批准以后,各地区、各部门必须严格依法执行,如遇特殊情况需调整预算,也要根据法定的程序进行。

(三) 绩效管理原则

政府是通过非市场机制提供公共产品,进行资源配置。要使社会资源能够得到有效配置,就要使政府提供的公共产品符合消费者整体的偏好,而政府预算则是对政府决策偏好的表达。如何在不同产品和服务之间分配资源反映了资源分配者的偏好,它实际上是资源分配者在经过复杂的决策过程后形成的集体偏好,这就要求政府预算决策必须建立在认真考察政府的政策设计上,从而力求把政府干预引起的资源配置的无效和低效降低到最小程度。如果公共产品的供给是由消费者整体的偏好选择决定的,那么公共产品的供给也是有效率的。另外,还要以政府预算决策的社会机会成本作为评价预算决策绩效的重要依据,即只有当一笔资金交由公共部门使用能够创造出比私人部门使用更大的效益时,这笔资金的预算决策才是具有效率的。所以,由于公共部门存在效率机制，公共选择存在交易成本，因此，政府预算客观上存在效率问题，它要求政府在预算决策过程中要考虑各个施政方案的绩效，做出理性的抉择，以对有限的资源做出最有效的配置。这也是西方财政学的研究始终沿着如何使社会资源有效配置的主线进行的原因所在。

(四) 平衡稳健原则

预算的基本问题实际上是预算收支之间的对比关系问题。从理论上说，预算收支之间的对比关系不外有三种情况：收支相等、收大于支、支大于收，即平衡、结余和赤字。收支数字绝对平衡的情况只会出现在预算报表的编制中，在实际执行中一般出现的只是两种情况，即结余或赤字，因此我们通常所说的平衡是预算的基本平衡。平衡稳健原则即是要求预算的结余或赤字在可控的范围之内，以保持政府预算的稳健，即使是在结余和赤字被当作调控手段使用的情况下也是一样。因为政府预算资金结余过多或长期大量的赤字会对私人资本产生挤出效应，对国民经济发展不利，因此如何实现预算平衡问题一直是预算理论中的重要问题。

要做到预算平衡稳健首先要"量入为出"。这里对"量入为出"的理解，一是狭义的，即在既定的预算收入范围内安排支出；二是广义的，即在可能的预算收入范围内安排支出，是将债务收入等因素考虑进去。在现代经济条件下，特别是当预算成为政府调控经济的手段后，保持预算的平衡稳健尤其要注意的是由于政府财政开支的扩大引起的赤字大量增加，及由此引发的债务危机和财政危机。

要保持预算的平衡稳健还应做到将年度预算纳入一个带有瞻前顾后特点的中长期财政计划中，并不断根据经济和财政情况的变化进行修订。其突出的优点就是有利于政策的长期可持续性，使决策者能够尽早发现问题，鉴别风险，采取措施，防患于未然。因为单纯的年度预算存在一些缺陷：一是年度预算容易忽略潜在的财政风险。一些预算决策在年度间的实施不易做到瞻前顾后，容易在决策的合理性和资金保证上出现偏差。二是在年度预算中，各项收支已由预算确定好了,具有法律性,在一个预算年度内进行收支结构的调整就受到了限制,与年度内的不确定因素产生矛盾。三是年度预算限制了政府对未来的更长远的考虑。鉴于此,许多国家已采用了 3~5 年的中期预算甚至更长期的多年预算,以弥补年度预算的不足。

(五) 公开透明原则

公开透明原则是指政府预算应该是对全社会公开的文件,其内容应为全社会了解,预算资金的运行过程要透明,易于监督。

政府预算的本质内涵表明它始终都承担着公开政府财政的职责,预算作为政府财政公开的有力说明,表明了政府财政活动的责任,是政府依据公共财政的基本原理履行政治职责的体现,预算过程本身就是政府向立法机构说明并辩护其决策与行动。通过预算将政府财政决策公之于众,可以加强政府与公众的沟通,使公众了解政府的决策,从而更好地配合政府落实有关决策。不仅如此,通过预算向公众公布政府决策的过程,也体现了民主化、科学化的决策方法,这种决策程序的公开透明反过来更能促进决策程序的民主化,更能充分地发挥预算的监督约束作用。如政府不对负担公共支出的公众做出公开的预算说明,必然会引起公众对政府信任的危机。我国《预算法》对政府预算公开的要求就覆盖了预算的全过程,要求"经本级人民代表大会或者本级人民代表大会常务委员会批准的预算、预算调整、决算、预算执行情况的报告及报表"都要按规定公开。

公开透明原则要求公众不仅知其然,而且要知其所以然。即公众不仅要知道政府做出了什么决策,而且要知道为什么要这样做以及怎么做。这不仅是保证知情权的问题,更是要据此判断决策程序是否规范,决策结论是否正确。因此,政府预算的结构、内容要易于公众所理解以及便于其审查。这就在技术上要求预算收支的分类要科学、详细。如将财政收支采用按部门分类、按功能分类和按经济性质分类的方法逐步细化的方法;采用预算附件的形式对基本预算文件进行详细说明等。

（六）监督问责原则

监督问责是现代预算制度的重要原则之一。追溯现代预算的源头，政府预算是在新兴资产阶级限制国王滥用财权的斗争中诞生，议会（立法机构）取代国王掌握财政税收决定权，是现代预算制度最基本的标志和活的灵魂，实质就是以"法治"代替"人治"，以"公权"代替"私权"。法律赋予了政府获取与使用公共资源的权力，政府在行使权力的过程中就应当受到监督与制约，这就促成了监督问责机制的产生。只有让权力受到监督，滥用权力的行为受到责罚，才能保证权力公正、公平地运行。预算作为现代国家治理体系的重要工具，势必要发挥其对权力的监督问责作用。

广义的预算监督是指预算监督体系中具有监督权的各主体，依照法定的权限和程序，对各级预算所实施的检查和监督行为。从监督体系构成看，主要包括立法机关、各级政府、财政部门、审计机关、职能部门、社会公众、司法机关等，核心主体应是立法监督。

立法监督是立法机关对财政部门的预算编制、执行情况的监督，主要包括从人民代表大会对于财政部门编制的预算草案进行审查和批准，到常务委员会对财政预算执行过程进行不定期的监督和对财政收支预算的调整或变更情况进行审查与批准，再到人民代表大会对财政预算执行情况及其结果的审查和批准这一全过程的监督。问责就是对违法、违约行为追究其相应的法律责任的过程。现代公共预算制度最重要、最本质的核心功能是法定授权，明确相关政府部门及其人员在政府预算收支活动中的法律责任就成为预算管理的重要内容之一。

回顾与总结：党的十八届三中全会《关于全面深化改革若干问题的决定》中，首次提出全面深化改革的总目标——完善和发展中国特色社会主义制度，推进国家治理体系和治理能力现代化，并且将财政定位于国家治理的基础与重要支柱，提出了建设现代财政制度的改革目标。而建设现代预算制度是建设现代财政制度的三大核心任务之一,也是建设现代财政制度的逻辑起点和突破口。国家治理体系现代化和治理能力提升,离不开现代预算制度的技术支撑,现代预算制度是国家治理体系中的重要组成部分。本章作为本书开篇章首先梳理了国家治理与现代财政制度、现代预算制度的关系;阐述了现代预算制度的基本内容,包括其内涵、特征、演进过程,特别是中国建设现代预算制度的必要性;并在介绍了西方国家预算原则的基础上,诠释了我国建设现代预算制度的原则。

第二章 典型国家现代预算制度构建之路

本章导读：现代预算制度的产生发展历程与现代民主法治国家的建设如影随形。预算是政府治理和制约政府权力扩张的重要工具，是给权力戴上"紧箍咒"的重要载体。西方国家现代预算制度的建立与完善走过了几百年的历史，经历了新兴资产阶级力量与落后王权力量的斗争过程，经历了暴力式的革命路径和非暴力式的改良路径。各国预算制度的优化也始终与政府改革、政府效率的提高紧密联系在一起，但在发展与改革过程中越来越清晰的是预算已逐渐成为社会公众和立法机构控制约束政府权力扩张的有效工具。本章不仅介绍英国、美国、日本、澳大利亚等具有较成熟的现代预算制度国家的发展之路，还介绍俄罗斯转型国家构建现代预算制度的历程，以对典型国家现代预算制度的发展历程有比较全面的认识。

第一节 英国现代预算制度发展历程

从世界范围看，现代预算制度最早起源于英国，这存在着一定的历史必然性。当时处于封建时期而又具有自身特点的英国，其特定的文化传统与法律习惯，特别是"法在王上"和"共同协商"等原始民主制度，在其自身发展和其他因素的共同作用下，促成了现代政府预算制度的形成。回顾英国政府预算制度从13世纪初的萌芽到发展成熟，其数百年的发展演变正是英国议会以法律形式逐步剥夺与控制君主财政权的过程，但从19世纪末开始，预算控制权逐步从议会手中转向政府。具体来说，英国现代预算制度的发展历程可以分为三个阶段：早期形成阶段（1215~1688年：议会逐步剥夺君主税权），中期发展阶段（1689~1851年：议会控制债权和支出权），发展成熟阶段（1852年至今：一系列政府预算制度改革）。

一、议会逐步剥夺君主税权（1215~1688年）

（一）1215年《大宪章》的签订

11世纪，英国正值诺曼王朝统治时期，国王威廉一世（King William Ⅰ，1066~1087年在位）创立了土地等级分封制。在分封制的基础上，英国政治舞台形成了两股相互依赖的势力——王室与贵族。在11、12世纪，王室与贵族在多数情况下能相互配合。但到了约翰王（King John，1199~1216年在位）即位时，英国正经历着严重的通货膨胀，直接导致王室实际收入下降、实际支出增加，王室财政因此陷入困境中，无法靠来自司法、领主的捐助和封建赋税满足支出需要。且约翰王即位后，他试图收复失地、不断扩军备战，使财政缺口进一步扩大。为弥补财政缺口，约翰王无休止地向臣民加税，引发贵族的强烈不满。最终，贵族于1215年爆发反叛，迫使约翰王签署《大宪章》。《大宪章》规定，除既有分封制所规定的贡款、赋税外，国王未经大资政会①同意不得征收任何兵役免除税或捐助；并赋予了国民人身自由权、被协

---

① 英国议会的前身，由封建贵族和教会人士组成。

商权、对国王的监督权等一系列权利。《大宪章》的签署限制了王室的税收权，以法律形式确定了"非赞同毋纳税""无代表不纳税"等原则，标志英国政府预算制度早期形成阶段的开始。

然而《大宪章》在1215年签署后，"非赞同毋纳税"的原则未能得到严格遵守，约翰王很快就否认了《大宪章》，王室与贵族之间展开斗争。到13世纪末爱德华一世（King Edward Ⅰ，1272~1307年在位）即位时，捐助收入和封建赋税收入已远远不够维持国务活动、王室活动，税收收入占财政收入的比例不断上升，议会召开频率也相应增加，并逐渐经常化、制度化，一般每年召开2次，会址多在西敏寺（Westminster Abbey）。

（二）英法百年战争和玫瑰战争

英法百年战争（1337~1453年）时期，军费的增加迫使爱德华三世（King Edward Ⅲ，1327~1377年在位）15次召集议会，请求提高财政收入。1348年议会重申《大宪章》，强调未经议会授权或许可，王室不得征税或借款。此次重申在税权之外也剥夺了君主的债权，议会得以进一步控制君主的财政收入。爱德华三世在统治末期，试图扩大君主的关税特权，以绕开议会取得财政收入。对此，议会在1371年重申议会在关税上的权利，仅授权爱德华三世在有限期间内享有吨税和磅税的税权；第二年议会拒绝延长授权期间，吨税、磅税从1373年起便和关税一样，其增加必须经议会许可或授权。这时税收收入已经成为财政收入的主要部分，如1374~1375年，爱德华三世的收入为11.2万英镑，其中王室世袭收入只有2.2万英镑，直接税和间接税（关税）高达8.2万英镑，其余则来自借款。[①] 因此，议会得以通过掌握税权而控制王室的财政收入。

英法百年战争结束后，约克家族和兰开斯特家族展开了长达三十年的内战（玫瑰战争）。在内战期间，两派贵族均害怕增加税收触怒国民，而没收敌

[①] 王淑杰.英国政府预算制度［M］.北京：经济科学出版社，2015.

对贵族的资产也充实了国库,因此王室的征税需求下降,议会召开次数较英法百年战争时期明显减少。约克王朝的首任君主爱德华四世(King Edward Ⅳ,1461~1483年在位)即位后,减少了对外征战,还通过没收敌对贵族资产、强迫贵族和富有市民"捐款"以及经商等手段增加王室收入。这一时期,君主基本实现了财政独立,对议会的依赖度得以下降。

(三) 都铎王朝时期的预算制度

君主财政独立的状况并未持续很长时间。都铎王朝的第二任君主亨利八世(King Henry Ⅷ,1509~1547年在位)留下约75000英镑的外债[①],伊丽莎白一世(Queen Elizabeth Ⅰ,1558~1603年在位)时期与西班牙的战争也导致了财政支出激增。所以,尽管在英法百年战争和随后的内战中,反对君主的贵族被陆续剥夺爵位、失去议会上院资格,也失去了限制王权的力量,但君主必须依赖议会支持才能取得足够的财政收入,故"王在议会"和"议会至上"两大原则开始形成。"王在议会"指1524年《限制任教职者支付首年年俸法案》规定,国王和议会上院、下院三位一体,共同组成议会行使权力;"议会至上"指国家最高权力由国王和议会两院组成的三位一体共同行使。

(四) 17世纪时议会初步实现了对财政权的控制

斯图亚特王朝的两位君主,詹姆斯一世(King James Ⅰ,1603~1625年在位)和查理一世(King Charles Ⅰ,1625~1649年在位),均屡次强制征税、举债,议会表达抗议后甚至禁止议会讨论或干脆解散议会。然而到了1640年,由于与苏格兰战争的军费需要,查理一世不得不再次召开议会,并最终以法案的形式承认:议会唯一地享有征税权,未经议会许可王室不得对英国臣民、侨民征收吨税和磅税。这便明确了关税税权属于议会,不属于君

---

① Mackie, J. D. *The Earlier Tudors* (1485 – 1558) [M]. London: Oxford University Press, 1962, p. 413.

主,解决了关税征税权属于议会还是君主特权,或多少属于议会、多少属于君主特权的争议。

1642年,英国爆发内战,克伦威尔率领的议会军最终打败了王党军,并于1649年处死国王查理一世。随后克伦威尔废除了新建立的"共和国",建立起自己担任"护国主"的护国政府,实行军事独裁统治。在护国政府时期,议会被迫授予"护国主"(克伦威尔)远超过以往君主的税收权利:护国主及其咨政会有权决定用何种税收筹足收入,议会无权削减对护国主的年收入,护国主及其咨政会有权在议会休会期间征收任意数额的税收以满足紧急需要,诸如此类。议会彻底丧失了对王权的控制。

斯图亚特王朝复辟后,查理二世(King Charles Ⅱ,1660~1685年在位)试图平衡君主权力和议会权力:议会控制政府财权,君主负责行政;君主无立法权,但可否决议会的法案;议会可弹劾大臣,但君主有权任命官员并统帅军队。但詹姆斯二世(King James Ⅱ,1685~1688年在位)继位后,企图建立常备军、复辟天主教,引发了贵族和臣民的恐惧,最终导致1688年"光荣革命"爆发。贵族领袖邀请荷兰执政威廉与其妻玛丽(King William Ⅲ and Queen Mary Ⅱ,1689~1702年在位)来统治英国。作为新国王登基的条件,议会发布了《权利法案》,以成文法的形式明确:(1)议会是英国最高的立法机关,议会权力在王权之上;(2)君主不享有征税权和进口权;(3)议会会议必须定期召开。《权力法案》与《大宪章》及相关的《宪章追认书》一道,共同确立了"非赞同毋纳税"的宪政原则,议会也初步实现了对财政权的控制。

二、议会控制债权和支出权(1689~1851年)

(一)议会开始严格控制政府借款

与征税不同,君主入不敷出而产生借款常被视作君主的私人事务,故议会长期以来未对君主的债权做出干预。因此，君主可以绕开议会举债以筹集资金，进而逃避议会对财政收支的控制。为弥补这一预算漏洞，议会于1680年通过决议"无论君王以关税、货物税的收入，还是取自家庭钱财的收入为担保，而进行借款，都被认为是在妨碍议会的活动"①，实现了对君主借款的完全控制。1694年英格兰银行创建后，议会通过法案，规定由英格兰银行借款120万英镑给政府，政府每年支付银行8%的利息并允许银行发行钞票、吸收存款、发放贷款、出售股票。随着议会授权以专项收入为某一借款担保，政府借款规模迅速增长。1716年，沃波尔政府首次建立了偿债基金以削减既有债务。"南海基金""汇总基金"和"一般基金"的结余均纳入了偿债基金，然而公债的规模却在持续增长。安妮女王（Queen Ann, 1702~1714年在位）执政期间，即使是和平年份，公债利息支付的数额也一度达到正常财政收入的规模。1786年，首相皮特提出了每年储备200万英镑偿债基金计划，但财政大臣时常挪用偿债基金于经常项目，以避免增加税收。总的来看，尽管英国政府在18、19世纪的公债规模呈上升趋势，但由于公债经议会严格审批，避免了政府滥发纸币偿还借款的方式，确保了英国经济的迅速发展。

（二）系统预算支出拨款制度形成，议会获得真正的预算支出决定权

在支出上，议会的控制权从军用支出逐渐延伸到民用支出。英国长期以来遵循和平时期禁止拥有常备陆军的传统，战时军费是引发君主课税需求的主因，议会批准课税也主要是为了满足每次战争的需要。"光荣革命"后，虽然常备军早已合法化，但议会保持了对军费的严格控制，军队的经费供给必须经由议会批准或授权，为获得经费供给，军队每年的支出预算必须送呈议会。相比之下，议会对民用支出的控制则经历了由松到严的演变。"光荣革命"后，议会给予了威廉三世和玛丽二世60万英镑的固定年收入终身授权；威廉三世和玛丽二世于是取消了大部分的世袭收入，将其列入"王室年俸"，

---

① Einzig, P. *The Control of the Purse: Progress and Decline of Parliament's Financial Control* [M]. London: Secker & Warburg, 1959, p. 98.

由专门的政府收入支付。彼时,"王室年俸"包括了整个中央行政部门管理支出,即"民用项目"(civil list),授权后处于财政部而非议会的控制下;并且只有君主面临财政困难、要求议会追加财政供应时,议会才有权要求君主提供预算数,故议会对民用支出的控制较为宽松。随着议会借君主提供王室年俸预算时,逐步删除其中的行政支出项目、并移转到"零星供应服务"项目下,至1831年王室年俸中已不含任何民用支出,民用支出和军用支出一样依赖议会"拨款"(appropriations)。所谓"拨款",是指为满足某一特殊目的的专项基金,议会可通过规定"拨款"的支出用途和收入来源限制君主或政府的行为。

(三) 引入政府年度财务报告

为监督每一年度"拨款"的使用,议会创立了"支出责任"(accountability)制。1780年,议会通过了《丹宁法案》(Dunning's Motion),该法案授予议会检查王室年俸支出的权利,除君主私人金库和秘密基金外,所有的公共账户均须提交给议会设立的公共账户委员会审查。1787年,议会通过了《统一基金法》,规定政府所有收入均应纳入政府在英格兰银行设立的"统一基金",所有支出也由统一基金支付,统一基金的设立为全面反映政府支出责任提供了基础。1802年,年度财政账册首次出版,包括了财政部所有的收入和支出数据,但没有包括每一项目的支出数据。随着议会不断对财政部施加压力,要求详细说明公共账户内的数据,1822年,财政大臣提交给议会的报告开始包含政府财政指导方针、财政计划收支、预期赤字或盈余等,已具备政府年度财务报告的雏形,标志着英国政府预算制度趋于成熟。

三、一系列政府预算制度改革(1852年至今)

19世纪中后期,以第二次议会改革为序幕,英国出现了一个"改革时代",英国政府预算制度的发展也步入成熟阶段。这是以威廉·尤沃特·格莱斯顿（William Ewart Gladstone）1852年首次担任财政大臣为标志。格莱斯顿于1852～1866年期间多次担任财政大臣。在此期间，他进行了一系列的政府预算制度改革，奠定了英国现代预算制度框架的主要轮廓。①

(一) 预算收入的管理与控制

格莱斯顿改革的首要措施是将所有的财政收入都纳入政府预算管理，从而堵塞住长期以来各部门仅仅上缴净收入这一严重的财政漏洞。同时，君主的封建收入也逐步被取消或被控制起来。此后，英国政府预算收入的主要来源就是税收和公债，而这些收入必须取得议会下院的批准。19世纪中后期，下院一直对增加税收持反对态度。这一时期，在议会的压力下，政府进行了多次税收削减。然而，虽然议会对税收的增长持反对态度，政府也实施过若干减税措施，但税收实际上呈现出较快的加速增长态势。

1909年，英国政府准备同时实施社会福利政策和军事改革政策，但这些改革的实施不仅会使以往的财政盈余耗费殆尽，而且会带来巨额赤字。为解决这一问题，财政大臣劳埃德·乔治（Lloyd George）实行了大胆的财政改革。他决定选择增税来弥补新增的预算支出。在其所提出的预算计划中包括大幅度增加遗产税、所得税等，这沉重打击了贵族的利益，因此，这一预算计划被称之为"人民预算"。随后，议会通过了该预算计划，意味着英国议会对税收控制的态度开始发生变化。

两次世界大战中，议会和政府在税收控制问题上，曾一度互换了角色。此时，反而是议会要求提高税收，而负责筹措战费的财政大臣则不愿意将税收提高到史无前例的水平，财政大臣往往在最后的让步之前，一直抵制议会提高税收的压力。其后，议会逐步失去了对预算进行详细审查的兴趣，多数议员强烈支持减少议会花费在财政条款上的时间，从而逐步减弱了议会对于税收的控制力度。第二次世界大战后，英国的税收收入迅速攀升。

---

① 彭健. 英国政府预算制度的演进及特征 [J]. 东北财经大学学报，2008 (2).

(二) 预算支出的管理与控制

在预算支出方面，19世纪中后期，对支出必须予以压缩和控制仍是主流观点。当时，对于预算支出不断膨胀趋势的抵制，不仅来自下院，也来自政府和公众。但事实上，压缩支出规模的阻力是巨大的，格莱斯顿曾两次因为抵制增加支出而下台。1886年，伦道夫·丘吉尔勋爵（Lord Randolph Churchill）由于内阁拒绝削减支出而辞职。到了19世纪末的布尔战争时期，预算支出已经有了实质性的增长。直至20世纪20年代，压缩支出的气氛仍然很流行，甚至在经济大危机期间，英国的预算支出也曾被削减过，但预算支出在总体上仍维持着增长趋势。

第二次世界大战后不久，英国的政府预算开始区分"线上"收支和"线下"收支。"线上"收支为经常预算，"线下"收支为贷款预算。1968年，贷款预算改为国民公债基金。经常预算收入超过支出，则列入国民公债基金的收入部分，如支出超过收入而出现赤字，则由国民公债基金的贷款弥补，政府则增加同等数额的公债。这一技术手段削弱了议会控制预算支出增长趋势的能力。因为这使得议会接受了以下观念，即如果政府预算由于未能弥补资本支出而出现大量赤字，但只要保持经常预算的平衡，就没有违反"健全预算"的原则。在这种观念的指导下，第二次世界大战后，预算支出的增长速度远远超过国内生产总值的增长速度。

（三）预算控制权的转移

19世纪30~80年代是议会的"黄金时期"，这一时期议会掌握着真正的实权，政府和内阁只是贯彻议会意志的一个办事机构。如果议会对政府不满，它可以使政府垮台，而不必经过新的大选。从议会对政府预算的控制来看，19世纪下半叶，格莱斯顿的改革使议会的预算控制权达到最高点。

然而，以1867年的第二次议会改革为分界线，包括预算控制权在内的政治权力开始由议会向政府行政部门转移。1867年和1984~1985年的议会改革后，随着选民的增多和政党政治的成熟，任何人要想成为议员必须首先得到政党的支持，而议员进入议会后就必须服从于自己所在党的领袖。这样一来，议会实际上就控制在政党手中。在通常情况下，执政党在议会下院中都拥有多数席位，所以内阁和政府的提案基本上都能获得通过。到20世纪60年代，政府已经完全控制了议会。在预算程序中，政府和议会形成了这样一种权力格局：预算的编制、执行完全由政府负责，议会拥有批准的预算权力。但19世纪末以来，下院往往原封不动地通过政府的预算草案。这是因为，一个在议会中拥有明显多数的政府完全能够确保其预算草案按照提交时的形式通过。

第二节 美国现代预算制度发展历程

与英国相似，美国政府预算制度的形成与发展也伴随着各方权力的制衡与协调。按作用主体来划分，美国预算制度的建立经历了国会主导预算时期（1789～1920年）、行政主导预算时期（1921～1973年）以及国会和行政共同主导预算时期（1974年至今）三个阶段。国会主导预算时期，为限制以总统为代表的行政机构滥用行政权力，美国宪法规定国会拥有征税权、政府的收支必须通过国会批准和审核；而后人们发现行政对财政管理的作用不可忽视，就逐渐形成了行政主导预算，总统开始拥有预算控制权，这标志着美国行政预算体系形成的开始；1974年《国会预算和扣押法案》的颁布使国会重新拥有了一定的预算控制权，随后颁布的一系列法令都在不断平衡着国会与总统的权力划分，最终形成了现今国会和行政共同影响、相互制衡的政府预算格局。

一、国会主导预算时期（1789～1920年）

（一）1789年美国组建联邦政府至1861年内战爆发时期的政府预算制度

从殖民地到南北战争时期，美国预算基本沿袭英国的预算制度，属于古典预算。在南北战争前,美国国会完全主导着预算过程。各个行政机构准备年度收支估算并提交给财政部长,财政部长不可以加以任何修改,直接提交给国会。在国会,收入和支出事务由众议院"方式与方法委员会"来处理,参议院则由"财经委员会"来处理,国会通过限制支出额、规定资金支付时间表和明确资金支出目标直接指挥行政部门。"虽然财政部长本身对估算很感兴趣,但他唯一的职责就是将估算集中起来,不做任何评价地将它们呈送到国会","虽然有证据表明某个部长曾对这种或那种预算提出过疑问,偶尔也发生过总统干预,但总的趋势是要排除总统或财政部长对于拨款的干预。"[①]

这一时期,美国在预算的编制上执行的是一种条目预算(line-item budget),即行政机构必须尽可能详细地向国会报告他们申请资金的理由以及如何使用这些资金,预算条目详尽细致,覆盖从收入到支出、从修建一个堡垒到支付某个管理者工资的全部内容。对于国会而言,执行这种预算编制制度的目的在于要重点反映资源的投入情况,细化预算的目的在于全面并且准确地反映资源如何被投入,但并不将资金或资源投入的效率作为预算的重点。此时非常强调行政机构事前的合规性(compliance),同时采用收付实现制的会计计量基础。这是一种控制型的预算。

(二)南北战争时期的政府预算制度

1861~1865 年,美国爆发了南北战争,也称为美国内战,是美国历史上最大规模的一次内战,而国会主导的预算制度无法适应战时需要,进而催生了美国政府预算制度的改变。"南北战争成为总统从国会争取一定自由裁量权的催化剂。"[②]

南北战争爆发前的 1857 年,美国经历了一次经济萧条,直接导致财政税

[①] 阿伦·威尔达夫斯基. 预算过程中的新政治学(第4版)[M]. 邓淑莲,魏陆译. 上海:上海财经大学出版社,2006:31.

[②] 阿伦·威尔达夫斯基. 预算过程中的新政治学(第4版)[M]. 邓淑莲,魏陆译. 上海:上海财经大学出版社,2006:34.

收减少。1861年南北战争爆发后,军费开支的增长带动联邦财政支出的迅速增长,使财政状况进一步恶化。北方虽具有良好的经济基础,但囿于财政困境,在战争初期举步维艰。紧迫的战争形势要求政府快速决策,调拨物资资金满足军队需要;而国会主导的预算制度下,财政资金的使用调拨须经一系列申请报告和审批,显然不能适应战时需要。在此背景下,总统作为战争的最高决策者,要求对预算资金进行调配,而无须经法律授权或国会许可。这成为美国历史上第一波总统行政预算要求权的浪潮。

1863年,在战时预算的情况下,林肯总统运用《宪法》赋予他的权力,成为了暂时的预算主导者,同时财政部也参与了部分军需物资的调配。这种预算制度在战时决策效率更高,执行更为迅速,手续更为便捷,适应战场上瞬息万变的情况。在南北战争的催化下,总统在预算上有了一定的自由裁量权,与此同时,国会的预算机构也做出了相应的调整,如参众两院开始逐步形成收入与支出两方面的分割和剥离等。但战时美国预算向行政预算发展的趋势并没有彻底改变国会的主导地位,随着林肯总统的遇刺,这一波浪潮也渐渐平息。

(三) 后南北战争时期政府预算制度的发展

内战以后,由于战争巨额的开支及对生产的影响,政府财政收入急剧减少,财政赤字大量出现。为了加强对政府收支的控制,众议院于1865年、参议院于1867年先后设立了"拨款委员会",专门负责支出事务。从此以后,收入与支出事务在国会中就分别交由不同的委员会处理了。拨款委员会将自己定位为"国库看守"与"公众钱袋子的保护人",置身于与行政机构日复一日的讨价还价之中。前拨款委员会主席坎农(Joseph Cannon)对此有一句精彩的评述,"你可能认为我的工作就是拨款,其实不是。我的工作是阻止拨款。"[①]

---

① 阿伦·威尔达夫斯基. 预算过程中的新政治学(第4版)[M]. 邓淑莲,魏陆译. 上海:上海财经大学出版社,2006:37.

在此期间，总统对于国会预算权的影响仅限于行使否决权。为进一步控制联邦政府赤字，国会于1905年、1906年制定了《反赤字法案》（Anti-deficiency Act）来管理预算的执行过程。该法案禁止政府官员在预算拨款之前做出财政支出的承诺，超出预算拨款的额度进行支出或者违背预算拨款的初衷进行支出都是违法的，这些禁令至今仍约束着联邦政府官员和其他雇员的日常财政行为。

二、行政主导预算时期（1921～1973年）

（一）第一阶段：1921～1939年，以控制为主的预算

要求行政预算权的第二波浪潮发生在第27届总统威廉·霍华德·塔夫脱（1857～1930年）任内。与南北战争期间的情况不同，这一次总统不是在战争紧急的状态下提出扩大行政自由裁量权的，改革的口号是"提高行政效率"，"像英国人那样"建立一个由总统制定和建议的全国性预算。1912年，塔夫脱总统的经济与效率委员会向国会提交《需要一个国家预算》的报告，1914年，塔夫脱总统本人提交了"1914年财政年度预算报告"，他认为这是一份作为行政管理最高首脑应当提出的最为合适的预算文本。但是，由于担心行政官员篡权，国会并没有对此做出回应，预算过程还是一如既往：各政府部门的负责人估算他们日常活动的花费，然后直接报送到国会拨款委员会。

第一次世界大战期间，美国欠下巨额债务，战争结束以后，美国公众出现了一种新的担忧，担心政府将战时过度花费的习惯带入和平时期，强化总统对预算进行控制的呼声再一次抬头。这次国会做出了回应，即通过了1921年《预算与会计法案》（The Budget and Accounting Act）。该部法案主要有三个目的：首先，它要求总统每年都要向国会递交预算，而在这之前，都是联邦机构直接向国会递交它们的预算估计；其次，它成立了总统预算局（后改名为管理与预算办公室（the Office of Management and Budget, OMB））来协助总

统编制预算；最后，它创建了国会会计总署（General Accounting Office, GAO），负责协助联邦机构控制支出，之后其职能转变为对联邦各机构以及它们开展的项目的程序和绩效进行审计。因此，自1921年《预算与会计法案》出台之后，总统对预算局有完全的控制权，预算局接受总统的指令，编制行政机构的预算，然后报送国会。多年来行政机构直接向国会报送预算的惯例被打破了，国会同时接受总统和两个拨款委员会通过的拨款。简言之，总统获得了预算的编制权或者说预算的建议权，这是美国行政预算的真正起点。

但在这一阶段，预算程序的改变并没有改变预算的形式，预算仍是控制型的，采用详细列出支出条目的方式，即前文提到的条目预算。对于机构而言，每年自下而上地编制收支预测的详细报告，然后报送OMB，这是所谓的机构程序。另外还有自上而下的总统程序，即总统对自己偏好的预算项目，责成OMB具体编制相关预算。OMB汇总两方面的预算请求，经过一系列复杂的调整后报送总统，然后由总统呈送国会，这就是总统预算。

（二）第二阶段：1940~1962年，控制为主的预算向管理为主的预算转变

1940年之后大约到1962年左右，随着政府预算逐步步入正轨，财会人员的不断完善以及管理效率的不断提高，美国的预算开始由以控制为目的的条目预算逐步向以管理为目的的绩效预算（performance budget）和项目规划预算（planning programming budget）转变。

1. 绩效预算

条目预算制度属于控制型预算制度，致力于全面准确地反映政府机构消耗了多少财政资金，控制政府机构滥用财政资金的倾向；但它把财政资金直接分配给各政府机构支用，预算部门、立法机关和社会公众只知道政府机构使用了哪些投入，而不知道投入被用在了什么活动、什么目标上，或者说不知道投入产生了何种结果、何种绩效，不能够满足管理、监督需要。因此，在20世纪三四十年代时有声音指出，预算改革不能停滞，政府会计应当突出

职能会计、应当体现政府支出是为政府服务支付的对价。① 与此同时，美国政治经济环境的一系列改变也为条目预算向绩效预算的转变铺平了道路。其一，政府会计、政府采购、公务人员等制度逐渐完善，行政权力滥用财政资金的机会被极大地压缩，控制政府开支已不再是预算制度的首要功能。其二，人们看待政府的方式发生了改变，过去人们认为政府是"恶魔"，预算的首要功能自然就是控制政府支出；但随着人们逐渐认可政府机构为社会经济发展所做的贡献，预算的主要目的就不再是控制政府支出，而是为政府机构创造贡献的活动筹集财政资源、组织资源。其三，罗斯福新政实施后，政府职能范围大大扩张，逐项记录庞杂的政府支出变得愈发困难、昂贵，也不再那么重要，按活动加总的总支出倒是变得更重要；政府内部也相应产生了对各政府机构集中管理的需求。

1937年，总统行政管理委员会（the President's Committee on Administrative Management）要求管理与预算办公室调整控制型的预算思路，预算应当配合联邦活动在总统领导下进行。1939年，管理与预算办公室从财政部划到新成立的总统行政办公室（Executive Office of the President），日后发展为联邦政府的主要管理部门。此外，管理与预算办公室的职员增加了十倍，且职员大多来自公共行政领域而非会计领域，并在Harold D. Smith（1939~1946年任职）的带领下转向管理型预算。

第二次世界大战结束后，联邦预算基本实现了从控制型预算向管理型预算的转变，唯一的例外是财政支出的划分方式——尽管预算的控制功能不再那么重要，按支出项目划分的传统财政支出体系却得以沿用。1949年，胡佛委员会建议财政支出的划分方式应与管理型的预算相匹配，并称联邦政府应采用"以职能、活动以及项目为基础的预算"；为了制造点新意，胡佛委员会创造了一个新词"绩效预算"来指代这种预算理念。管理与预算办公室则给出了更具体的绩效预算定义：拨款请求者为了实现某个或某些目标而请求拨

---

① Allen Schick. The Road to PPB: The Stages of Budget Reform [J]. *Public Administration Review*, Vol. 26, No. 4 (Dec., 1966), p. 249.

款，并拟定了相应的拨款使用计划，其在每项计划实施过程中取得的成绩和工作的完成情况借助量化指标来衡量，这样一种预算制度被称为绩效预算。

2. 项目规划预算

相较条目预算，绩效预算虽然很好地反映出政府在社会经济生活中履行的职能，但并不是所有部门的支出项目都可以进行评估或者成本-收益分析，再加上立法上的欠缺，绩效预算模式实施十余年后（20世纪60年代），即被项目规划预算取代。项目规划预算是政府内部整合计划与预算的一次尝试，强调项目决策分析在预算管理中的运用，它起源于美国国防部1961年的预算改革，此次改革的目标是让国防部各内部部门编制预算时避免年度预算的短视性，要具备跨年度的战略眼光，以适应五年制的国防军事计划，并使各部门的计划结合起来更加符合国防部高层的战略目标。项目规划预算一般先确定（跨年度的）政策目标或战略目标，再根据目标构建项目，运用理性分析工具、结合对未来的预测选择最佳项目，借助项目引导资金分配，且资金竞争发生在项目之间。Allen Schick（1966）则对项目规划预算与绩效预算做了一系列区分：从预算的功能看，绩效预算作为管理型预算侧重于评估政府运用其资源完成特定任务的效率，项目规划预算作为计划型预算服务于政府目标、方针的制定与调整；从预算的思想看，绩效预算是成本会计和科学管理的产物，项目规划预算的思想更多来自经济分析与系统分析；从预算的性质看，绩效预算把预算视作管理工具，项目规划预算则把预算视作分配过程、视作政策的体现；从预算的收支划分看，绩效预算按政府职能、政府活动划分收支，项目规划预算按政府产出划分收支；从预算的核心看，绩效预算中政府事务、政府活动是给定的目标，项目规划预算则围绕政府活动的目的、目标展开。随着环境条件的变化，公共支出管理和分析由常规性、重复性事务转向以备选方案为重点，项目规划预算技术适应了这种环境条件的变化，故得到了广泛应用。

（三）第三阶段：1963~1973年，总统国会预算战争的年代

这一时期战争又一次改变了美国的预算过程。1963年，美国陷入了越战的泥淖,随着战争的旷日持久,政府与国会之间出现了严重的分歧,并进一步导致了总统与国会之间在预算问题上的激烈冲突,这就是所谓的"七年预算战争"(1966~1973年)。以尼克松总统为首的共和党人为了支持越南战争,大量的批准一系列的国防以及军事支出,而民主党控制的国会则创设出大量的国内社会保障支出项目,如老年人的医疗保险和西弗吉尼亚的贫困问题,希望更多的支出是用在社保等国内建设中。然而1921年的《预算与会计法案》将预算大权集于总统,缺少国会对总统约束机制,总统在"预算战争"中明显占据上风。鉴于预算资源的有限性,尼克松总统拒绝开支国会拨出的钱款,起初只在一些支出项目上,但1972年尼克松再一次赢得大选,他甚至开始全面撤销国会已经通过的支出议案。

"尼克松总统在1972年和1973年的撤销支出授权与行政管理的惯例大不相同,其目的是牺牲国会权力和意图为代价重定国家政策。尼克松总统的目标不是延迟项目开支,而是取消他不想要的开支项目……当他这么做的时候,他实际是告诉国会,我不在乎你拨了多少款,但花多少钱由我来决定。"①

1973年,第四次中东战争引发石油危机,美元持续贬值,美国经济陷入了"滞涨"。严重的通胀和疲软的经济导致财政收入增长乏力,贫困率的提高则导致社会福利支出增长,再加之越战推高了国防经费支出,联邦财政陷入了泥淖之中,美国国会开始意识到国会缺乏预算研究的手段和资源,预算审查局限于对收支逐项研究,缺乏整体政策框架,总统对国会拨款的截留权影响了项目实施。此外,"水门事件"使尼克松总统形象跌至谷底,为国会重新争夺预算权力提供了契机。

三、国会和行政共同主导预算时期(1974年至今)

为提高国会的预算分析能力、强化国会在预算程序中的角色,美国于

---

① 阿伦·威尔达夫斯基. 预算过程中的新政治学(第4版)[M]. 邓淑莲,魏陆译. 上海:上海财经大学出版社,2006:90.

1974年通过了《国会预算和扣押法案》(Congressional Budget and Impoundment Control Act)。首先,在现有的筹款委员会、拨款委员会基础上,国会两院均增设了预算委员会(Budget Committee),负责起草国会年度预算计划、预算决议和与预算相关的法律修改,监控联邦政府在预算方面的行动。其次,整个国会设立了国会预算办公室(Congressional Budget Office,CBO)。国会预算办公室偏重于预算与经济的关系,主要职责是进行年度经济形势预测,审议总统年度预算草案,评估国会已通过的支出立法对经济的影响等。根据该法案规定,国会收到总统提交的预算请求后,两院的预算委员会举行听证会听取各界意见,其他常设委员会按职能划分审议预算请求中的项目,并就其拨款或收入水平给出预测数与意见(views and estimates)。国会预算办公室则应向两院预算委员会提交预算和经济展望的报告。随后由两院预算委员会各自综合上述各渠道产生的信息,起草预算决议案并提交本院审议,审议通过后再提交国会全体会议通过,形成预算共同决议案(concurrent resolution on the budget)。预算共同决议案无法律效力,因此也不对总统和行政机构构成约束,但对国会的预算工作起指导作用。

更重要的变化是,1974年《国会预算和扣押法案》,第一次引入了预算决议(budget resolution)。所谓预算决议,是指一系列关于未来年度预算收入、支出、赤字或盈余的总额以及在20个功能分类之间的分配的规定。换言之,预算决议是国会在自己对于未来经济、法律等预测的基础上提出的预算支出方案,这个方案可以与总统提交的预算草案相同、修改或者完全不同。与预算决议配套的还有预算协调(budget reconciliation)程序,这是一套极其复杂的、涉及国会的授权委员会、拨款委员会、预算委员会、总统、OMB和各部的预算偏好表达和争论程序。预算决议改变了国会在预算过程中的作用。自此,国会由改革前深度介入预算详细收支转变为对预算总额负责。以后来的眼光看,基于总额控制发展出的一系列技术方法极大地改变了美国预算管理的实践。

此外,1974年《国会预算和扣押法案》严格规定了总统撤销预算支出的程序:"如果总统不想使用拨款资金,他可以提议撤销支出授权,如果希望延期,也必须提出申请。在提案送交国会的45天以内,国会将进行表决,如果两院没有批准,则总统必须按原来的拨款数额开支。如果总统这样做,那么审计就会向国会报告,直到诉诸法律,对总统提起民事诉讼。"①

自此,美国进入国会预算与总统预算共同作用的时代,双方的作用大小,不同时期有所不同,20世纪70年代末以前,总统的预算咨文基本上是国会预算讨论的基础和起点,但进入80年代后,由于大多数时期都是两党分别控制政府与国会,即使同一党内在政府政策上往往也有较大的差异,因此总统预算常常"送达即被否决",最终的预算决定往往要经过复杂艰难的谈判与政治妥协才能完成。

从技术层面上讲,这一时期是美国预算管理上发展最快的时期。由于国会要对预算总额,即对预算结果是盈余还是赤字负责,因此发展出一系列自上而下的用于总额控制的法律与技术方法。1985年,国会通过了《平衡预算和紧急赤字控制法》(Balanced Budget and Emergency Deficit Control Act),法案设立了一系列递减的年度赤字目标,并修改了《国会预算和扣押法案》所规定的预算程序,以加强对赤字限额和预算执行的控制。但法案在五年内仍未能控制政府的预算赤字。因此,布什总统于1990年签署《预算综合调整法》(Omnibus Budget Reconciliation Act),其中的第十三篇《预算执行法》(The Budget Enforcement Act)设计了两个赤字控制体系,即法定支出的量入为出(pay-as-you-go)与自主支出的上限控制(spending gap)。所谓法定支出,是指社会保险、老年人的健康医疗等法定项目(entitlements)产生的规定支出或强制支出,只有依法通过资格审查的个人才能享受这部分支出带来的利益,故法定支出不必每年进行详细审查;这部分支出受量入为出制约束,即任何导致定向支出增长的法定项目,皆需减少其他法定项目的支出,或增加财政

---

① 阿伦·威尔达夫斯基.预算过程中的新政治学(第4版)[M].邓淑莲,魏陆译.上海:上海财经大学出版社,2006:92.

收入，来抵销支出的定向性增长。所谓自主支出（discretionary spending），是指行政机构相机抉择、自由裁量而产生的财政支出。对这部分支出采取国会限额和法定支出限额（statutory spending caps）的方式控制，国会限额由预算共同决议案依照支出项目设定，法定支出限额则由《预算执行法》和后续法律依照支出类别（如防务支出、外交支出）规定。这些赤字控制法案以量入为出制、上限控制和赤字目标等多种方式进一步约束了总统的预算权力，避免行政机构利用信息优势和公共服务上的"垄断地位"扩大财政支出，努力实现政府预算平衡与权力相互制约。

第三节 日本现代预算制度发展历程

一、日本现代预算制度的发展演变

日本近代预算建立于明治维新政府时期。第二次世界大战后，根据1947年新宪法，日本出台了《财政法》《会计法》《预算决算及会计令》等法律法规，据此确立了现代意义的财政制度和预算管理体制。其后，其发展演进历程大致可概括为以下几个阶段：

（一）第一阶段：旧体制的延续（1945~1946年）

这一时期，根据《明治宪法》规定，都、道、府、县知事由天皇政府任命，市长由天皇政府的内务大臣决定，町、村长由知事批准任命。天皇政府在地方上还建立了各种组织，严格控制对地方居民的征税、征粮、征兵、物资分配等。地方政府在政治、财政、文化等方面几乎没有自主权。

（二）第二阶段："三分自治"（1947~1992年）

根据1947年颁布的新宪法，日本出台了《财政法》《会计法》《预算决算及会计令》等法律法规,据此确立了现代意义的财政制度和预算管理体制。《地方自治法》(1947年)和《地方公务员法》(1950年)则规定了实行地方自治制度的基本原则。在此基础上,《地方财政法》《地方税法》等就地方政府财政管理权限等做出了明确规定。同时也在很大程度上扩大了地方政府的财源。例如,新设了"道府县民税",并把原来由中央政府征收的地税、房税、营业税三种税收交由地方政府征收,并作为地方政府兴办各项事业的经费。同时,《教育委员会法》和《警察法》等法律进一步明确了中央和地方政府的事权划分。

1949年,日本政府接受美国教授卡尔·夏普的建议,即所谓的"夏普税制改革"。其间,新设了"市町村民税""固定资产税""附加价值税"三个地方税。1950年,中央政府决定向地方政府拨发"地方财政平衡交付金"。1954年5月,"地方财政平衡交付金"更名为"地方交付税",即将国税中的所得税、法人税、酒税三种税收的32%让给地方政府征收。另外,国家每年向地方政府拨付"国库支出金",用以资助地方政府进行交通建设、义务教育、社会福利等事业项目的支出。"国库支出金"约占地方政府财政收入的1/3左右。1952年8月《地方公营企业法》出台,把交通、医院、自来水、煤气等公用事业交由地方公营企业经营。经过上述一系列改革,形成了日本地方自治的初步基础。

但就行政体制本身来看,虽然实行的是地方自治制度,但中央集权特征明显,中央通过各种形式对地方政府行为实施控制。中央干预方式由第二次世界大战前的主要通过"人"的控制(中央任命次国家级行政单位的长官)转向"财"的调节。财政管理体制方面也构建起了中央集权与地方自治相结合的财政分权体制。中央政府设置了专门机构——总务省(原自治省),既作为地方利益代表,反映地方的合理利益要求,同时又代表中央统辖、控制地方政府,成为中央与地方的联系纽带。同时,日本中央政府通过税收立法权和课税否决制度①、许可或认可制度②、在地方设立派出机构并实行"机构委任事务制度"③等制度安排,实际上对地方事务进行较大程度地调控和干预;通过地方交付税、地方让与税、国库支出金等转移支付形式,实现对地方财源的分配。上述制度措施体现出日本财政管理明显的中央集权的特点。而且,由于地方财政收入中地方固有收入(地方税)仅占3成,其余7成依赖于中央政府的转移支付(补助金和地方交付税等),地方政府自主财源有限,地方政府也被形象地形容为"三分自治"。

战后相当长一段时间内,中央集权型政府间财政关系对于缩小日本地区间财力差距、推进地区间基本公共服务均等化、推动地方公共基础设施建设、确保全国行政水平的统一等方面发挥着积极而重要的作用。但是,中央集权型行政与财政管理制度在发展过程中也暴露出诸多问题。主要表现为:中央政府干预过多、管理过细,弱化了地方政府独自进行地区发展的意愿从而严重限制了地方自治的空间和活力;国家行政的不效率导致地方的不效率,结果使得财政支出膨胀,中央和地方政府规模日益扩大,财政赤字居高不下;由于责任所在不明确,使得地方政府对中央政府产生极大的依赖,从而造成财政错觉;地方政府"寻租"行为与财政资金浪费现象较为普遍;过分重视全国的统一性、公平性,忽视了地区间的多样性和差异性等。在国库支出金、地方交付税等转移支付制度方面表现出的不公平、不效率问题尤为突出。

(三) 第三阶段:推进地方分权改革(1993~2001年)

20世纪80~90年代以来,推进地方分权、扩大地方自治成为世界主要国

---

① 根据相关税法规定,地方政府的税种开征权不仅受到严格控制,对地方税的税率也有限制。地方政府不能独自决定税率,中央政府规定税率的上限,并制定有标准税率作为参考。其目的在于约束地方政府采用统一的税率,防止出现税率混乱,导致全国不同地区的税收负担失衡。

② 如,地方债发行审批权(2011年改为协议制)。根据《地方自治法》的规定,需要上级政府认(许)可的事项有561项,其中都道府县级379项,市町村级182项,分别占都道府县和市町村事务的70%~80%和30%~40%。

③ 即地方政府的首长根据法律代替中央政府或其他地方政府管理或执行的事务。该制度被认为是日本中央集权型行政体系的核心部分。

家行政财政管理体制改革的潮流。而经历泡沫经济破灭后的日本不仅面临着经济增长乏力的困境，在财政管理方面存在的问题也开始暴露。日本式中央集权体制、中央政府主导的财政管理体制虽然在实现全国范围最低保障等方面发挥了巨大的作用，但随着时代的发展，"制度性疲劳"突显。原有预算体制下政府赤字膨胀，导致中央政府在财源保障、财政宏观调控功能方面面临前所未有的挑战。此外，老龄化、少子化社会的到来，国内产业空心化以及人口、产业、金融、信息、文化等向东京过度集中形成的东京一极化，带来诸多社会经济问题，促使日本求变求新。

在此背景下，20世纪90年代中期以来，日本政府陆续出台了多部法律以推进地方分权。此次地方分权化改革被称为继明治维新、战后改革之后的"第三次改革"。分权化改革的主要目标是：由"中央政府主导、纵向分割的行政体系"转向尊重地域多样性的"居民主导、体现个性的综合行政体系"。主要措施包括：中央行政机构将部分权力和财源转移给地方政府，旨在松绑中央对地方的束缚以促进地方政府的自主自立。习惯上，此次地方分权化改革也被称为"第一次地方分权化改革"。

1993年6月，日本众参两院通过了"关于推进地方分权的决议"，政府内部开始探讨有关推动地方分权的政策。1995年在总理府设置了作为调查审议机构的"地方分权推进委员会"①，专门向政府提出地方分权的具体方针和建议；同年修订了《合并特例法》②，除了将法律有效期延长10年外，还创设了"居民提案制度"等。1998年5月，内阁会议决议通过"地方分权推进计划"。1999年7月，出台了《关于推动地方分权相关法律建设的法律》③，并根据该法对《地方自治法》及其相关法律进行了修订。修订内容包括：一是进一步明确了中央政府与地方政府的作用分工，重新审视了中央政府的干预

---

① 1995年7月成立，2001年7月解散。与此同时，根据政令在内阁府设立了"地方分权改革推进会议"。作为内阁总理大臣的咨询机构，旨在就进一步推动地方分权的相关事项等进行调查和审议。
② 这里指旧《合并特例法》。该法制定于1965年，于2005年3月底废止。
③ 2000年4月起实施，简称《地方分权总括法》，总共由475个相关法案组成。

等。其基本原则是：中央政府主要承担在国际社会中的国家事务，以及那些以实行全国性统一规定为宜的事务等。而有关居民日常生活方面的行政事务则尽量由地方政府来承担。中央对地方的干预应限定在法律或是法律基础上的政令所认可的范围内。同时，干预应限制在其基本形式的最小程度内，必须顾及地方政府的自主性和自立性。二是废除了长期以来实行的"机构委任事务"，在总理府设立了一个新机构——"国家地方诉讼争议处理委员会"。"机构委任事务"废除后，地方政府的行政事务被调整分类为"法定委托事务"和"自治事务"。所谓"法定委托事务"，是指由法律或政令规定的、由地方政府依据法令执行的事务中的本应属于中央政府或都道府县政府职能范围内的事务，并且中央政府或都道府县政府必须确保对这些事务的正确处理，具体包括护照的签发、国道的管理、国家指定统计事务等；所谓"自治事务"，指的是除"法定委托事务"以外的地方政府事务，具体来说，就是历来的地方政府行政事务以及原"机构委任事务"中被归类为地方政府事务的内容。"国家地方诉讼争议处理委员会"的职责在于：当中央与地方政府之间发生争议诉讼时，将站在公平、中立的立场进行调查、调停等。"机构委任事务"的废除，减少了中央对地方的行政控制，进一步扩大了地方自主权限，从而改变了原有的中央与地方政府间的主从、上下关系，形成对等、协作关系。三是强化了地方政府的自治责任，提升地方政府在条例制定、自主课税等方面的权限，扩大了地方议会及其行政长官的职责。如，废除了法定外普通税许可制度，改为协议制；将地方债审批制度改为协议制度，放缓地方债的发行条件；允许地方政府就地方交付税的计算提出质疑。四是重新审定了"必置规制"，即对以往中央以法令硬性规定地方公务员编制和机构设置的"必置规制"进行了重新审定。废除或放宽了过去中央以法令硬性规定的有关地方政府人员配置、组织构成等的规定，以尊重地方政府的自主性、组织权并推动行政工作的综合化和高效化。五是放宽了"核心市"①的指定条件，建立了"特例市"制度②，鼓励"广域联合"③等。

为了减少市町村合并阻力，除上述法律制度建设外，还在预算等方面出台多项促进政策。如，作为特例，地方交付税的合并计算替换期延长至15年④，以缓冲合并后因辖区规模增大而出现的交付税减少问题；允许发行"合并特例债"（属于地方债）以筹措合并后新的建设项目所需资金；为缓和因合并带来的议员人数减少的问题，采取任期的特例延长、放宽议员养老金的领取资格等措施，将因合并对议员产生的不利影响降到最低。

在政府的大力推动下，其间，市町村大量合并。截至2002年4月，日本市町村数目降至3218个。⑤"第一次地方分权化改革"使日本中央和地方政府间关系迈向了新的里程碑，摆脱了过去中央主导和对地方在权限和资源上的钳制，废除了中央行政机关得以进行积极干预的委办事务。自此，无论是地方政府的固定行政事务或是中央的委托事务，中央政府仅有监督权，而不能以指导方式变相统辖地方政府。同时，为了落实地方优先原则和就近原则，地方分权改革重视对市町村政府的权限下放，让基层地方自治体能够拥有足够的权限处理最贴近民众生活的公共事务。而市町村合并的推动，则旨在推

---

① 根据1994年6月对《地方自治法》的部分修订，开始实行"核心市"制度。人口在30万以上且面积在100平方公里以上的城市可提出申请，经政令批准后成为"核心市"。"核心市"的事务权限得以强化，能够处理政令规定的行政事务。该制度旨在强化在地域中发挥中心城市作用的"市"的功能，使其能够在与居民日常生活密切相关的方面为居民提供相应的行政服务。

② 自2000年4月1日起实行。人口规模在20万以上的城市提出申请，经政令批准后成为"特例市"。"特例市"能够处理与"核心市"同样的行政事务。该制度的目的在于以市、町、村为对象实行权限下放。

③ 根据1994年6月对《地方自治法》的部分修订，在实行"核心市"制度的同时实行"广域联合"制度。即普通地方政府以及特别区（是指东京都的区，如千代田区、新宿区等。现有23个特别区）通过协议制定有关规约而建立"广域联合"，共同进行规划并综合有计划地实施。"广域联合"属于"地方政府联合会"的一种类型。都道府县加入的"广域联合"能够从中央政府直接接受权限或事务委任，而其他"广域联合"能够从都道府县直接接受权限或事务委任。同时，为了提高权限委任的实效性，"广域联合"可以向中央政府等提出权限或事务委任的要求。该制度旨在对地方政府所面临的多样化广域行政需求做出切实有效的对策，同时，对接受中央政府的权限委任进行相应的体制建设。

④ 根据旧《合并特例法》规定，合并后10年内，在给合并地方自治体拨付地方交付税时，按合并前相关市町村的普通地方交付税合计金额支付。

⑤ 日本总务省网站公布数据，www.soumu.go.jp/main_comtent/000283329.pdf.

动权限的下放,以便提高地方政府的行政、财政能力并建立与之相适应的行政管理体制。可以说,通过第一次地方分权化改革,地方政府基本实现了自立自主。

(四) 第四阶段:实行"三位一体"改革以及市町村合并(2002年至今)

进入21世纪后,随着福祉国家理念的深入,日本地方自治体承担的行政事务越来越多,使得地方政府的财政赤字规模越来越大,而财政收支缺口的增大,则导致地方自治体不得不依赖于中央,从而严重影响到地方自主权的发挥。另外,由于城乡之间差距的拉大,使得地方自治体之间的行政能力出现较大差异。偏远或落后地区必须依靠中央协调。充分的财政权是保障地方政府维持其自主性的关键所在。

在此背景下,2002年推出了"骨太方针",提出推行"三位一体"改革,即缩减并逐步废除国库支出金、重新调整并消减地方交付税、向地方转移税源三者合一的中央与地方财政关系的改革,以强化地方自治体的财政能力。自2004年起,日本中央政府陆续将部分财源转交给地方。主要措施有:2004年撤销了关于固定资产税限制税率的规定等,在一定程度上扩大了地方政府的地方税征管权限;2007年改革所得税制,将原所得税(国税)的部分税收转为住民税(地方税),向地方转移税源达3兆日元。但由于当时的日本政府债务规模已经很高,中央对地方的财源下放有限,加之日本政府将原本健全地方自主能力的地方财政改革视为拯救中央财政危机的药方,权限下放后地方自治体却面临财源紧缩的困境。而且由于税源转移主要是依照人口规模和收入所得进行分配的,因此导致部分农村及偏远地区自治体产生严重的财政赤字危机。

与"三位一体"改革相配套的是市町村合并的推动。历史上,日本曾多次推行过市町村合并。市町村合并原本的目的在于强化市町村财政基础并配合地方广域行政。而"三位一体"改革下的市町村合并,最主要的目的在于强化市町村的行政效率。2004年日本出台了《关于市町村合并特例等的法律》①（以下简称《合并新法》），《合并新法》在保留"特例市"制度、议员任期特例延长等规定的同时，废止了"合并特例债"的发行，新设了"合并特例区"制度，要求各都道府县分别制定"有关推进市町村合并的构想"，进一步推动市町村合并；2006年出台了《地方分权改革推进法》，成立了"地方分权改革推进委员会"②，在内阁设立了"地域主权战略会议"（2009年），并据此出台了"地方分权改革推进计划"（2009年）和"地域主权战略大纲"（2010年）等。在上述推动政策下，这一时期大量市町村合并。据统计，2002～2010年，日本市町村数目由3218个减少至1727个。③

2010年对《合并新法》进行了大幅修订，并将法律有效期延长了10年。同时，删除了"特例市"制度和关于国家、都道府县推动市町村合并的规定。立法目的也由原来的"推进合并"改为"顺利合并"。自此，市町村合并推进运动告一段落。习惯上，2002年以来的地方分权化改革也被称为"第二次分权化改革"。截至2014年4月，日本市町村数由2002年的3218个减少至1718个。④

总体来看，20世纪90年代以来日本推行的地方分权化改革成效显著，地方政府的自主权得以扩大。日本的财政管理体制也由原来的典型中央集权型逐步过渡为"集权和分权的结合"。近年来，为改变东京都一级集中（社会功能过分集中于东京）的现状，构建富有个性的地区社会以及应对高龄少子化社会问题等，日本政府提出了"建设能使国民有充裕感的地方分权型社会"，地方分权的趋势依然延续。

二、近年来日本政府预算制度的改革动向

近年来，面对经济低迷、政府债务膨胀（包括国债和地方债）、高龄少子

---

① 2005年3月底随着旧《合并特例法》废止而实施。
② 成立于2007年，2010年废止。
③④ 日本总务省网站公布数据，www.suomu.go.jp/main_content/000283329.pdf。

化背景下社会保障费用支出持续增长等社会经济形势，日本政府对预算制度进行了改革。改革的主要内容如下：

（一）内阁增设常设机构"经济财政咨询会议"

将过去"财务省主导"的预算编制改为"内阁主导"。预算关系到国家各项政策的实施，因此，从组织管理来看，应由内阁行使管理权。而一直以来，日本的预算基本是由大藏省负责的。大藏省作为政府组织之一，由其全面负责预算是不恰当的。为此，2001年日本对中央省厅进行了改革，大藏省改为财务省，同时在内阁增设了常设机构"经济财政咨询会议"。这一改革的目的之一就是将过去"财务省主导"的预算编制改为"内阁主导"。"经济财政咨询会议"作为内阁常设机构，由内阁总理大臣担任议长，由10名议员组成，其中4名来自民间。"经济财政咨询会议"设立之初，仅被看作单纯的"审议会"。小泉内阁时期发生重大变化，2002年预算编制过程中，"内阁主导"就在一定程度上得以体现。从职能分工来看，"经济财政咨询会议"确定大致框架，财务省则具体负责预算的编制。而且在预算案确立阶段，"经济财政咨询会议"还参与相关会议和相关省厅的协调工作。

（二）改革政府会计制度

战后，日本建立起了以收付实现制为核算基础的政府会计制度。20世纪80年代，随着政府活动范围的持续扩大以及行政的多样化、复杂化，收付实现制政府会计制度的弊端逐渐显现。20世纪90年代以来，日本政府会计制度改革的主要措施为：借鉴权责发生制的企业会计制度，简明地公开国家的财政状况。具体来看，分别于1998年度和2000年度决算中开始编制并公开了联结一般会计预算与特别会计预算等的国家资产负债表、联结特殊法人等的资产负债表；从确保特别会计财务内容透明度的角度出发，2002年6月出台了《新的特别会计财务报表编制标准》，要求各特别会计单位，适时编制并公开新的财务报表；为了提高特殊法人等有关业务的说明责任，从2000年度决算开始,要求各对象法人开始编制并公开包括行政成本财务表、资产负债表、损益计算表、现金流量计算表等在内的行政成本计算财务报表;为明确独立行政法人的财政状况和运营状况,有利于评价独立法人的业绩,基于企业会计和独立行政法人会计基准,独立行政法人于2001年度决算中开始编制财务报表;为明确因财政投融资事业的实施而导致将来国民负担的增加问题,作为财政投资融资制度改革的重要一环,于1999年度开始要求各机构在一定的条件下核算并公开将来投入补助金的总额现值。为了能全面反映地方政府的财务状况,2008年总务省要求地方政府会计核算中部分引入权责发生制,以中长期视角进行财务管理;政府资产负债表不仅要体现"流量"资产,还应反映"存量"资产。为此,要求地方政府以《新地方公共会计范本》为范本编制财务报表并整理地方固定资产台账。同时,要求地方政府清理闲置资产加以有效利用或变卖。① 要求整合业绩不良的公营部门的资产,将公立医院、公交等地方公营企业会计核算也纳入预算管理等。通过上述改革,地方政府的总资产、总负债等实际财务状况得以有效反映,提高了中央政府的宏观决策和财政风险的防范能力。

经过20多年的制度建设,随着各地新的财务核算制度的普及和相关体系的建设,日本逐步统一各类范本,全面实施权责发生制政府会计制度。

(三) 推进行政体制改革,统合特别会计预算

进入21世纪,日本政府出台了《关于推进实现精简而高效政府的行政改革的法律》(2006年法律第47号,以下简称《行政改革推进法》),以全面推进行政体制改革。改革具体内容包括:改革政策性金融机构,合并了多个机构;重新调整独立行政法人,统合特别会计预算,废除了原有31项特别会计法,制定了有关特别会计的总体法律《有关特别会计的法律》(2007年法律第23号),将31项特别会计合并、缩减为17项,以提高其运营效率;推进

---

① 根据《有关经济财政运营和构造改革的基本方针(2006)》,将压缩国有资产约140兆日元,以变卖资产收入作为债务偿还的财源。到2015年末国有资产额占GDP的比重消减一半。

工资制度改革，国家公务员总数净减5%以上；改革国有资产管理制度，促进国有资产的转让，重新调整机构资产负债表的制定标准，加强负债管理等。

三、日本政府预算管理体制的特点

（一）确立了财政议会主义原则

处理国家财政的权限，必须根据国会的议决行使。议会对财政权的控制是财政民主主义的核心，也是议会权力的集中体现。在日本国会常会①的150天里，预算案是先行审议的重要议案，通常占用一半左右的时间。国会临时会议，也可以在发生异常灾害需要编制补充预算等情况下召开。日本议会对财政权的控制主要体现在以下几个方面：（1）租税法定主义。新课租税或现行租税，必须以法律或法律规定之条件为依据。税收原则上不具有期限，是否采取永久税主义，由法律另行规定。（2）政府发债必须经国会议决。这是因为，政府负债最终将由国民负担，因此国债的发行必须经过国会议决。（3）内阁每年编制的预算，必须提交国会，经国会审议才能生效。预算的修正、追加等，也须经国会审议和批准。同时，财政政策的制定、税制的修订，乃至国家发展战略等的制定必须经国会讨论通过。（4）对预备费的设置及支出进行决议和事后承认权。为了弥补难以预期的预算不足，根据议会决议设置有预备费，由内阁负责其支出。而对于预备费的支出，内阁需于事后取得国会的承认。（5）对皇室费用的决议权，即皇室一切费用必须列入预算，并经国会决议。（6）对国家收支决算的审查权，即国家的收支决算每年须经会计检查院审计，内阁于下年度连同审计报告一并提交国会。（7）听取关于国家财政状况的报告权，即内阁须定期，至少每年一次向国会及国民报告国家财政状况。

---

① 日本国会会议有三种，即国会常会、特别会议和临时会议。

（二）确立了会计检查院的独立审计地位

会计检查院与国会、最高法院一样，作为独立机构，在财政上享有"特殊待遇"，具有较高的预算自主权，即独立编制预算的权力。一般政府部门编制的预算必须首先提交给财务大臣，而这三个机构的预算则是直接提交给内阁；如果内阁要对这三个机构的预算予以削减，必须连同详细的收支预算提交国会，由国会处理。"预算自主权"有效地保障了上述机构切实履行职能，防止内阁从预算方面对其工作进行干预。根据宪法和《会计检查院法》规定，决算由财务大臣编制，内阁必须在下年度11月30日前将决算送交会计检查院。凡政府一切收支须接受会计检查院审计。内阁须将决算和审计报告一并提交国会审议。

（三）对公有财产利用的限制

国家或地方公共团体所有的公有财产，必须公正管理、民主支配。同时，日本宪法规定：公款以及其他国家财产，不得为宗教组织或团体提供方便和维持活动之用，也不得供不属于公共机构的慈善、教育或博爱事业支出或利用。禁止向宗教组织或团体支出公款，以确保国家与宗教的分离。同时，排除公共权力对私人慈善或教育事业的自主性进行干涉，以保持慈善或教育事业的自主性。

（四）实行复式预算制度，将政府一切收支活动纳入预算管理

日本政府预算包括三种类型：一般会计预算、特别会计预算和政府关联机构预算。另外，还包括与一般会计预算一并提交的政府投融资计划。上述预算几乎包涵了日本政府所有的职能活动，使政府的职能活动与预算支出统一起来。一般会计预算主要管理政府的一般性财政收支，以税收、国债收入等为财源，为中央政府的行政管理、社会保障、教育、公共投资等活动提供财力保障；特别会计预算主要是按规定设置的分类管理的事业型预算，具体

内容随着政府职能的变化而变化；政府关联机构预算是管理由中央政府提供全部资本金的一些融资性机构的预算（类似我国的政策性银行）；财政投融资计划则是以政府信用为基础筹集资金，采取投资（出资、入股等）或融资方式将资金投入企业、单位和个人的政府金融活动。这反映了日本政府掌握有偿性财政资金收支情况的计划。

日本在编制政府预算时，强调预算编制的收支统一性和预算的完整性。在财政年度结束之后，各部门要向财政部递交一份收入和支出相对应的总会计报表。日本预算编制的一个重要原则是总额预算主义原则。即要求政府全部的收入和支出必须计入预算。具体有两方面的要求：一是要求计入全部的收入和支出项目，不允许只计入收支相抵后的差额；二是要求预算编制须细化，对收入和支出列示到能反映实际境况的科目为止，对于公共支出则要求列到具体项目。在复式预算制度下，日本政府的经常性预算与资本性预算的收支情况清晰明确，有利于对国家整体财政状况的准确把握，从而提高政府的宏观调控能力。

第四节　澳大利亚现代预算制度发展历程

澳大利亚大规模的预算改革始于20世纪70年代，其目标均是为了控制政府财政支出，减少财政赤字，提高财政资金使用效益，降低政府债务规模，实现财政盈余。尤其是90年代，澳大利亚联邦政府所推行的权责发生制预算和绩效预算，受到广泛关注，为改善澳大利亚财政状况奠定了良好的制度基础。

一、大规模预算改革前（20世纪70年代以前）

20世纪50年代至70年代初，由于世界经济发展态势良好，各国经济处于高速增长期，澳大利亚实施积极的政策引导国际贸易、吸引国外直接投资，刺激了国内外市场的发展，澳大利亚的经济发展出现一次高潮，各级政府财政状况良好。然而，进入70年代中期，世界主要经济体爆发了全球性通货膨胀，澳大利亚的经济发展和财政安全受到了严重影响。与当时大多数国家一样，澳大利亚政府在经济发展进入低谷且财政收入增速减缓的时候，选择了紧缩性货币政策，并且伴随实行以增加社会福利支出的扩张性财政政策。财政收入增速迅速减少，而财政支出规模却在不断扩大，70年代以后的政府预算赤字规模不断增加，与此同时，澳大利亚联邦政府债务规模也在不断增加。

二、大规模预算改革时期（20世纪70年代至90年代）

20世纪70年代的全球性经济危机，伴随澳大利亚政府债务规模的不断攀升，给澳大利亚经济发展造成了很大的负面影响，也给联邦政府财政造成很大的压力。于是，澳大利亚政府从70年代中期开始着手推进大规模的经济改革与财政改革。

（一）弗雷泽政府时期

1975~1983年，弗雷泽（Fraser）主政澳大利亚联邦政府时期，针对财政预算制度进行了大刀阔斧的改革。此次改革的主要任务就是抗击通货膨胀，具体措施包括强力推行自上而下的总额控制、实施公共支出的追回和全面削减计划，并且通过减少预算支出，甚至保持预算零增长的方式来减少税收负担。弗雷泽政府还推动了一次重要的机构改革，1976年明确了澳大利亚联邦政府中的经济委员会和预算委员会的职责与分工，经济委员会就是后来的国库部门（the department of treasury），预算委员会就是后来的财政部门（the department of finance）。经过弗雷泽政府的艰苦努力，澳大利亚联邦政府债务总额占GDP的比重从1980年的8.027%下降到1982~1983年度的6.028%。

(二) 霍克政府时期

20世纪80年代至90年代中期,澳大利亚经历了霍克工党政府(1983~1991年)和基廷政府(1992~1996年)。这两届政府都在为降低通货膨胀、减少政府债务和预算赤字而不懈努力。1984年,霍克工党政府颁布了两个重要文件:《澳大利亚公共服务改革法案》(目前已不再适用)和《预算改革》。这两份文件为提高公共部门服务水平、效率和效果均起到积极的推动作用,尤其是《预算改革》强调更谨慎地确定预算偏好、项目的目标,科学地创立并使用衡量绩效的技术标准。这两份文件为澳大利亚后来全面推动绩效预算改革,减少公共部门支出,提高公共财政资金使用效益起到了重要的作用。

(三) 基廷政府时期

基廷政府主政时期也一直推动预算改革,强调限制支出增长,要求支出与明确的绩效目标紧密匹配,强调管理者必须重视管理,在中期框架内分配资源,强调预算的控制性。然而,由于基廷政府在财政收入不断减少的同时,采用刺激经济增长的财政政策,财政支出并未得到有效控制,甚至增长很快。到了1996年基廷政府执政的最后一年,澳大利亚联邦政府债务总规模和净债务占GDP的比重均达到历史最高,分别为19.13%和18.1%。如果横向比较的话,澳大利亚债务总规模占GDP的比重还是远低于其他国家。按照OECD的统计,1996年,中央政府债务占GDP的比重:意大利为113.6%、希腊为108.1%、日本为68.9%、加拿大为56.3%、美国为47.9%。[1] 由此可见,澳大利亚从20世纪70年代以来就推行的预算改革,强调限制支出总额和提高公共部门支出绩效等措施,对于维护澳大利亚财政稳定性还是起到积极的作用。

(四) 霍华德政府时期

如前所述,澳大利亚联邦政府的债务总规模和净债务占GDP的比重一直

---

[1] OECD (2013). OECD Economic Outlook No. 94 database [EB/OL]. http://www.oecd.org/eco/.

低于同期的其他发达国家,这与澳大利亚坚持二十多年,不懈地推动预算改革有着密切的关系。尽管如此,1996年霍华德入主澳大利亚联邦政府时,上届政府遗留下来的大笔债务,还是给该届政府造成了不小的困扰。这个时期的债务规模已经达到了澳大利亚联邦政府历史最高峰,所以,霍华德政府必须面对并解决债务总规模居高不下的现实问题。为此,霍华德政府主政十年(1996~2007年),一直推动实施严格的财政整顿和重要的预算改革,重点是建立健全的、合理的、负责任的政府预算制度,以实现在三年为一个周期的经济发展过程中实现财政预算盈余的目标。霍华德政府推动两项大的制度性改革,为澳大利亚实现财政盈余的财政治理绩效奠定了坚实的基础:一是在1996年成立了独立的国家审计委员会(The National Commission of Audit),完善了澳大利亚国家审计委员会及其监督审查职能,并要求联邦政府预算更加公开、透明、负责任且有绩效;二是在1998年颁布《预算诚信章程》,构建公开、透明、负责任且有绩效的预算管理框架。

1996年成立的国家审计委员会要求推动政府财政信息的公开性和透明化改革,要求政府财政管理活动更负责任,并且要求设立一系列新的规则和框架以适应新的改革要求。为了回应国家审计委员会要求国家财政更具责任性、更加公开透明的要求,霍华德政府确立了两类彼此关联的预算管理框架:一是以结果为导向的绩效预算管理框架;二是预算管理的中期和长期支出框架。后者主要通过1998年颁布的《预算诚信章程》来落实。《预算诚信章程》提供了一种政府财政政策的实施框架,其目的是提高财政政策的结果。为了实现此目的,《预算诚信章程》要求澳大利亚的财政战略必须建立在合理、负责任的财政管理原则基础之上,同时促进公众对财政政策和绩效的监督。《预算诚信章程》还要求建立能够反映财政政策实施情况的5年中期预算框架和40年长期预算框架。澳大利亚联邦政府通过中期和长期预算框架,来预测和反映财政政策的实施效果,分析财政政策对未来经济发展产生的影响,进而适时调整财政政策以便使其更好地发挥经济"稳定器"的作用。配合《预算诚信章程》的颁布与实施,霍华德政府在1996~1997预算年度和1997~1998预算年度中，大量削减支出，总削减金额大概有 8 亿美元。与此同时，1996~2000 年，澳大利亚政府推行一系列有关资源管理领域的改革，包括成本计算方法、项目和设备的外部采购制度、强制公开招标制度、预算报告制度等；1999~2000 年推动建立了全面的权责发生制预算（报告）体系，在预算拨款和预算管理中都使用预算投入与产出框架。

经过努力，澳大利亚联邦政府的财政状况得到持续改善，1998~1999 财政年度重新出现财政盈余，2007~2008 财政年度，财政总余额达到历史最高的 210.29 亿美元，减去 25.93 亿美元的资本净收益，该年度财政盈余达到 184.36 亿美元。① 澳大利亚联邦政府将财政盈余首先用于支付政府债务，使得净债务规模迅速下降。

三、大规模预算改革后期（20 世纪 90 年代以来）

2007~2010 年陆克文政府执政期间，继续遵从并坚持贯彻 1998 年《预算诚信章程》，同时，更加强调预算透明度。在这一时期，预算改革主要包含五方面内容：一是更加强调产出概念；二是要求政府提供项目层面的详细信息；三是要求相关预算报告或者评估更加清晰；四是要求特殊拨款项目的内容更加清晰；五是提高"代际报告"（intergenerational report）的透明度，此类报告是指包括当前预算、中期预算和长期预算在内的纵跨不同政府执政期间的预算报告，时间跨度可能长达 40~50 年。陆克文政府之后，吉拉德（2010~2013 年）和阿博特（2013 年至今）先后入住联邦政府，两任政府都遵从 1998 年《预算诚信章程》，实施更加严格的财政规则，推动中期经济和预算框架的不断完善。

---

① Commonwealth of Australia (2012). Mid-Year Economic and Fiscal Outlook (2012-2013) [DB/OL]. http://www.budget.gov.au/2012-13/content/myefo/html/index.htm.

第五节　俄罗斯预算制度发展历程

俄罗斯国家预算最早出现于15世纪,由大公国预算和上缴沙皇宫廷的小公国预算组成。其后,历经彼得一世、叶卡捷琳娜二世、亚历山大一世时期的不断变革,在20世纪初形成了较为系统的国家预算管理体系。十月革命后,苏维埃联盟实行高度集中的国家预算制度以应对复杂严峻的国内外社会经济形势,统收统支作为预算的基本原则写入了宪法。但该项预算制度降低了企业生产的积极性,严重影响了经济的发展。苏联解体后,俄罗斯对预算制度进行了大规模改革,建立了预算联邦制,并在预算过程中引入了以结果为导向的中期预算,通过一系列改革,俄罗斯预算管理制度框架逐步建立和完善起来。

一、俄罗斯国家预算制度的初步形成

15世纪初,俄罗斯国家预算正式出现。此时的国家预算由两种类型组成:一类是大公国预算,即沙皇宫廷预算;另一类是地方预算,即上缴沙皇宫廷的各小公国税费预算。各小公国的税费由沙皇全权代理人负责征收并上缴国家,以供养沙皇宫廷及保障其行政司法职能的履行。为此,向居民征收实物和货币形式的贡赋,主要包括马匹买卖税、商品交易税、重量税(船舶载重)、集市税和测量税等。

1551年,沙皇伊凡四世实行地方自治改革,取消沙皇在地方的全权代理人,成立了专门机构负责地方税的征收。地方税分出一部分归地方政府所有,其余部分上缴国库。17世纪,罗曼诺夫王朝期间,由于与波兰的战争使得俄罗斯帝国四分五裂,国家经济趋于破产。为此,俄罗斯不断加大赋税,开征各种苛捐杂税。1645年,俄罗斯编制了第一个国家收支计划,此后,各个城市也开始编制城市收支计划。此时，15世纪建立的国库负责管理国家财务，但国家收入却由其他多个部门掌控，例如宫廷衙门负责皇室土地税的征收，掌玺衙门负责对需加盖国家印章的活动收费，地方则有相应的地方衙门负责收税。这一预算管理模式一直延续到彼得大帝时期。

二、俄罗斯帝国时期预算制度发展

（一）彼得大帝时期

18世纪前，俄罗斯的社会经济发展水平一直十分低下。为了增强俄罗斯国家实力，使其社会经济发展水平赶超欧洲，1700年1月1日，在推行新历法的同时，沙皇彼得一世开始全面实施政治、经济及军事改革。

在彼得一世时期，俄罗斯组建了一只庞大的常备军和海军舰队，军队的支出给国家财政带来了沉重的负担。为了提高财政收入，保障国家军事支出，彼得一世对俄罗斯工业生产体系进行了大规模改革，并给予各类工业企业大量税收优惠。但大量的税收优惠使得俄罗斯的税收收入又出现了一定幅度的下降。为了满足不断增长的国家支出需要，彼得一世不得不开始大量开征新税，使得税收负担不断增大。然而，由于缺乏统一预算，滥用税费的情况普遍存在，而且国家税收与君主收入，国家支出与皇室消费依然混淆不清。为此，俄罗斯开始对国家预算制度进行系统改革，设立独立核算机关、编撰统一收支一览表。

在俄罗斯新设立的10余个国家管理部门中，与财政预算管理有关的院有4个，分别是：（1）税务院，管理税收和国家财产；（2）支出院，管理支出；（3）财务监督院，监督经费支出情况，并对整个财政系统的运行进行监督；（4）3个工商业院，即矿务总院、手工工场院和商务院。

（二）叶卡捷琳娜二世时期

叶卡捷琳娜二世延续了彼得一世的财政和预算思想。1755年，叶卡捷琳娜二世颁布了《企业家自由活动宣言》，促进了工业的发展，从而极大增加了财政收入。此外，其采取限制进口、鼓励出口的贸易政策，使关税成为国家财政收入的重要来源。但巨额的军费支出、行政支出和皇室支出使得俄罗斯国库始终处于紧张状态。

为改善财政状况，1768年，俄罗斯设立国家收入局，统管国家预算收支。1780年，在彼得堡和莫斯科还分别设立了经常项目库和结余国库。经常项目库根据税务院编撰的年鉴，管理所有日常花销，但军费支出和行政支出除外；结余国库管理经常项目支出以外的资金，这些资金必须依据专项账户使用。为此，国家收入局中设立了特别账户局，负责对国库账户进行专门管理。

这些改革导致国家收入院的职责变得更加复杂。为此，1781年，俄罗斯在参政院内设立了4个独立的部门，专门负责国家预算的组织和管理，分别是：(1) 收入局，管理收入；(2) 支出局，管理支出；(3) 稽查局，监察和核对支出及闲置资金，建立账户；(4) 余额征收局，根据其他各院提供的信息，通过地方政府征收尾款、缺额和欠款。地方政府每月编制收支表，并呈交给各个院。收入局即为后来财政部的雏形。

(三) 亚历山大一世时期

18世纪末，沙皇亚历山大一世对国家机构进行了全面改革，俄罗斯财政体系开始全面建立。为了使本国的行政机构与欧洲接轨，亚历山大一世设立"部"作为国家高层管理机构。1802年设立了包括财政部在内的8个部门。专职财政机构的设立有助于更好地管理国家财政收支。随着俄罗斯财政部活动领域的不断扩大，18世纪末财政部已成为规范国家经济发展的主要部门。

1722年，俄罗斯首次编制下一年度的国家收支清单，这是俄罗斯第一份国家收支预算。1803年起，俄罗斯国家收支预算开始按年编撰。1811年，俄罗斯国家预算正式开始按程序编制。但这时的俄罗斯国家预算还只是财政部对国家收入和支出的简单汇总，而且还只是形式上的，不具有法律效力，不受监督，也不公开发布。此时的国家预算由财政部（收入来源）、国库（执行预算出纳业务、发行国库券)、国家调控部门(始于1810年的账目监督)3个部门共同管理,还不存在统一的国家预算收支管理。

在这一时期,沙皇拥有无限权力,部长只能为沙皇效力,对沙皇负责。因此,国家预算经常被破坏,收支清单也经常被更改。为对财政体系进行彻底改革,1810年1月1日,御前大臣米哈伊尔·斯佩兰斯基向国务委员会提交了《财政改革计划》,主张赋予预算以法律效力,将收支纳入统一预算(预算和出纳的统一),在国家和部长的双重监督下执行。《财政改革计划》开启了预算法的先河,提出了俄罗斯国家预算编制应遵循的原则和法律审批程序,但是由于政府的反对,这些预算改革措施在19世纪上半叶并没有完全实现。然而,《财政改革计划》中包含的各项内容成为俄罗斯19世纪末至20世纪初所有财政改革的基础。

(四) 十月革命前

1862年,随着《国家预算收支以及各部和各管理总局财政预算编制、审批和执行法》的生效,俄罗斯开始了大规模的国家预算改革。依据该法,俄罗斯所有的政府部门都有义务按支出科目编制预算。财政部编制的国家预算须经国家委员会和专家审批,最后形成年度预算法,并予以公布。自1864年起,俄罗斯开始建立国家金库,预算收入被统一集中于设立在财政部的国家金库,预算支出也由其统一拨付。为了加强对预算资金使用的监督,1865年,俄罗斯还在各地设立了监察局。

20世纪初,俄罗斯对国家预算制度进行了新一轮改革。1905年10月17日,俄罗斯法令规定:"任何法律的生效都必须经过国家杜马的许可",该法使国家预算首次具有了公开的法律性质。1906年3月8日,俄罗斯国家杜马批准了《国家收支清单审核程序条例(国库生产性支出清单除外)》,预算法得到了进一步确认。1906年3月28日,俄罗斯再次出台《财政委员会的职权和构成》,4月又出台新的《根本法》。据此,俄罗斯将各部及主要管理机构的收支清单和财政预算,以及清单之外的现金都纳入了国家杜马的管辖范围。

自 1908 年起，俄罗斯预算的审核和批准工作正式在人民代表的参与下进行。随后第一次世界大战爆发，俄罗斯卷入其中，国家预算改革被迫中止。

三、苏联时期预算制度的建立与发展

（一）卫国战争前俄罗斯苏维埃联邦国家预算的建立与发展

十月革命导致国库全面空虚，俄罗斯苏维埃政府一度依靠发行纸币取得财政资金。为遏制货币贬值，建立稳定的预算体系，1918 年 1 月 28 日俄罗斯颁布第一个标准预算法令《1918 年上半年预算的编制、批准和执行准则》。其后，1918 年颁布的《俄罗斯苏维埃联邦社会主义共和国宪法》（第一部俄罗斯宪法）中发布了国家预算法和国家预算体系实施总则——统收统支。该《宪法》明确指出，俄罗斯苏维埃联邦共和国为联邦制国家，国家预算制度以联邦制为基础。财政集中制表现为俄罗斯苏维埃联邦国家预算和所有财政体系的高度统一，国家收入和支出被列入全国预算。

1922 年，苏维埃社会主义共和国联盟成立，依据 1924 年苏联颁布的《宪法》，形成了新的苏联国家预算。苏联国家预算由苏维埃各加盟共和国国家预算和联盟预算组成。联盟预算向全联盟范围内的各项需求和支出事务提供财政保障。为稳定各加盟共和国预算，1927 年 5 月 25 日，苏联颁布了《苏维埃社会主义共和国联盟预算法章程》。此外，联盟将建立地方预算收支清单，确定地方预算编制、审查和批准程序的权力赋予了各加盟共和国。

苏联预算体系的最终形成应归功于 1938 年颁布的《宪法》。该《宪法》第 14 条明确提出应加强对国民经济和国家财政的集中治理。《宪法》不仅将编制苏联国家预算和执行预算报告的权力赋予了联盟政府，还将确定上缴联盟、加盟共和国和地方预算税收的权力也赋予了联盟政府。1938 年 7 月 10 日通过的将地方预算纳入苏联国家预算管理的条例也反映了集中化的趋势。1938 年国家社会保障预算也被纳入苏联国家预算体系，这样的预算制度一直持续到1991年。

此时，苏联国家预算掌握着对全国60%以上资金进行配置的权力。高度集中的管理体制和计划经济严重影响了苏联商品经济的发展。20世纪30年代形成的财政体系也存在诸多弊端，降低了企业发展的积极与自主性，此后尽管不断尝试完善经济体制，但这些弊端一直延续至20世纪90年代初。

（二）卫国战争后苏联国家预算制度的发展

在苏联国家预算制度发展中，联盟预算和各加盟共和国国家预算之间的关系是其具有重要影响的组成部分。总的来说，在明确划分预算收支权限的前提下，苏联联盟预算和各加盟共和国国家预算之间的关系基本稳定。从1955年起，加盟共和国的预算权限得以扩大。苏联国家预算法只规定加盟共和国的预算收支总额，加盟共和国国家预算和地方预算之间的分配问题由各共和国独立决定，加盟共和国还有权支配其获得的超额收入。

为克服统收统支预算制度给经济发展造成的负面影响，20世纪80年代上半期，苏联开始推行新的企业管理方法，对企业采取了完全经济核算制和自筹资金制。然而，由于这两项制度在实践中很难同时满足企业和国家的利益，很多企业故意降低计划指标，使国家预算收入受到严重影响。90年代，苏联政治经济危机与日俱增，各加盟共和国拒绝向联邦预算缴纳税收，使联邦预算出现巨额赤字，致使国内通货膨胀无法控制，最终导致了苏联的解体和一个新国家的诞生——俄罗斯。

四、20世纪90年代的俄罗斯预算制度

20世纪90年代初，俄罗斯向市场经济转轨，"休克疗法"导致国家出现严重的通货膨胀，经济关系混乱，支付和财政系统处于崩溃的边缘，货币核算逐步被实物核算所取代，财政收支矛盾加剧。为了弥补赤字，1990~1995年间发行了大量货币，其后发行了大量的国家短期债券。1998年8月，金融

危机的爆发和卢布大幅度的贬值导致俄罗斯资本大量外逃，国家预算压力和履行外债还款压力与日俱增。与此同时，俄罗斯国内社会经济发展方面的若干不协调因素也进一步加剧了国家的经济危机。

1999年后，俄罗斯预算制度进入了新的发展阶段：独立九年后，俄罗斯首次完成了年度预算，联邦预算收入得到增长。2000年，俄罗斯联邦政府收入计划超过支出。2001年4月，俄罗斯首次开始全面偿还外债。在1990～2000年这一时期，俄罗斯的预算收入主要来自于税收、发行货币、非税收入，最主要的支出方向是偿还国家债务和发展国防事业。

五、2001年以来俄罗斯预算制度改革

自2001年起，俄罗斯启动了一系列预算领域改革，其中心就是理顺联邦中央和地方政府间预算关系；实施中期结果导向预算改革，完成公共支出管理从"管理支出"模式向"管理结果"模式的过渡。

（一）政府间预算关系改革

2001年，俄罗斯颁布《预算联邦制发展规划》，标志着俄罗斯政府间预算关系改革的开始。《2005年以前俄罗斯联邦财政联邦制发展纲要》的正式实施则明确划分了各级政府的财权，推动了政府间转移支付的规范化。该纲要旨在保证俄罗斯联邦主体和地方政府有稳定的财政收入来源，明确划分各级财政的支出和收入权限，按新办法实施联邦中央对各联邦主体的财政援助，促进联邦主体和地方政府的财政独立性和责任感，促进地方经济发展。自此，俄罗斯政府间预算关系改革步入了一个良性发展轨道。而2003年《俄罗斯联邦主体立法（代表）和执行权力机关基本原则法》《俄罗斯联邦地方自治机构基本原则法》《预算科目分类法》等几部法律的重新修订，也为俄罗斯预算联邦制建设的完善提供了更多的法律依据，大大促进了预算联邦制的法制化、规范化。

至 2005 年，俄罗斯第一次在依法划分支出义务和收入来源的基础上完成联邦和联邦主体预算，地区预算平衡状况好转，联邦地区预算支持基金的透明度和客观性得到提高，联邦主体的自有权限以及由联邦政府委托授权的有财政资金保障的权限都在不断扩大。在联邦与地区间预算关系改革接近尾声的情况下，从 2006 年起，俄罗斯预算联邦制改革的重心逐步过渡到联邦主体以下转移支付制度的建立之上，其改革核心为：（1）在保障地区政府自主权的条件下，依法确定联邦主体以下各级政府收入与支出权限的划分；（2）建立统一的联邦主体以下转移支付制度；（3）完善地区和地方国库统一账户建设。

（二）中期预算改革

以 2003 年通过并实施的《2004－2006 年俄罗斯联邦预算程序改革构想》为标志，俄罗斯开始了"结果导向的中期预算"改革。"结果导向的中期预算"的改革实质是，在对预算资金进行长期预测得出的总额上限内，根据社会经济发展未来的优先方向，在预算资金使用者间或预算规划间分配预算资金。这种预算模式以国家政策执行结果为目标，根据与执行结果紧密相关的国家职能进行预算拨款，将预算过程的重心从偏重控制的"管理支出"转移到"管理结果"上来；通过赋予较低层次预算支出使用者更多权限，提高预算过程参与者和预算资金管理者的责任感和独立性，以及对产出、投入进行计量和绩效评估，将"管理结果"直接指向支出机构的营运效率，建立高效的预算资金支出管理体系。

俄罗斯于 2004 年开始编制中期预算，中期预算的编制与年度预算同步进行，过程为：（1）对宏观经济趋势进行分析预测；（2）在宏观经济预测基础上对预算收入进行预测；（3）确定中期预算支出限额；（4）确定中期范围内的国家支出战略与优先政策方向；（5）确定各支出部门中期内各年度的支出需求，继而确定各年度支出预算；（6）对中期预算其他相关领域进行预测，如中期预算赤字、中期国家债务、中期国家稳定资金、中期国家预算外资金等。

中期预算改革对提高俄罗斯预算支出绩效，优化预算资金管理起到了积极的推动作用。在中期预算基本推开后，俄罗斯于 2011 年提出了全面向规划预算过渡的改革思路。规划预算的基本单位是"国家规划"，即以国家长期发展战略为核心，依据国家重点战略方向确定国家规划的中长期预算发展战略及主要支出规模，并据此确定 3 年期国家规划的预算管理体系以及管理流程，例如国家规划的任务目标、行动纲领、组织管理、实施程序、结果目标、考核指标等。俄罗斯希望通过国家规划的组织实施以及对国家规划实施结果的考核与评估，促进预算配置与国家战略重心的结合，提高预算资金的使用绩效，提升政府部门的服务质量。

回顾与总结：现代预算制度并不是伴随着财政产生而产生的，在历史上，带有鲜明法制特征的现代预算制度是在新兴资产阶级与封建专制统治阶级的斗争中，作为约束统治者权力的制度形式而产生的，至今只有几百年的历史。本章主要梳理和介绍英国、美国、日本、澳大利亚等西方国家现代预算制度产生的驱动因素及发展之路，同时还介绍了作为俄罗斯转型国家在建设现代预算制度过程中的经验与做法，以在我国现代预算制度的建设过程中，借鉴他山之石，并走好中国道路。

第三章　中国迈向现代预算制度的发展历程

本章导读：中国现代预算制度萌芽于清末，改革于民国。本章从历史角度梳理了清朝末年和民国时期中国现代预算制度的发展历程，剖析推动中国现代预算制度发展的外部和内部驱动因素。重点考察了新中国成立以来中国预算制度改革和发展历程。1994 年以来，随着市场经济改革目标的明确和《中华人民共和国预算法》的颁布实施，中国在预算的编制、执行、决算、绩效、公开、审计等方面均进行了重大改革，初步确立了与市场经济和现代财政制度相适应的现代预算制度管理框架。

第一节　中国现代预算制度的产生及发展

一、中国预算制度的产生及驱动因素

在人类历史上，传统财税制度向现代财税制度变迁过程中，预算制度的现代化是财税制度现代化的起点和核心内容。中国是一个具有悠久历史的国

家，较早就出现了国家预算制度和国家预算思想，但中国的预算制度产生于何时？历史学界和经济学界的看法并不一致，有炎黄时期论①、夏代论②、周代论③、战国论④等，但主流观点较为认同中国现代预算思想和预算制度不是从中国社会内部自发产生的，而是伴随着近代西方思想潮流的涌入而进入中国，是从西方舶来的，立足于我国古代农耕文明和封建专制制度之上的中国古代预算制度和预算思想都只能算是国家预算和预算思想的萌芽，没有近代民主政体是不可能有严格意义上的国家预算制度和思想的。中国现代预算制度萌芽于清末，始建于民国。

（一）清末预算改革：中国现代预算制度的萌芽

1906年12月22日福建道监察御史赵炳麟上奏《制定预算决算表整理财政而端治本》折。该折概述了英、法、普鲁士、日本等国预算制度的历史，奏请清政府仿效西方议定预算决算表。该奏折指出："盖东西各国之财务、行政，必许国民以两种监察：一是期前监察，承诺此年度之预算是也；二是期后监察，审查经过年度之决算是也……拟请谕令度支部选精通计学者，制定中国预算决算表……会计年度云者，从预算日起至决算日止，满十二个月为限。甲年度之款，必归甲年度决算，乙年度之款，必归乙年度决算，不得前后移挪，含混不清……盖会计年度者，于收入之所从生，于支出之所以起之事实中，加以一定之界限。"赵炳麟对西方预算制度演变历史的考察是基本符合历史实际的，他关于预算、决算中必须确定会计年度的观点是颇有见地的。

正是在朝野人士的广泛呼吁下，清政府在预备立宪中将编制中央和地方预算作为预备立宪的重要内容而纳入预备立宪的议程。1906年清政府决定清理财政并试办预算，设立了度支部，总管财政事务的中央机构。1908年（光

---

① 陈光焱，边俊杰. 中国预算制度的发展与改革 [J]. 光华财税年刊，2007.
② 刘汉屏. 也谈中国预（决）算制度起源问题 [J]. 江西财经大学学报，1986（2）.
③ 许毅，陈宝森. 财政学 [M]. 北京：中国财政经济出版社，1984.
④ 孙翊刚. 中国财政史 [M]. 北京：中国社会科学出版社，2003.

绪三十四年），度支部上奏《拟清理财政章程》，上请在度支部内设立清理财政处，在各省设立清理财政局，分别作中央和地方负责专门筹备预决算事宜的机构，同时对"预备全国预算之事"和"预备全国决算之事"也做出了详尽的规定。① 1910年，清政府在清查各省财政收支的基础上，仿效西方国家制定预算的新型财政体制，决定试办全国财政预算。同年度支部颁布了统一的预算册式及例言汇编。1911年10月18日度支部上奏宣统四年（1912年）全国预算草案，"计国家岁入银二万三千三百九十五万六千六百五十五两"，"全国岁出银二万一千八百九十一万九千五百九十两"，收支相抵，"尚余一千五百三万七千六十五两。"这个奏折上奏的前七天，爆发了武昌起义，清政府很快被推翻，该预算案亦由于清政府的崩溃而胎死腹中。虽然这场改革由于清政府的覆灭而中断，但它是中国历史上第一份现代意义上的预算，开启了中国现代预算制度的先河，为民国时期中国预算制度的现代化奠定了基础。

（二）民国预算制度改革：中国现代预决算编制的先河

民国时期的预决算制度是实现中央与地方收支划分以及构建这种财政体制的前提。北洋政府预算制度虽不完备，但其制度创立本身就是一大进步。南京国民政府成立后，预算与决算并重，既详细制定预算编制，又督促决算施行。国民政府成立后对预算编制的重视及其一系列改革措施，对预算制度的建立起到了重要的基础性作用，国民政府时期的预算已初现复式预算的端倪，从某种意义上，国民政府编制的国家预算开创了中国现代预决算编制的先河。

1. 北洋政府时期预算制度框架的奠定：1914年国家预算简章

民国初年，北洋政府在清政府有关预算制度规定的基础上，于1914年公布的《会计条例》中对预算制度作了进一步的规定。其内容包括：（1）预算

---

① 邹进文.中国预算理论和预算制度的早期现代化研究——清朝末年西方预算思想在中国的传播与运用 [C].中国经济思想史学会第十届年会论文，2002.

年度采用跨年制。政府会计年度从每年的 7 月 1 日开始，到次年的 6 月 30 日止。(2) 每年度岁入岁出之出纳事务，其整理完结之期不得超过次年度 12 月 31 日。(3) 各年度岁出定额，不得移充他年度之经费。(4) 各年度岁计剩余之款转入次年度岁入，出纳完结年度之收入及缴还款与预算外收入均编入现年度岁入。(5) 岁入岁出总预算，应于上年度提交立法院，非因必不可免及本于法律或契约所生之经费，不得提出追加预算。(6) 总预算分经常、临时两门，并各分款项编制，提交立法院时，附送各官署岁入岁出预计书及前年度之岁入岁出现计书。(7) 设第一预备金，以充预算内发生不足者之用；设第二预备金，以充预算外所必须者用，均于次年度立法院开会时求其承诺。虽然北洋政府时期的预算制度因时局影响没有顺利实施，且其预算制度尚不完备，但其制度创立本身就是一大进步。北洋政府于 1914 年正式编制的预算方案，对编制时期、方法等做了具体说明，奠定了北洋时期预算制度的框架。这一时期的预算制度规定预算执行前须提交立法院审议通过方能生效，且不可随意追加预算，体现了预算的法制性和权威性。此外，两级预备金的设置增加了预算弹性，弥补了预算刚性之不足。从制度上说，北洋政府预决算科目相对应，预决算的对比，各部门报告书的递交等规定是合理的。值得一提的是，中央政府预算科目按款项两级设置，款级科目中岁入部分按来源划分[①]，岁出部分基本上是按政府机构的设置划分[②]，在当时也是具有先进意义的。

2. 国民政府时期预算制度的基本定型

国民政府的预决算制度，较之北洋政府的预决算制度大为改进。在预算编制上，最初只有临时性规定，财政部每年就预算编制方法下达文件。当时要制定一个永久性的预算章程和办法条件尚不具备，且民国初期的计政还不

[①] 分为田赋、盐税、关税、厘金、正杂各税、正杂各捐、官业收入、杂收入、捐输、债款等项目。

[②] 分为外交部所管、内务部所管、财政部所管、教育部所管、陆军部所管、海军部所管、司法部所管、农商部所管、交通部所管等项目。

完备，因而 1928～1930 年仅有个别分预算，没有综合预算，直到 1931 年才开始有由立法院通过的总预算案。但国民政府成立后对预算编制的重视及其一系列改革措施，对预算制度的建立起到了重要的基础性作用。1931 年 11 月，国民政府公布了《预算章程》及《办理预算收支分类标准》等条例。1932 年 9 月 24 日国民政府在经过较长时间的准备后正式颁布了《预算法》，共 9 章，96 条，附件 11。该法确立了一整套预算制度、主计制度和审计制度，标志着中国预算制度经历 20 多年的发展已基本定型。1937 年修订的《预算法》规定的预算编制程序依次经过预算的筹划、拟编、核定，然后才是预算的编制，其间层次太多。并且，预算的筹划在 1 月 1 日以前的一个月内开始，距离预算开始执行时间相隔 13 个月。在这 13 个月内，变动频繁，难与下年度的实际情况相符合，执行效果不能尽如人意。所以自抗战以来，几乎每年都不能按照预算规定的程序进行。1940 年 1 月，《预算法》及其施行细则开始实行。这部《预算法》较之以往的预算章程及办法更为具体明晰。但《预算法》开始实施后，因编审时间过长，手续太繁，又处于非常时期，各机关不可能按规定的编审程序及时办理，于是先后制定了变通办法，由国民政府公布实施。随着抗日战争进入相持阶段，辖区日小，军费日增，通货膨胀，必须缩短预算的编审时间，国民政府颁布战时国家总预算编审办法，进一步缩短编审时间并简化编审程序，以适应战时的需要。1946 年 7 月，国民政府改订财政收支系统，恢复三级财政体制，各级政府财政收支重新分类，因此对 1946 年下半年度总预算予以调整，并办理了各项岁入岁出预算的追加手续。1948 年，国民政府宣布"行宪"，并修正公布《预算法》，将其实施范围仅限于中央政府，通令中央所属机关实施。但此后内战爆发，此《预算法》无法施行。

决算制度在国民政府时期得到落实。财政部对 1928～1934 年度的中央收支均曾编制报告，先后公布，虽然非正式决算，其性质与决算相近，只是程序与手续较为简单。1932 年 10 月国民政府公布了《暂行决算章程》，对决算制度作了进一步规定。为便于会计处理，自 1933 年起每年均订有《国库收支结算办法》，规定每年度国库收支的结算期限，使得各机关的实际收支依法结算整理，计入当年度决算之内。1938年8月，国民政府公布了《决算法》，1941年1月公布了《决算法实施细则》。《决算法》共32条，分通则、决算的编造、决算的审议与附则4章，规定尚属周详。各机关在1942年编造1940年度及1941年度决算时，即依照《决算法》及其施行细则以及主计处制定暂时适用的各项决算书表格式及说明办理。自此之后，国家总决算及财政部二级决算即能逐年产生，但因处于抗战时期，交通梗阻，兼之收支手续变更及预算追加追减频繁，预决算完成期限的早晚及内容的真实完整与否往往与预决算法的要求差距较大。

国民政府预算制度的另一个重要特点是预算会计的超然化。国民政府成立初期，财政预算、决算、会计、统计等项事务均由财政部会计司负责。20世纪30年代初，为加强对财政收支的会计管理，国民政府提出超然主计制度的设想，主张由原来的财政部门自行办理岁计、会计、统计事务改为一个超然于财政机构的独立部门为所有政府机构办理岁计、会计、统计事务。为此，1930年公布了《国民政府主计处组织法》，依据此法于1931年成立了主计处。主计处隶属于国民政府，总揽全国岁计、会计、统计事务。主计处根据各政府机构收支事务的繁简，在其下设置会计、统计室，为其办理有关岁计、会计、统计等事务，主办人员直接对主计处负责，并依法受所在机构主管人员的指挥。这种将政府各部门的会计业务统一交给一个专门机构管理的办法，可以使会计人员本身与财政收支所引起的直接物质利益相分离，与所在单位的物质利益相分离，同时也使会计人员摆脱了单位领导的制约和束缚，处于较为超脱的地位，有利于其对政府财政收支进行有效的监督管理。

总体来讲，民国时期的预决算制度已初具计划性、灵活性、法制性、民主性的特征。《会计通则》《审计法》《预算法》《决算法》等的颁布实施，是中华财政文明借鉴西方近代文明取得的标志性成果之一，民主和法制的精神在财政领域得到了具体体现。

二、新中国预算制度的形成与发展

中华人民共和国成立以来,政府预算制度的演进经过了形成阶段(1949~1951年)和稳定改革阶段(1952~1994年)。

(一) 政府预算制度的形成阶段

新中国成立初期,我国国民经济面临着严重困难,出现了较为严重的财政赤字。国家为了扭转这种困难局面,于1950年采取了统一财政经济管理的重大决策,对财政管理实行了高度集中的统收统支办法。1951~1952年又实行了初步分级管理的财政管理体制。1951年3月,政务院颁发《关于一九五一年度财政收支系统划分的决定》,将财政收支由高度集中,统一于中央人民政府,改为在中央的统一领导下,实行中央、大行政区、省(市)三级财政,并实行初步的分级管理,各级政府都设立相应的财政管理部门。

随着财政体制的构建,较为系统的政府预算制度也逐步形成。1949年12月27日,政务院发出《关于1949年财政决算及1950年财政预算编制的指示》,要求各级政府和中央直属企业部门编制1949年的财政收支决算和1950年的预算,按规定时间编制上报,并明确规定政府预算实行历年制,即从公历1月1日起至12月31日止为一预算年度,同时规定了预算编制的具体方法和要求。1950年3月,政务院颁发《中央金库条例》,规定国库工作委托中国人民银行代理,国库机构的设置原则上是一级预算设立一级国库,国库工作实行垂直领导。1950年11月,政务院发布《中央人民政府财政部设置财政检查机构办法》(后改"检查"为"监察"),确立了财政监察机构的基本任务,并建立起全国性的财政监察网络体系。1950年12月财政部发布《各级人民政府暂行总会计制度》和《各级人民政府暂行单位预算会计制度》,以满足政府预算管理的实际需要。1951年8月,政务院颁布《预算决算暂行条例》,规定了国家预算的组织体系,各级人民政府的预算权,各级预算的编制、审查、核定等执行的程序，决算的编制与审定程序等。随着上述各种预算法规的颁布和实施，我国的政府预算制度初步建立起来。

总体上看，在国民经济恢复时期，我国的预算管理权限高度集中于中央政府。一切财政收支项目与程序、税收制度、供给标准、人员编制都由中央决定。全国总预算和决算要由中央政府批准执行，地方预算须由中央政府核定，地方决算要报中央政府审查。

（二）政府预算制度的稳定改革初期阶段

我国政府预算制度形成后，在一个跨度相当长的历史时期内一直处于稳定状态。从经济体制的发展来看，其间经历了计划经济时期（1952~1979年）和有计划的商品经济时期（1980~1994年）；从财政体制来看，其间也经历了多次变化。在这40年间，尽管经济体制、财政体制发生多次变化，但政府预算制度从总体上而言则保持相对稳定。这是由于在这一阶段，中央与地方利益分配关系长期处于不断变化中（从这一时期财政体制的多次变化可以看出），中央与地方政府的关注点主要集中在彼此利益分割的多重博弈问题上，缺乏通过优化预算内部管理制度约束、降低管理成本、提高资金使用效益的激励机制，从而导致政府预算制度演进的长期滞后。

在稳定改革阶段，我国的政府预算制度具有典型的计划经济特征，主要表现为：在预算形式上采用单式预算；预算编制原则上贯彻国民经济综合平衡原则，预算编制方法上长期沿用基数法编制预算；预算编制程序上采用自下而上和自上而下，上下结合，逐级汇总的方法；预算管理总体上比较粗放，预算编制法制性不强、透明度不高，存在着非程序化和非规范化等问题。而具体到不同的部门、单位以及不同类别的支出，预算管理的方法又不尽相同。

1. 行政单位预算管理

这一时期，行政单位的预算管理基本上采取"统收统支"的形式，国家各级行政单位所需经费全部由政府预算拨款。为了加强行政财务管理，严格控制行政经费支出，国家对一些重要的管理制度不断进行完善：（1）1955年实行职务等级工资制度，从1960年起试行工资基金管理制度，严格控制编制人员、执行定员定额。（2）国家对公杂费、水电费、差旅费、会议费等公用经费支出制定开支标准，经费支出按标准报销。

2. 事业单位预算管理

计划经济体制下，事业单位的财务管理主要有如下形式：（1）全额预算管理。采用这种形式的主要是各类学校和科研单位，部分文化、卫生、体育事业单位。该类预算单位的各项收支最初全部纳入预算，后来，改为所需支出全部由政府预算拨款，有零星少量收入的单位，收入抵补一部分预算支出或作为预算外资金管理。（2）差额预算管理。有些单位有经常而较稳定的业务收入，但不够维持基本单位的支出，以业务收入抵补支出后，不足部分由预算拨款进行补助。采用这种管理形式的单位主要有各类医疗机构、艺术表演团体等。（3）专项经费补助。（4）事业单位企业化管理。

改革开放后，为了调动事业单位增收节支的积极性，对其预算管理方法进行了一系列改革：（1）试行单位预算包干法。从1980年起，对行政事业单位试行"预算包干，节余留用，超支不补"的预算包干办法；1988年重新制定了新的预算包干办法，变单一包干为分类包干，采取四种包干方式：经费和任务挂钩，一年一定；核定基数，比例递增；包死基数，一定几年；核定基数，比例递减。（2）支持事业单位合理组织收入。1989年1月，国家财政对事业单位组织的收入加强了管理，并将事业单位的预算管理形式划分为全额预算管理、差额预算管理和自收自支管理三种形式，使有条件的文教科学文化事业单位积极合理地组织收入。（3）为了促进科教事业的发展，1985年和1986年先后开征教育附加费，1987年将高校的助学金制度改为奖学金和学生贷款制度，缓解了资金供求矛盾，减轻了财政负担。

3. 健全国库管理制度

国务院1985年7月发布《中华人民共和国国家金库条例》，对国库体制，国库职责权限，库款的支配权，库款的收纳、退付、支拨以及国库会计核算等做出明确规定。1990年，又根据"一级政府，一级财权"的需要，在有条件的地区开办分国库试点。

4. 基本建设支出预算管理

计划经济体制下，基本建设资金在预算支出中所占的比重最大，对这部分资金相继采用了以下预算管理方法：（1）1958 年以前，基本建设支出预算的编制与分配职能由财政部门直接行使。（2）1958 年以后，财政部门委托建设银行经办。（3）从 1956 年开始，基本建设预算拨款实行"上存下支"的资金供应体制，并由财政部门审批基本建设年度财务决算，办理投资核销。这种办法一直沿用到 1980 年。总体而言，计划经济时期，基本建设投资全部实行财政无偿拨款，是一种"大锅饭"式的投资管理体制，助长了部门和单位向国家争投资、争项目之风，并造成投资效益不断下降等问题。

改革开放后，基本建设投资体制发生了重大变化：（1）推行和完善预算内基本建设投资拨改贷的制度。自 1979 年起，国家对预算内有偿还能力的基本建设项目实行拨改贷制度；后从 1985 年起，全面推行基本建设拨改贷制度，但效果并不理想；遂又于 1986 年恢复财政拨款和银行信贷并存的"双轨制"。到 1988 年，拨改贷投资占总基本建设支出的 33% 左右。[①] 实践证明，对有偿还能力和无偿还能力的建设项目采取区别对待的办法，更有利于拨改贷各项规定的顺利执行。（2）实行基本建设基金制。为了保证能源、交通、原材料等重点建设项目有稳定的资金来源，国务院决定从 1988 年建立中央基本建设基金。基本建设基金由建设银行按计划管理，专款专用，年终结转、在财政预算中列收列支。

5. 预算外资金管理

建设银行向财政领取的基本建设资金，全额存入人民银行总行，即"上存"；各地建设银行对建设单位的基本建设拨款，由当地人民银行供应，即"下支"。人民银行和建设银行两总行统一清算。建设银行成立于 1954 年，是负责管理固定资产投资的国家专业银行，最初由财政部领导。计划经济时期

---

① 孙文学主编. 中国财政史 [M]. 大连：东北财经大学出版社，1997：443.

的预算外资金规模较小，因此，这一时期还没有一套完整的预算外资金管理制度，只是制定了一些单项管理制度，包括：（1）各种附加制度，如农业税附加制度，工商税附加制度，城市公用事业附加制度；（2）各项预算外事业费收支制度，如公路养路费制度，育林基金制度，中、小学勤工俭学收益和分配制度；（3）企业各项基金制度，如更新改造资金，企业基金和企业留利。随着国民经济的高速发展，预算外资金的规模迅速扩大。1981年，预算外收入占预算收入的51.12%，1985年这一比重上升到76.32%，1992年达到110.67%。[①]为了强化预算外资金管理，国务院和财政部采取了一系列健全预算外资金管理制度的相关措施。1983年，财政部发布《预算外资金管理试行办法》，1986年，国务院下发《关于加强预算外资金管理的通知》，对预算外资金的性质、范围、管理方式和基本内容进行明确规定，初步实现了预算外资金管理制度的系统化、规范化。

1992年10月，党的十四大报告将我国经济体制改革的目标确定为"建立社会主义市场经济体制"，这标志着我国的改革开放进入一个新的时期。为了适应社会主义市场经济发展的要求，强化预算管理，我国开始对传统的政府预算制度进行改革。

第一，实施《国家预算管理条例》。针对当时预算管理中存在的问题，在总结几十年预算管理经验的基础上，国务院于1991年10月21日颁布《国家预算管理条例》，从1992年1月1日起施行。该条例的贯彻执行，对于加强预算管理，强化预算职能，发挥了积极的法律规范作用。

第二，实行复式预算。《国家预算管理条例》规定，从1992年开始，政府预算采用复式预算的编制办法，将各项财政收支按照不同的经济性质分解为经常性预算和建设性预算两大部分。1994年3月22日，八届全国人大二次会议通过《中华人民共和国预算法》。其中，第二十六条规定，"中央预算和地方各级政府预算按照复式预算编制。"根据1995年11月2日通过的《预算

[①] 中国统计年鉴（2005）[M].北京：中国统计出版社，2005：281.

法实施条例》,复式预算分为政府公共预算、国有资产经营预算、社会保障预算和其他预算。但是,从实际操作来看,复式预算的编制只是在原有收支的基础上,对单式预算收支科目按性质和用途的简单划分,复式预算的功能并未能充分发挥。

第三,实施《预算法》。八届全国人大二次会议审议通过《预算法》,自1995年1月1日起实施。《预算法》共有十一章七十九条。《预算法》对预算管理的基本原则、预算管理级次、预算组成体系、预算年度、预算管理职权和预算收支范围等预算基本问题,以及预算编制、预算审查与批准、预算调整、决算、监督等预算环节做出明确规定,对预算违法行为具体表现和对违法单位的处罚措施也做出了原则规定。《预算法》的颁布实施,对于健全预算的管理和监督有着十分重要的意义。

第四,部分地方政府开始实施政府预算改革。安徽省(1994年起)、河南省(1994年起)、湖北省(1993年起)、云南省(1995年起)、深圳市(1995年起)等省市结合自身的财政预算现状,借鉴国外经验,突破传统的采用"基数法"编制预算的框架,实行零基预算改革。

(三) 政府预算制度演进特征分析

从新中国成立后我国政府预算制度演进过程可以总结归纳出以下特征:

(1) 政府预算制度改革和财政体制改革并不同步,政府预算制度的改革往往滞后于财政体制的改革。改革开放后,财政体制改革成为我国财政改革的突破口,从20世纪80年代以"放权让利"为特征的财政包干制改革,到1994年的分税制改革,符合社会主义市场经济要求的分级财政体制框架初步建立起来。而政府预算制度改革则较为滞后,在较长的一段时间内未从根本上触动政府预算制度的计划经济本质,从而导致政府预算管理中的预算约束软化、预算透明度不高、预算资金效率较低等一系列问题。此外,由于政府预算在一国的政治经济中居于重要地位,不仅是政府的年度收支计划,集中体现出一国政府在社会、经济、政治等各个方面的公共政策,而且作为市场经济条件下规范、约束和监督政府行为的一种根本方法，也是民主制度在经济领域的重要体现。因此，政府预算制度改革的滞后也阻碍了我国政府与市场关系从政府决定型向市场决定型的转变。政府预算制度改革滞后于财政体制改革的原因主要在于：一是财政体制处于经常变化的状态，导致政府预算制度改革缺少较为稳定的政策框架；二是我国改革开放后所进行的财政体制改革侧重于财政收入领域，主要是关注如何提高各级财政的增收积极性，以及如何处理中央和地方政府之间的财政收入关系，而政府预算制度则更多是偏重于财政支出的安排和管理，涉及的地区、部门利益更加广泛和深入，属于财政改革中的深层次问题。随着社会主义市场经济的发展和构建公共财政框架目标的确立，对传统政府预算制度进行彻底改革，成为公共财政框架建立过程中的必经环节。在此背景下，自20世纪90年代末，我国的政府预算制度改革进入全面深化阶段，与公共财政相适应的政府预算制度框架正在逐步建立起来。

（2）中央政府在政府预算制度改革中发挥着主导作用，分税制改革后，地方政府预算制度创新的积极性也逐步提高。由于政府预算是政府财政收支活动的集中反映，政府预算制度的改革，更多的涉及政府内部公共管理的范畴。在政府预算制度改革中，政府居于主导地位，加之我国实行的是中央集权制，在各级政府中，中央政府占据着特殊地位，其往往以命令颁布者的身份强制其他主体遵守。因此，中央政府在预算制度改革过程中发挥着主导作用。分税制改革后，地方政府初步具备了一定的预算自主权，也逐步成为预算制度创新主体。从我国的实际情况来看，率先进行政府预算制度创新的地区，大多是经济不发达地区或老工业基地。这些地区财政压力较大，对预算资金的需求却更为迫切。在中央与地方预算收入分配关系已确定的前提下，只有通过预算制度的创新，提高有限资金的使用效益，才能满足本地区对预算资金的需要。由于预算制度属于公共管理领域的改革，对此必须慎重。因此，今后相当长时期内，应该既承认、鼓励地方政府的制度创新行动，并择其成功经验加以推广，又要针对各地普遍情况，适时提供制度供给，保持全国政府预算制度变迁方向的总体一致性。

（3）从制度变迁的策略选择来看，我国的政府预算制度演进属于"渐进性"的改革。在传统计划经济体制向市场经济体制的过渡中，有两种可供选择的策略："渐进性改革""休克疗法"。这两种改革策略的选择，既涉及制度变迁方式的选择，也涉及原有制度安排结构和路径依赖的问题。基于我国政治、经济和社会的特点以及各地方、各部门已经强化的利益格局，考虑到制度变迁的收益与成本对比关系，我国的政府预算制度改革选择了一条渐进式道路。许多政府预算制度的改革措施都是从较小范围的试验开始，在取得成果并进行总结的基础上加以逐步推广，如部门预算改革、国库集中收付制度和政府采购制度的推进都是如此。渐进性的改革方式不仅减小了强制性制度变迁的成本，而且也降低了改革进程中发生的风险和不确定性。

（4）由于具体国情的约束和传统管理模式的惯性影响，我国当时的政府预算制度改革尚处于初始阶段。我国 1994 年以前的政府预算制度与公共财政的要求还有着较大差距，预算管理的法治化水平还较低，预算的完整性、公开性与透明度都仍须提高，预算支出效率也处于较低状态。因此，有必要根据公共财政框架的构建进程和公共预算管理实际，从深化预算编制和执行环节改革、完善预算监督机制和建立健全预算绩效评价体系等方面继续推进我国的政府预算管理改革。

第二节　1994 年以来中国预算制度改革

20 世纪 90 年代以来，在中国提出建设社会主义市场经济体制的改革目标之后，中国的财政改革脉络具有明显的阶段性特征：1994 年的税制改革和分税制财政体制改革，重在提高财政收入占 GDP 的比重和解决税收收入在各级政府间的分配问题，初步确立与市场经济相适应的税制体系和财政管理体制。1998 年全国财政工作会议上，时任国务院副总理的李岚清同志提出"构建公共财政的框架体系",财政改革开始转向支出结构调整和财政管理领域。2000年推行的以部门预算为起点的预算管理的制度变革,强化财政部门在预算编制和执行过程中的内部控制职责,强化财政资金使用的合规性与绩效性。2012年起发布《事业单位财务规则》和《行政单位财务规则》,自2013年起,实行新的事业单位会计制度,2014年起实行新的行政单位会计制度,2015年实行新的总预算会计制度,在确保财政资金使用的合规性和绩效性的基础上,启动政府会计领域的改革,编制权责发生制政府综合财务报告,来解释政府的公共受托责任。因此,1994年以来的预算改革遵循着"合规—绩效—报告"的内在逻辑来展开,提升预算对政府施政的控制力与约束力,提高财政资金的使用效果,解释政府公共受托责任的履行情况。

一、改革的背景

预算已成为现代社会中政府最重要的施政工具,以及政府施政承诺转化为行动方案的具体表现和最可靠的财务保障。离开了政府预算的支持,国家的战略方针和经济社会发展政策将难以落实和实现。现代预算已远不只是一个汇集政府财务数据的文件,而更是一个阐明政府与支出机构职责、能力和法律义务的载体。然而,长期以来,由于受计划经济体制影响,我国预算管理在不少方面,特别是在预算编制方面还存在不少不规范、不科学的现象。

(一)原有的功能预算,不能全面反映部门的所有收支

长期以来我国采用单一的收入按类别、支出按功能的形式编制预算,内容粗略,预算执行到位率低,专项资金不能落实到支出部门和具体项目,资金使用效益难以提高。从预算编制方法来看,实行"基数加增长"的预算编制方法,固化了计划经济下形成的不合理的预算分配格局和部门支出,使大量的公共资源被长期滞留在效益低下的部门,而难以流向效益高的地方,使有限的财政资源无法被准确地导向政府的施政重点和优先领域,严重影响了

政府施政目标的达成和政府承诺的实现。从预算编制内容来看，大量财政性资金游离于预算管理之外，由部门自行安排收支，随意性很大。尽管后来针对预算外资金使用失控问题实行了"收支两条线"管理，但对于相当一部分预算资金来说，财政仍然无法进行有效调控，使应归属政府统一管理的财政资金分配权被肢解、分割。从预算约束来看，由于年初预算编制内容粗略，各级财政部门留有大量机动资金未做安排，使各个部门都热衷于"跑项目""要资金"，导致预算严肃性差，随意性强，追加频繁，弱化了对预算单位经费整体使用情况的监督和控制，无法对各部门财力实行统一优化配置。因此，根据国务院的指示，从2000年开始，财政部在中央各部门推行部门预算改革，将原来分散在不同预算科目的资金，统一按这些资金的部门编制，以反映每一个政府职能部门所有的收入和支出。

（二）原有的国库分散支付模式，不利于提升财政资金的安全性

传统国库最典型的特点是分散支付制度。其流程为：财政部门—国库—人民银行—主管会计单位—基层用款单位—商业银行—货物或劳务的提供者。传统的国库分散收付制度，在计划经济时期的财政实践中曾经发挥过重要作用。但随着我国经济体制转轨和建立公共财政体系，传统国库制度的弊端日益明显。第一，国库运行效率较低。财政资金收入滞后。财政性资金缴库由征收机关通过设置过渡性账户收缴，不是直接缴入国库，这就造成了征收机关和预算单位分散、多重设置财政资金账户。大量收入入库时间延滞，收入流失问题时有发生。财政资金支付迟缓。财政性资金支出是通过各级预算单位设置的财政资金账户逐级转拨、逐层下拨的结算手续，造成资金在途时间过长。第二，不利于财政监督。在传统的国库制度下，预算资金的收支过程透明度不高，脱离了财政的有效监督，预算单位可以随意筹集和支配资金，财政部门难以实施事前控制和事后监督。财政资金的"部门、单位"所有制倾向明显，容易滋生腐败行为。第三，国库宏观调控职能弱化。一方面，财政资金过早流出国库，减少了宏观调控的可用财力；另一方面，各级预算单

位占用滞留的财政资金存在银行不能及时有效使用。资金运行信息反馈不充分。各预算单位多头开户、分散支付，使财政部门无法全面、及时地掌握预算内、外收支的综合信息，难以及时地为预算编制和执行分析与宏观经济调控提供准确数据。

（三）原有的分散采购容易带来暗箱操作，不利于"三公"原则的落实

长期以来，我国政府各部门实行自由采购，即由财政部门将资金分配到政府各部门，再由政府各部门根据各自需要购买货物、工程和服务，这种采购方式极不规范，资金使用效益低，且不利于财政的监督。原有的分散采购模式下，各行政事业单位依据预算向财政部门申请资金，财政部门负责审核和拨款。资金从国库划拨出去后，完全由预算单位支配，由于财政监督没有及时跟上，预算单位是否按照预算用途开展采购，或者如何开展采购，缺乏相应的监控措施。在这种管理方式下，不仅使数额巨大的采购支出缺乏政策目标，形不成合力，规模很不经济，而且产生了很多弊端，盲目采购、重复采购、随意采购的现象非常普遍，截留、挪用资金的现象时有发生，采购活动中滋生了大量的腐败行为，最终造成预算目标不能实现，财政资金使用效益不高。分散采购透明度不高，存在大量的暗箱操作，贪污、受贿、损公肥私现象比较普遍。一些部门和系统利用管理优势，搞不公平竞争，牟取团体利益。其结果是，质次价高的采购现象时有发生，浪费了有限的财政资源，容易滋生腐败现象，损害了党和政府的形象。

（四）原有的政府收支分类科目，不能为预算编制和执行提供有力的技术支撑

原有政府预算收支分类及科目设置，虽经多次调整与修改，但基本框架仍是按新中国成立初期适应计划经济体制下财政预算管理要求建立的。五十多年来，政府预算收支分类及科目设置，为建立社会主义经济制度、履行政

府职责、促进改革开放、实施国家宏观经济社会政策目标，做出了应有的历史贡献，但随着改革开放的不断深入、社会主义市场经济体制的逐步确立、公共财政框架的形成，以及我国成为 WTO 成员后面临的机遇与挑战，这种分类已越来越不适应财政管理与改革的需要，亟待进一步改革。原有政府预算收支分类及科目设置，不能全面、准确地反映政府收支活动，不能适应新形势下深化财政改革和规范预算管理的要求。近年来，为规范财政管理，加强预算监督，我国推行了部门预算，逐步建立了国库集中支付制度和政府采购制度，但现行政府收支分类体系不够科学、结构不够合理，特别是科目不够细化，影响了各项改革的顺利推进。原有政府预算收支分类及科目设置，不便于进行国际比较。按国际通行的做法，政府收支分类体系包括部门分类、功能分类和经济分类，而原有政府分类是将三种不同的分类混杂在一起。类、款、项科目有的按部门分类，有的按功能分类，还有的按经济分类。而且同一功能的支出，往往在多处反映。因而原有政府收支分类无论在体系、结构还是具体科目设置方面，都与国际通行的做法有较大差距，不便于相互交流信息、借鉴学习，提高预算管理水平。

（五）原有传统的投入预算，不能将人们注意力引入关注预算资金分配与使用的绩效上来

长期以来，我国政府预算的编制方法和管理模式仍是传统的投入预算，其主要目的在于控制支出和预算，避免行政部门滥用资金。但投入预算中缺乏绩效信息，预算的多少和部门的绩效之间缺少必然的联系。在投入预算模式下，预算分配的依据是部门人员的多少而不是部门的绩效。预算一经确定，对预算执行的审计和检查就侧重于投入方面的问题，如实际的人员经费比预算中规定的数额是多了还是少了，是否有挪用现象，人员数是否超过编制数等，而对预算执行中财政资金的产出和结果并不关心，财政资金拨出后，缺少跟踪问效，财政资金的使用效益到底如何，财政部门也难以说清。政府各部门只需对投入负责，即确保财政资金的取得和使用是合规的，不需要对财

政资金使用所产生的结果承担受托责任。各部门预算的多少和部门的绩效之间没有联系。在这种制度下，每一个政府部门都把工作重心放在争夺预算拨款上，而不是放在用好预算资金以取得成效上，导致预算执行的结果总是偏离预算所应体现的政府政策意图。预算编制基本上是按照基数加增长的方法编制而成的，这种预算编制方法是在承认既得利益的基础上进行的，固定了总的行政支出在各部门间的分配格局，没有能够切实地反映预算年度的实际情况，财政无法根据机构和人员变动调整行政支出的规模，因而缺乏科学性。在此基础上进行的财政支出安排缺乏合理性和有效性，造成了不同的预算单位在经费供给方面出现苦乐不均、支出不足和浪费并存的情况。

二、改革的主要内容框架

(一) 预算编审机制改革——细化部门预算编制

部门预算是市场经济国家财政预算管理的基本形式，它是部门依据国家有关政策规定及其行使职能的需要，由基层预算单位编制，逐级上报，由主管部门按规定汇总，经财政部门审核后提交立法机关依法批准的涵盖部门各项收支的综合财政计划。相对于传统的功能预算，这种预算编制在编制的基础、范围、方法等方面都有很大突破。在编制原则上，保证了部门预算、部门行使职能与财力可能之间的一致性；在编制内容上，涵盖了部门或单位所有收入和支出，包括预算外资金和政府性基金等；在编制方法上，部门基本支出实行定员定额管理，项目支出以"项目库"的管理方式，预算编制内容不断细化；在编制程序上，部门作为预算编制的基础单元，财政预算从基层部门编起，通过逐级上报、审核，经单位和部门汇总形成。

2000年，中国开始在中央部门实施部门预算改革，首先选择教育部、农业部、科技部以及劳动和社会保障部作为部门预算改革的试点，主要改革目标在于建立部门预算的基本框架。2001年，提交全国人大审议的国务院所属部门的部门预算由4个增加到26个，上报内容进一步细化，并选择了国家计委、外经贸部、科技部等10个部门进行基本支出和项目支出预算编制试点，试行按定员定额和项目库的方法编制部门预算。2002年，中央各部门按照基本支出、项目支出分别编制预算，按新的政府收支分类进一步细化中央部门预算编制。2004年，财政部继续深化部门预算改革，完善定额标准体系，在人事部等5个中央部门进行实物费用定额试点，并对一些跨年度的重大支出项目进行绩效评价试点。2005年以来，进一步完善基金支出定额管理工作，扩大实物费用定额试点工作，研究制定部门预算绩效考评管理办法等（见第四章第二节）。

（二）预算收支执行改革——深化"收支两条线"管理

2001年，国务院办公厅转发《财政部关于深化收支两条线改革，进一步加强财政管理意见的通知》。以部门综合预算编制为出发点，以预算外资金管理为重点和难点，以强调收支脱钩为中心，以国库管理制度改革为保障，明确提出进一步深化"收支两条线"改革的步骤与相关措施。2002年，财政部又进一步加大和深化了"收支两条线"管理工作。在"收支两条线"改革方面又采取了以下措施：一是清理整顿现行收费、基金项目。财政部陆续将公安部等五部门的行政事业性收费及其他部门的100多项行政事业性收费全部纳入预算管理，将26项政府性基金纳入预算管理，实行彻底的收支脱钩。二是对中央部门区分不同情况，将预算外资金分别采取纳入预算或实行收支脱钩等办法加强预算管理。2004年，增加信息产业部等7个中央部门进行"收支两条线"管理和综合预算改革试点，地方也加大了改革力度（详见第四章第一节）。

（三）预算支出执行改革——国库集中收付制度改革

我国的国库集中收付制度改革始于1998年，正式启动于2001年3月，是一项涉及整个财政管理的基础性改革，贯穿于财政预算执行的全过程，是预算执行制度的创新。所谓国库集中收付制度是指对预算资金实行集中收缴和支付的制度，其核心是通过国库单一账户对现金进行集中管理。2001年2月28日，国务院第95次总理办公会议原则同意财政部会同中国人民银行报送的《财政国库管理制度改革方案》，确立了我国财政国库管理制度改革的目标、指导思想和原则、改革的内容、配套措施及实施步骤。改革方案明确提出，我国财政国库管理制度改革的目标是建立以国库单一账户体系为基础、资金缴拨以国库集中收付为主要形式的财政国库管理制度。

建立一个以单一账户为核心、资金缴拨以国库集中收付为主要形式的集中型国库管理制度来取代分散型财政国库管理制度。具体地，就是在账户集中、现金余额集中、会计处理集中和交易监管集中的基础上由财政部门对各个部门的收入收缴、支出决策和支出行为进行控制。通过信息网络全过程实时监测预算资金收缴和支付，从而控制和保障预算资金的安全和高效。在国库单一账户体系基础上，以信息系统为支撑，由"集中汇缴"方式为主变为"直接缴款"方式为主，规范收入收缴程序；健全非税收入收缴管理机制，进一步拓展国库集中收付制度改革的资金范围；规范支出拨付程序，逐步完善各类财政资金国库集中支付机制，支出在没有支付到实际收款人之前不流出国库单一账户体系（详见第五章第二节）。

（四）预算支出执行改革——政府采购制度的推开

1996年我国开始在上海、河北、深圳等地开展政府采购的改革试点工作，到1998年试点规模迅速扩大。在推进过程中，首先，明确政府采购的管理机构。1998年机构改革中，国务院授予财政部"拟定和执行政府采购政策"的职能。其次，政府采购模式基本成形。在加强政府采购管理结构建设的同时，全国绝大部分地区还设立了政府采购中心，负责组织实施本级政府跨部门的采购事务。集中采购机构的建立，标志着集中采购与分散采购相结合的采购模式已初步确立。最后，政府采购的法律法规体系基本形成。财政部自1999年先后颁布了《政府采购管理暂行办法》《政府采购招标投标管理暂行办法》

和《政府采购合同监督暂行办法》等规章制度。2003年1月1日起,《中华人民共和国政府采购法》正式实施。这些法规为依法开展采购活动提供了制度保障,对政府采购的范围、管理机构、采购模式、采购资金拨付以及采购监督等有关问题做出了明确规定,并对中介组织准入政府采购市场的条件、程序以及政府采购资金预算单列和支付形式等,都做出了原则性的制度规定,标志着我国政府采购工作进入规范化、法制化的轨道(详见第五章第三节)。

(五)预算管理信息化改革——以"金财工程"为基础的财政综合信息系统和大数据发展

财政部在推进上述预算制度改革的同时,自1999年下半年开始着手规划建立"政府财政管理信息系统"(GFMIS),利用先进的信息技术,构建以预算编制、国库集中收付和宏观经济预测为核心应用的政府财政管理综合信息系统。"金财工程"以财政系统纵横向三级网络为支撑,以细化的部门预算为基础,以所有财政收支全部进入国库单一账户为基本模式,以预算指标、用款计划和采购订单为预算执行的主要控制机制,以出纳环节高度集中并实现国库资金的有效调度为特征,以实现财政收支全过程监管、提高财政资金使用效益为目标。

随着财政业务的协同性越来越高,整合"信息孤岛"、在不同系统间搭建"数据交换"之桥,成为提升财政管理水平、支撑财政改革的迫切需要。为了更好地拓宽数据的应用渠道,2013年以来,全国财政系统"大数据"项目也逐渐走向实用。通过对不同业务数据的挖掘和分析,运用对比和统计等方法,将分析效果用图表加以展示,为决策服务。2013年10月,财政部颁布《财政业务基础数据规范2.0》(以下简称《规范2.0》),用以指导各省市的标准化建设。《规范2.0》对数据标准作了精确的描述和定义,包括术语标准、数据元标准、分类编码标准、元数据标准和数据交换标准。各地在建立大数据库时,应当按照《规范2.0》规定的数据元、分类编码和元数据标准,建立一套标准化的基础数据库,为新建业务系统提供标准化依据,最终形成财政业务的整体标准化。

(六) 预算支出绩效改革——推进财政支出绩效评价

从 2003 年起，财政部就开始制定部分行业的绩效考评管理办法，组织部分中央部门开展预算支出绩效考评试点工作。2005 年，制定《中央部门预算支出绩效考评管理办法（试行）》，对绩效考评的组织管理、工作程序、结果应用和考评经费来源等做了明确规定，确立了财政部统一领导、部门具体组织实施的绩效考评分工体系。稳步推进绩效考评试点工作，先后选择农业部"农业科技跨越计划"和教育部"高校建设节约型社会修购"等项目进行绩效考评试点。

(七) 预算管理科目基础改革——积极推进政府收支分类改革

财政部从 1999 年底开始启动政府收支分类改革的研究工作，在认真研究了国际上政府收支分类经验的基础上，结合公共财政、部门预算、国库集中收付等财政改革对科目体系的要求，在全国人大、中央有关部门、地方财政部门等各有关方面的积极参与、支持和配合下，于 2004 年底形成了《政府收支分类改革方案》，并于 2007 年 1 月 1 日在全国范围内开始实施。改革后的政府收支分类体系由"收入分类""支出功能分类""支出经济分类"三部分构成。

(八) 政府会计核算改革——发布实施《政府会计准则——基本准则》，编制权责发生制政府综合财务报告

我国目前的政府财政报告制度实行以收付实现制政府会计核算为基础的决算报告制度，主要反映政府年度预算执行情况的结果，对准确反映预算收支情况、加强预算管理和监督发挥了重要作用。但随着经济社会发展，原有的 1998 年发布的《财政总预算会计制度》《行政单位会计制度》《事业单位会计制度》等，无法科学、全面、准确反映政府资产负债和成本费用，不利于强化政府资产管理、降低行政成本、提升运行效率、有效防范财政风险，难

以满足建立现代财政制度、促进财政长期可持续发展和推进国家治理现代化的要求。因此，在2012年，财政部〔2012〕68号文发布《事业单位财务规则》、财政部〔2012〕71号文发布《行政单位财务规则》，财政部〔2012〕72号文发布《事业单位会计准则》等，对行政事业单位的财务管理、会计核算进行规范。在会计核算上，2013年开始实施新的《事业单位会计制度》，2014年开始实施新的《行政单位会计制度》，2016年开始实施新的《总预算会计制度》，2017年起施行《政府会计准则——基本准则》，陆续发布了存货、投资、固定资产、无形资产等政府会计具体准则，为构建全面反映政府资产负债、收入费用、运行成本、现金流量等财务信息的权责发生制政府综合财务报告制度打下了基础。

第三节　中国预算制度改革的评价

一、现有改革的评价

中国2000年以来预算改革的实质取向就在于统筹财政资源，逐渐实现财政统一，不断加强预算控制。在预算执行中逐步建立起外部控制机制，强调对财政支出效率、结果和公共责任的落实。

（一）统一财力分配，确立财政部门在预算资金使用中的核心地位

只有统一的财力和财权，才有财政资源的优化配置。由于政府性基金、各种政府性收费、土地出让金等非税收入形式的存在，政府的财力和财权被肢解的状况相当严重。非规范性的乱收费已使收费功能异化，部门行政、执法直接与其利益挂钩，收费失去与提供公共服务之间的对称性，已成为参与国民收入分配、部门谋取利益的具有垄断性质的工具、演化为滋生腐败、社会分配失范的制度基础，损害了市场环境和市场效率。实施部门综合预算要求预算内外资金统管，不断取消部门拥有的财政预算外资金支配权，最终实

现预算单位不再设有过渡性实存资金银行账户，收支彻底脱钩，所有财政性收入直接缴入国库单一账户体系，所有财政支出均由预算统一安排，克服路径依赖和固化利益格局，构建覆盖政府全部收支、完整统一的公共预算体系。由此确立财政部门在收入分配领域的主体地位，使部门不再拥有越过财政部门对征缴收入进行再分配的权力，以实现财政资源的统筹协调、优化配置。财政统筹财力以保障职能部门的经费支出，从制度上消除部门参与分配的利益动机，使部门目标从创收转移到提供公共服务上来。

（二）通过预算编审、执行机制的改革，确保财政部门科学理财

通过部门预算改革，一是健全审核决策机制，坚持为民理财。按照部门建议、财政审核、政府审定、人大审批的预算决策程序，整个预算编制过程始终在公开透明的状态下进行。二是完善定额标准体系，坚持科学理财。结合试点情况，对定额标准体系进行了多次修订和完善，一方面，兼顾财力可能性与部门履行职能的财力需求；另一方面，切实解决了各部门在财政资金分配中苦乐不均的问题。三是坚持高效理财，实行项目库管理，将绩效的理念灌输到财政资金分配机制中，提高财政资金使用效益。

（三）按照公共财政要求，优化支出结构，促进基本公共服务均等化

在预算支出安排上，坚持以科学发展观为指导，围绕"保增长、扩内需、调结构、惠民生"主线，认真落实积极的财政政策，深化财政改革，强化财政管理，促进经济平稳较快增长。在预算资金分配上，坚持以人为本，按照基本公共服务均等化的要求，把更多财政资金投向公共服务领域，不断加大对重点支出项目的保障力度。始终把民生问题放在财政保障的首位，建立以人为本的公共财政支出体系。在预算编制和支出安排上，优先考虑民生，把更多的资金投向"三农"、教育、科技、卫生、社保、环保、公共安全等方面，不断提高民生支出占财政支出的比重，解决好群众关心的热点、难点问题，让经济社会发展成果更多地惠及人民群众。

(四) 完善财政监督机制，强化对财政资金使用的全过程监控

通过实行部门综合预算改革和政府收支分类改革后，一个部门所有收支涵盖在一本预算内，部门收支行为一览无余。单一账户推行后，征收机关、执法机关目前设置的各种收入过渡账户以及各类预算外资金账户逐步取消，将根本解决非税收入分散管理、部门利益固化、财力和财权不统一的问题。建立现代财政国库管理制度后，对预算资金实行从分配到拨付、银行清算、资金到达商品和劳务供应者账户全过程的监控制度，基本形成了事前、事中、事后与内部监控和外部监控相结合的立体动态监控体系，职能部门和预算项目只见预算数不见钱，根本改变财政资金管理粗放、以拨代支、事后审计、支出账户失控的状况，从制度上铲除浪费和腐败，建立起监控财政资源使用效率的制度约束。配合预算制度改革的需要，财政部门内部也相应进行机构调整。努力推进预算编制、执行、监督相分离的财政运行机制，各项职能既相互制约，又良好衔接、高效高质运行，确保了财政资金使用的规范性、安全性和有效性。

(五) 硬化预算约束机制，提高预算文本的法律效力

公共财政强调民主理财、依法理财。完善预算支出的决策机制和约束机制，消除盲目性和随意性。支出管理要按《预算法》等法律法规办事，预算经人代会审议批准后，便具有法律效力，各部门必须严格按照批复的预算执行。自2009年起，预算超收收入当年不再安排预算追加支出，全部结转到下一年度使用，提高人大对预算资金使用的监控力。

(六) 跟踪记录预算资金运动过程，强化财政资金使用的合规性

中国现行的政府预算会计体系由财政总预算会计、行政单位会计、事业单位会计，以及参与预算会计执行的国库会计、税收征解会计和基本建设拨款会计等组成。现行的政府预算会计制度主要是跟踪记录预算资金运动过程，

反映政府年度预算执行情况的结果，对准确反映预算收支情况、强化财政资金使用的合规性、加强预算管理和监督发挥了重要作用。

(七) 强化财政支出绩效评价，提高财政资金使用效果

公共财政作为弥补市场失效的财政类型，其实质就是"集众人之财、办众人之事"，在使用纳税人资金提供公共服务的过程中，除了要确保按预算来合规的花钱之外，还需要花好纳税人的钱，提高财政资金的使用效果。2003年以来开始的财政支出绩效评价工作，明确财政支出绩效评价的对象、主体、流程、结果应用等内容，树立一种"花钱必问效、无效必问责"的理念，构建"预算编制有绩效目标、预算执行有绩效监控、执行结果有绩效评价、评价结果有反馈"的全流程绩效管理工作机制，使绩效的理念进一步融入到财政资金分配过程中，提升财政资金的使用效果。

二、与现代预算制度的差距[①]

经过 1994 年的分税制财政体制改革和 1999 年以来的预算管理领域的一系列改革，中国基本上建立起一种"控制取向"的预算管理体系，将财政部门转变成真正意义的"核心预算机构"，由它来集中资源配置的权力，并在预算执行中对支出部门的支出行为施加"外部控制"。但由于改革过程中受到一些客观条件的制约，有些改革措施并未付诸实施，有些改革因政策设计不完善而出现了新的矛盾。同时，财税体制和预算管理制度作为经济体制改革的基础和关键环节，也反映了经济体制运行中长期积累的矛盾和问题。特别是随着十八届三中全会《决定》中，将财政提升到国家治理的基础与重要支柱，建设与国家治理体系和治理能力现代化相适应的现代财政制度，原有财税体制和预算管理制度中存在的问题迫切需要改革加以解决，建设全面规范、公

---

① 本部分（一）至（八）的问题归纳转引自：楼继伟主编. 深化财税体制改革 [M]. 北京：人民出版社，2015：45-48.

开透明的现代预算制度。

（一）预算管理制度不规范、不透明

预算决算公开的细化程度不够。支出政策、项目安排、预留资金、超收资金的使用等都不够透明。一些地方和部分部门对预算公开重视程度不够；预算管理的基础工作不够扎实，基层政府管理水平参差不齐，全面推进预算公开难度较大；预算公开的力度仍然不够，内容还不够细化，局限于预算科目统计的类、款、项，看不到具体的人员开支、公用经费和各个具体项目的开支；一些方面在强化预算硬约束上的措施跟不上。

（二）预算支出碎片化

与财政收支增幅或国内生产总值挂钩的重点支出项目量多面广，有预算二次分配权的部门还不少。2015年仅教育、科技、农业、文化、医疗卫生、社保、计划生育等7类挂钩支出就占到财政总支出的近50%的水平。前些年，在中央强有力的行政推动和各级政府全面动员等超常规手段下，财政部门为落实好相关规定做出了艰苦努力。虽然这些挂钩规定在特定阶段为促进某些领域的发展起到了积极作用，但这种做法影响了财政公平、公正与公共性，僵化了支出结构，降低了预算的弹性，而易引发部门和行业攀比，部分领域出现了财政收入与事业发展"两张皮""钱等项目"甚至"敞口花钱"等问题，消弱了国家财政的宏观调控能力。

（三）预算的约束性不强

预算编制、审批、执行、监督之间缺少制衡，财政资金"跑冒滴漏"甚至被侵占挪用等问题时有发生。审计署于2015年6月28日发布的第24号《审计公告——对中央部门单位2014年度预算执行情况和其他财政收支情况审计结果》显示，相关中央预算单位存在挤占挪用专项资金用于日常运转，动用公用经费发放工资津贴补贴，先有支出后有预算、相关收支没有纳入预

算管理等问题。

(四) 预算控制方式不合理

当前年度预算审核的主要内容包括财政收入、支出、赤字及国债余额上限等,重点是收支平衡管理,即政府预算不得突破人大批准的赤字规模。预算控制偏重收入,容易导致顺周期调节问题。当经济下行时,为保证预算目标的实现,一些地方可能会出现征收过头税(费)、压缩支出等现象,给经济运行"雪上加霜";而当经济上行时,实际收入增长快于预算,容易出现超收超支或应收不收等现象,给经济运行"火上浇油",在一些程度上影响了宏观调控效果。

(五) 预算体系不够统一完整

公共财政、政府性基金、国有资本经营和社会保险基金四大预算的功能定位及相互关系还不清晰,相互之间缺乏有机衔接,部门利益色彩较为明显。例如,公共财政、政府性基金、国有资本经营三本预算的支出边界存在一定的交叉重叠,政府性基金预算定位于支持特定基础设施和社会事业发展方面,与一般公共预算支出边界高度重合;一般公共预算安排了一些支持企业发展和改革的支出,也与国有资本经营预算存在交叉重复。在一般公共预算赤字规模较高的情况下,政府性基金预算却由于专款专用的规定,存在大量结转结余资金。2015年以来,国务院多次部署盘活和统筹使用财政存量资金相关工作。近年来,在中央预算执行、地方财政收支、专项资金等审计中,审计署将盘活存量资金、提高财政统筹能力、提高财政资金绩效等作为重点关注内容。

(六) 转移支付制度不完善

转移支付与事权支出责任划分结合不够紧密,一些中央事权本应由中央财政直接承担支出责任,却通过安排转移支付委托地方政府承担,弱化了中央宏观调控职能;一些中央地方共同事权没有设立专项转移支付,而是通过一般性转移支付予以支持，不利于贯彻落实政策目标；对地方事权过多地安排专项转移支付，大量的引导类、救济类、应急类专项既不利于充分发挥地方政府的积极性，也不利于提高财政资金使用效率。一般性转移支付缺乏整体规划，项目种类多、目标多元，分配使用较为随意，均等化功能偏弱。专项转移支付涉及领域过宽，存在管理漏洞。2013年中央给地方的均衡性转移支付仅占转移支付总额的22.8%，不利于推进基本公共服务均等化，2015年该比例上升为36.90%。[①] 与此同时，专项转移支付项目过多、规模过大、资金分散。2013年安排的专项转移支付多达220项，总规模接近中央预算收入的1/3，资金管理涉及56个部门，2015年减少到150项左右。这样的转移支付制度，不仅容易形成"跑部钱进""撒胡椒面"现象，而且容易造成中央部门通过资金安排，不适当干预地方事权，甚至成为滋生腐败的温床。

（七）地方政府债务管理机制不健全

地方政府债务增长缺乏约束，债务风险加速累积。尽管近两年地方债务增长率整体有所下降，但一些地区仍远高于地区GDP和财政收入增长率，局部地区债务风险已经不容忽视。地方政府性债务"借、用、还"脱节，地方政府性债务举借主体多达15.36万家，涉及机关、事业单位、融资平台公司及其他国有企业，政企不分，责任不清，重借轻还。其他融资方式年利率大多在6%以上。除地方政府债券等少量债务外，绝大部分政府债务资金没有纳入预算，缺乏必要的预算监督与约束。政府部门、企业多头举债的做法，偿债压力倒逼财政。

（八）税收优惠政策过多过滥

近年来，产业导向的税收优惠政策越来越多，各种税收优惠区林立，已经出台实施的区域税收优惠政策约50项，几乎囊括全国所有省（自治区、直

---

① 楼继伟. 深化财税体制改革 [M]. 北京：人民出版社，2015.

辖市)。如超越权限出台的对企业、个人的税费减免或返还,与缴纳税款挂钩的先征后返、列收列支、财政奖励,对特定区域的收入全留或增量返还等。不同地区对税收优惠的诉求越来越多,不少地方在税权没有下放的情况下,变相减免甚至越权减免税的做法愈演愈烈,不仅破坏税制的统一规范,扰乱了正常财税秩序,而且影响财政收入的稳定性,造成更多的经济扭曲,干扰资源的有效配置。

(九) 政府财务会计和政府成本会计体系空白

政府会计作为确认、计量、记录和报告预算及其执行情况的会计,是一个收集和传达政府财政状况信息的制度,是政府的神经系统,信息疏通则政府财务运作自如,信息堵塞则使政府作业有瘫痪之险。现行的中国预算会计仅仅是反映财政资金收支执行的会计,在反映政府全面的财务信息,诸如资产、负债信息方面,还存在一定的缺陷。在会计基础的确认上,采用收付实现制度,在反映政府潜在的财务风险和进行政府绩效评价时,都缺乏最为基础的财务信息。随着强化"内部行政控制"导向的预算制度性变革不断完善,下一步改革的重点将是政府收支的会计核算领域,即政府会计改革和政府财务报告制度建设。

(十) 预算反映纳税人偏好的机制仍需构建

全球范围内,随着公民力量的加强,"参与式预算"逐渐兴起,成为化解一系列棘手经济社会问题的有力武器。中国的基层政治民主化(村民自治)运动,虽然将地方民众的注意力逐步引向基层预算事务,但无论是参与的广度还是深度都十分有限。预算依然反映政府尤其是主要领导的意志和偏好,民众的声音、愿意和需求难以进入正式的预算过程,即使在基层这种现象也相当普遍。因此,随着公民权利意识的兴起,可在基层部分试点参与式预算改革,在预算资源的分配决策机制中,强化社会公众的参与力度,使预算资源使用更多地反映公众偏好。

回顾与总结：本章回顾了中国现代预算制度的产生及发展历程，剖析了推动中国现代预算制度发展的外部和内部驱动因素，重点梳理了1994年以来中国预算管理领域的重大改革，包括：预算编审机制改革——部门预算改革、预算收支执行改革——"收支两条线"改革、预算支出执行改革——国库集中支付制度改革和政府采购改革、预算管理信息化改革——"金财工程"、预算支出绩效改革——财政支出绩效评价、预算管理科目体系改革——政府收支分类改革、预算收支核算改革——政府会计改革，评述了1994~2014年中国预算制度改革的成效以及与"全面规范、公开透明"的现代预算制度的差距。

第四章 全面完整的现代预算制度构建之路

本章导读：现代预算制度的重要特征之一是全面规范，政府所有的收支都要纳入预算，接受社会公众和立法机构的监督。本章介绍了中国全面规范的现代预算制度构建之路，包括预算外资金纳入预算管理、部门预算管理、全口径预算体系等内容。

第一节 预算外资金纳入预算管理

我国的预算外资金是在特定的历史背景下产生的，其间经历了规模由小到大、管理由乱到治的过程。

一、预算外资金的概念与演进

（一）预算外资金的概念

预算外资金，是与政府预算内资金相对应的一个概念，在中国财政制度中有特定内容。一般来说，预算外资金是指按国家法律法规及财政制度规定，由各地方、各部门、各单位收取、提取和安排使用的未纳入国家预算管理的各种财政性资金。

理解预算外资金概念,包括以下三层含义:第一,预算外资金的性质,是财政性资金,但不纳入政府预算管理,其所有权属于国家,分配权归政府,管理权在财政。财政部门作为政府理财的职能部门,负责制定具体的分配政策和管理制度。国家可以根据宏观经济管理需要,对预算内外收支范围进行调整。第二,预算外资金由有关行政事业单位,根据国家规定的项目和标准组织收入。如行政事业性收费必须经过国务院或省级以上政府及其财政、计划(物价)部门批准,其他部门无权批准行政事业性收费,未经批准,行政事业单位一律不得凭借自身拥有的行政管理职能自行收费。第三,收取、提取和使用预算外资金,是为了履行政府职能,其支出用途和范围只能用于被指定的政府职能范围内的事务,不能挪作他用,也不能在预算内外进行任意调节。[①]

(二) 预算外资金的制度演进

1. 预算外资金产生的背景

我国预算外资金的产生可追溯到新中国成立初期。当时,长期的战争影响使得国民经济处于崩溃状态,生产萎缩,物价飞涨,城乡隔绝,失业严重,收入少,支出庞大,财政十分困难,新政权面临严峻的考验。为了解决上述问题,政府在财政预算方面,建立起了一套统一的财政预算管理制度。这期间出台的重要规章制度如表4-1所示。

表4-1　　　　新中国成立初期关于财政预算管理的重要文件

年份	文件名称	内容
1949	《中国人民政治协商会议共同纲领》	建立国家预算决算制度
	《关于一九五〇年财政收支概算的报告》与《关于发行人民胜利折实公债的决定》	规定了概算的支出与赤字解决办法

---

① 李燕. 政府预算理论与实务 [M]. 北京:中国财政经济出版社,2010.

续表

年份	文件名称	内容
1950	《关于统一国家财政经济工作的决定》	集中财力，实行统一管理
	《政务院关于统一管理1950年度财政收支的决定》	中央集中财权
	《关于保证统一国家财政经济工作的通知》	保证上述《决定》的执行
	各级人民政府暂行总会计制度	争取财政好转，统一财政收支
	各级人民政府暂行单位预算会计制度	争取财政好转，统一财政收支
1951	《关于一九五一年度财政收支系统划分的决定》	实行分级预算管理，建立三级预算管理体系

资料来源：许金柜. 我国政府预算制度的历史演进与改革模式研究（1949－2013）[D]. 福建师范大学，2014.

通过一系列制度改革，我国逐步建立了高度集中的预算管理体制。财政集中在中央，中央统一制定财政收支项目、程序、标准以及编制，政府预算集中了几乎所有可以集中的财力。高度集中的预算体制的建立，加强了中央的统筹力度，为我国国民经济的恢复建设发挥了重要的作用。随着国民经济的恢复和发展，由于高度集中的预算管理体制，使得地方政府的积极性不高。为了调动地方政府的积极性，照顾各地区、各部门、各单位的特殊需要，将一小部分财政收支放在预算外，由各地区、各部门、各单位自收自支、自行安排，从而形成了预算外资金制度。

2. 预算外资金的发展及其管理过程

我国预算外资金的发展及其管理经历了如下几个过程：

一是发展雏形阶段。新中国成立初期预算外资金的项目和金额都比较小，这时只有农村自筹和机关生产性收入，作为对农村文教和行政开支的一些零星费用。1953年它的金额为8.91亿元，占预算内收入的4.2%。[①]

二是"一五"和"二五"时期开始膨胀阶段。其间，1956年对私营企业公私合营，机构、单位增设，纳入预算外资金项目增加，"一五"期间，它的金额增长到87.91亿元，"二五"时期为391.35亿元，占预算内收入比重为

[①] 杨志勇，杨之刚. 中国财政制度改革30年[M]. 上海：格致出版社，2008.

18.5%。① 于是1961年，国务院批转了财政部《关于改进财政体制加强财政管理的报告》（见表4-2），对预算外资金管理提出"全国一盘棋，上下一本帐"的"纳、减、管"的治理，即：有的纳入预算，有的减少数额，都要加强管理。应当纳入预算的有：商业部门的饮食和服务企业的收入、综合利用和多种经营收入、用预算外资金兴办的企业的收入。减少提取比例的有：企业利润留成减掉一半左右（不是平均地减，各地区、各部门不同）。加强预算外资金管理的措施主要是：控制预算外资金的来源和使用范围，不经中央批准，不许增加项目，提高比例，不准化预算内收入为预算外收入；应当在预算外开支的不准挤入预算内。谁的资金归谁用，不准乱拉乱扯。预算外资金要按规定的用途使用，并且做到年初有计划，执行有检查，年终有报告。预算外资金用于基本建设的，要纳入国家计划。这些措施的实行取得了积极的成效，反映在1963~1965年间，预算外资金的金额减到198.27亿元，比重由18.5%调低到15.9%，进入一个低膨胀时期。

表4-2　　　　　　　　　　主要的预算外资金管理办法

时间	文件名称	主要内容
1961年	财政部《关于改进财政体制加强财政管理的报告》	对预算外资金采取"纳、减、管"的治理
1983年	国务院批转财政部制定的《财政部关于颁发〈预算外资金管理试行办法〉的通知》	明确了预算外资金的内涵、范围及相关的管理办法
1992年	国务院关于《企业财务通则》《企业会计准则》的批复	国有企业及主管部门的专项基金不再作为预算外收入
1996年	国务院颁布《国务院关于加强预算外资金管理的决定》	禁止将预算资金转移到预算外、将部分预算外资金纳入财政预算管理等内容
	财政部《预算外资金管理实施办法》	对预算外资金的内涵及范围作了重新界定
2001年	国务院办公厅转发财政部《关于深化收支两条线改革，进一步加强财政管理的意见》	将各部门预算外收入纳入财政专户管理，明确提出深化"收支两条线"改革

① 杨志勇，杨之刚．中国财政制度改革30年[M]．上海：格致出版社，2008．

第四章 全面完整的现代预算制度构建之路

三是"六五"时期新的膨胀开始。从"三五"到"五五"时期，正处在"文革"时期，原有的财政法规，被批判为"关、卡、压"，预算外资金收支开始膨胀。"五五"时期达到1943.99亿元，占预算内的39.8%，进入"六五"时期为5090亿元，占预算内的76.9%。[①] 这样，1983年国务院再次批转财政部制定的《财政部关于颁发〈预算外资金管理试行办法〉的通知》（见表4-2），要求加强预算外资金管理，搞好财政信贷综合平衡，提高经济效益。主要内容包括：（1）明确了预算外资金的内涵。预算外资金是指根据国家财政制度、财务制度规定，不纳入国家预算，由各地方、各部门、各企事业单位自收自支的财政资金。（2）界定了预算外资金的范围。预算外资金包括地方财政部门管理的各项附加收入和集中的各项资金；地方和事业单位管理的不纳入预算的资金；国营企业及其主管部门管理的各种专项资金；地方和中央主管部门所属的不纳入预算的企业收入。（3）确定了管理方式。在明确预算外资金口径的基础之上，财政部要求对未经国务院、财政部批准，由各地自行设定的预算外资金项目，进行一次性清理整顿，同时加强预算外资金收支计划管理，要管好用好预算外资金，特别是要控制预算外资金用于基本建设。1983年国家还将一定数量的预算外资金，通过征集国家能源交通重点建设基金的渠道又转化为国家预算收入。但这一政策实施的成效不明显，预算外资金仍继续膨胀，1991年金额上升为3243.31亿元，相当于预算内的102.98%，1992年上升为3854.92亿元，相当于预算内的110.67%，达到高度膨胀（见表4-3）。

表4-3　　　　　　　　　预算内外资金收入对比情况　　　　　　　　单位：亿元

年份	预算内收入合计	预算外资金	预算外资金占预算内收入比重（%）
1978	1132.26	347.11	30.66
1980	1159.93	557.4	48.05
1985	2004.82	1530.03	76.32

---

① 杨志勇，杨之刚．中国财政制度改革30年 [M]．上海：格致出版社，2008．

续表

年份	预算内收入合计	预算外资金	预算外资金占预算内收入比重（%）
1989	2664.9	2658.83	99.77
1990	2937.1	2708.64	92.22
1991	3149.48	3243.3	102.98
1992	3483.37	3854.92	110.67
1993	4348.95	1432.54	32.94
1994	5218.1	1862.53	35.69
1995	6242.2	2406.5	38.55
1996	7407.99	3893.34	52.56
1997	8651.14	2826	32.67
1998	9875.95	3082.29	31.21
1999	11444.08	3385.17	29.58
2000	13395.23	3826.43	28.57
2001	16386.04	4300	26.24
2002	18903.64	4479	23.69
2003	21715.25	4566.8	21.03
2004	26396.47	—	—

注：（1）1993~1995年和1996年的预算外资金收入范围分别有所调整，与以前各年不可比。从1997年起，预算外资金收入不包括纳入预算内管理的政府性基金（收费），与以前各年也不可比。

（2）2004年后，随着我国预算外资金管理的不断推进，我国预算资金已经相当少了，因此统计选取到了2004年的数据。

资料来源：中华人民共和国国家统计局. 中国统计年鉴（2005）[M]. 北京：中国统计出版社，2006.

四是1993年后，预算外资金规模总体上呈现出下降的趋势。1992年底，我国颁布了新《企业财务通则》（见表4-2），国有企业及主管部门集中的各种专项基金不再作为预算外收入。1993年我国预算外资金为1432.54亿元，占预算内收入比重由1992年的110.67%下降到32.94%。

1995年《预算法》正式实施后，有些地方违反《预算法》和国务院的有关规定，擅自将财政预算资金通过各种非法手段转为预算外资金，有些部门和单位擅自设立基金或收费项目，导致国家财政收入流失，预算外资金不断膨胀。预算外资金占预算内收入比重由1994年的35.69%上升至1996年的52.56%（见表4-3）。鉴于此，1996年《国务院关于加强预算外资金管理的决定》（见表4-2）颁布，要求进一步加强预算外资金管理。该《决定》主要的内容包括：禁止将预算资金转移到预算外；将部分预算外资金纳入财政预算管理；加强收费、基金管理；严格控制预算外资金规模；预算外资金要上缴财政专户，实行收支两条线管理；加强预算外资金收支计划管理；严格预算外资金支出管理，严禁违反规定乱支挪用，等等。其中最引人注目的是将部分预算外资金纳入财政预算管理的规定。根据规定，各地区、各部门要将财政部已经规定的83项行政性收费项目纳入财政预算。从1996年起将养路费、车辆购置附加费、铁路建设基金、电力建设基金、三峡工程建设基金、新菜地开发基金、公路建设基金、民航基础设施建设基金、农村教育事业附加费、邮电附加、港口建设费、市话初装基金、民航机场管理建设费13项数额较大的政府性基金（收费）纳入财政预算管理。地方财政部门按国家规定收取的各项税费附加，从1996年起统一纳入地方财政预算，作为地方财政的固定收入，不再作为预算外资金管理。该《决定》还提出今后要积极创造条件，将应当纳入财政预算管理的预算外资金逐步纳入财政预算管理。这说明最终取消"预算外资金"已经成为改革努力的方向。

1996年财政部颁布了与《国务院关于加强预算外资金管理的决定》相配套的《预算外资金管理实施办法》（见表4-2），预算外资金的范围作了重新界定。预算外资金，是指国家机关（即国家权力机关、国家行政机关、审判机关和检察机关）、事业单位和社会团体、具有行政管理职能的企业主管部门（集团）和政府委托的其他机构为履行或代行政府职能，依据国家法律、法规和具有法律效力的规章而收取、提取和安排使用的未纳入国家预算管理的各种财政性资金。其范围主要包括：法律、法规规定的行政事业性收费、基金和附加收入等；国务院或省级人民政府及其财政、计划（物价）部门审批的行政事业性收费；国务院以及财政部审批建立的基金，附加收入等；主管部门从所属单位集中的上缴资金；用于乡镇政府开支的乡自筹和乡统筹资金；其他未纳入预算管理的财政性资金。对社会保障基金在国家财政建立社会保障预算制度以前，先按预算外资金管理制度进行管理、专款专用，加强财政、审计监督。

1996年之后,预算外收入的规模再次降低,主要是因为将电力建设基金、铁路建设基金等主要建设性基金(收费)纳入预算内管理;1999年又将行政性收费纳入预算内管理。

随着我国预算管理体制改革,一方面,加大了行政事业性收费、政府性基金以及各种集资摊派等预算外资金的清理规范力度,一些预算外收入项目逐渐被取消;另一方面,随着"收支两条线"[①]改革力度的加大,在预算外管理的政府性基金、行政事业性收费等逐渐被纳入预算内管理。2002年下半年,所有的政府性基金全部纳入预算内管理,到2004年底,中央审批的行政事业性收费项目中的80%左右的项目也被纳入预算内管理,因此预算外资金的规模逐渐缩小。

二、预算外资金的作用与问题

(一) 预算外资金的积极作用

预算外资金制度的形成对国民经济的发展起到了积极的促进作用。主要体现在以下几个方面:

[①] 为了加强预算外资金管理工作,各地区、各部门不断推进和加强政府收费和罚没收入"收支两条线"的管理工作。罚没收入和相当一部分收费收入纳入预算管理,对绝大部分预算外资金实行了财政专户管理。但是,上缴的收费和罚没收入与执行单位的支出安排存在挂钩现象;部门预算未将执收单位预算内外资金统筹安排;中央本级大部分收费仍由单位自收自缴,没有实行收缴分离;执收单位预算外资金使用仍不够规范、合理等,从而导致部门之间行政开支、职工收入水平差距较大,收费和罚没收入中乱收、乱罚、截留、挪用现象比较突出。基于此,2001年,国务院办公厅转发了财政部《关于深化收支两条线改革进一步加强财政管理的意见》。深化"收支两条线"改革要求有三:第一,将各部门的预算外收入全部纳入财政专户管理,有条件的纳入预算管理,任何部门不得"坐收""坐支"。第二,部门预算要全面反映部门及所属单位预算内外资金收支状况,提高各部门支出的透明度。同时,财政部门要合理核定支出标准,并按标准足额供给经费。第三,根据新的情况,修订、完善有关法规和规章制度,使"收支两条线"管理工作法制化、制度化、规范化。这些要求决定了预算外资金存在的空间越来越小。即使某些形式的收入能够保留下来,但也很难在预算外存在。

1. 对预算内资金不足的弥补作用

改革开放前，国家财政负担一直很重，地方财政预算也超负荷运转，收入与支出矛盾比较突出。在这种情况下，预算外资金可以满足某些零星支出和专用支出的需要，不仅有利于这些事业的发展，而且有利于减轻国家预算安排的困难，弥补国家预算内资金的不足。国家预算负担减轻后，就可以集中资金用于重点建设。

2. 对专项事业发展的保障作用

预算外资金的一部分是国务院或财政部审批的项目和标准向企事业单位和个人征收、募集或以政府信誉建立的有特定用途的各种基金（资金、附加收入），带有专用性特点，不仅收入有特定的用途，而且支出必须是专用性的，按照中央的方针政策和国家规定的用途使用，专款专用，收支挂钩，收支结合，多收可以多支。这样就使专项事业的发展有了可靠的资金保证，从而加快专项事业发展的步伐。

3. 对社会财力的综合平衡作用

预算外资金作为国家预算的重要补充，是社会财力的重要组成部分。因此，在宏观上要求预算外资金必须纳入综合财政计划，在微观上要求预算外资金的提取和使用必须同预算内资金一样具有预算的法律性，这样财政把预算内资金和预算外资金有机地结合起来，既做到统筹规划，又综合平衡。因此，预算外资金有利于促进社会财力的综合平衡，推动国民经济发展。

4. 调动地区、部门、单位增收节支积极性

预算外资金是根据国家规定设立的，虽然所有权归国家，但是地方、部门、单位享有一定的使用权。这部分资金集中和如何分配，同本地区、本部门、本单位的利益有直接关系，因而有利于调动地区、部门、单位增收节支的积极性，有利于提高资金的使用效率。

（二）预算外资金存在的问题

全面完整的现代预算体系，需要将政府所有的收支都纳入预算，然而预算外资金的存在，打破了预算体系的完整性。由于在预算外资金的管理使用上各预算部门单位有着较大的自主权，现实中衍生出了在预算外资金基础上的部门单位的"小金库"，甚至"公款私存"等违规现象。因此，预算外资金的存在，违背了现代预算制度的全面完整性，使一部分财政资金脱离了财政的监管，为各种消极腐败现象的滋生蔓延提供了经济基础。

全面完整的预算体系的构建，需要将政府所有的收支都纳入预算当中，与此同时，要向公众公布收支明细，这样才有助于接受立法机关以及公众的监督。政府资金来源于公众、用于公众，理应受到代表公众的立法机构的审查和监督，而公众负担了政府提供公共产品的成本，自然也有权了解资金的使用情况。但在存在预算外资金的情况下，其名义上是财政性资金，但其所有权与使用权却掌握在实际拥有它的部门单位手中。在预算外资金又没有纳入预算管理的情况下，它的来源去向不需要通过立法机关的审核与批准，所以其在使用上随意性极大，不但得不到公众和立法机关的审查监督，甚至也缺乏上级行政部门的有效监督，成为脱离制度约束和有效监督的资金。掌握预算外资金的机构就可以用这些资金支持某些脱离或违反中央政策要求的行为，可以按照自己的需要而不是人民的意愿去扩张本部门的利益。同时导致预算外资金使用上的盲目性和低效率。

三、深化改革重要举措：政府非税收入管理

（一）政府非税收入的概念及特征

政府非税收入是指税收以外，由各级政府、国家机关、事业单位、代行政府职能的社会团体及其他组织，依法利用政府权力、政府信誉、国家资源、国有资产或提供特定公共服务、准公共服务取得并用于满足社会公共需要或准公共需要的财政资金，是政府财政收入的重要组成部分，是政府参与国民收入分配和再分配的一种形式。

这一定义从筹集形式、筹集主体、筹集依据、筹集目的、资金归属、经济本质等方面对政府非税收入进行了描述。从筹集形式来看，政府非税收入是采用税收以外的其他形式筹集的财政收入；从筹集主体来看，政府非税收入的筹集主体包括了各级政府、国家机关、事业单位、代行政府职能的社会团体及其他组织，税收的筹集主体主要是国家税务机关、海关部门，具有相对集中性，政府非税收入的征收主体相对来说较为分散；从筹集依据来看，政府非税收入是依法利用政府权力、政府信誉、国家资源、国有资产或提供了特定的公共服务或准公共服务，而税收则只能依据国家的相关税收法规；从筹集目的来看，政府非税收入筹集的目的是为了满足社会公共需要或准公共需要；从资金归属来看，政府非税收入属于政府财政收入的重要组成部分，不属于其他任何政府部门或组织，必须由财政部门统一管理；从经济本质来看，政府非税收入是政府参与国民收入分配和再分配的一种形式。

（二）政府非税收入与预算外资金

政府非税收入与预算外资金是既相互联系又相互区别的两个概念。

1. 政府非税收入与预算外资金的相互联系

政府非税收入概念是从预算外资金概念的基础上发展而来的。我国财政管理工作中长期以来使用的是预算外资金的概念，随着预算外资金逐渐纳入预算内管理，才逐渐使用政府非税收入来代替预算外资金的概念。政府非税收入和预算外资金所指的具体内容在本质上具有一定的相同性，只是在不同阶段表现的形式有所不同。

政府非税收入包括预算外资金。在我国当前财政管理情况下，所有的预算外资金都是政府非税收入的组成部分，政府非税收入的范围包括了预算外资金和纳入预算管理的一些非税收入，政府非税收入与预算外资金是一种包含与被包含的关系。

2. 政府非税收入与预算外资金的相互区别

政府非税收入与预算外资金的划分角度不同。政府非税收入是从政府筹资的形式对政府收入的划分,是指税收形式以外的财政收入。预算外资金是从资金管理方式对财政收入进行的划分,预算外资金是相对于预算内资金而言的,是指不纳入政府预算管理,资金不通过国家金库存储,通过财政部门开设在商业银行的财政专户存储的资金。

政府非税收入与预算外资金的历史性不同。政府非税收入是指政府的筹资形式,具有长期的历史性,预算外资金是政府的一种非规范的资金管理方式,预算外资金的概念随着我国财政管理的规范而不断淡化以至取消,政府非税收入取代预算外资金成为我国财政管理中的一个重要范畴。

(三) 政府非税收入管理与预算的全面完整

1. 税收收入与政府非税收入

税收收入与政府非税收入从本质上讲,都是政府取得收入的具体形式,它们都是政府参与社会产品分配和再分配的一种形式,征收对象都是法人、社会团体和城乡居民个人,征收主体都是政府机关。

收费等强制性政府非税收入和税收收入在本质上是相同的,都是企业和居民无偿支付的一种经济负担,归根到底都是一种非市场性的政府行为。在市场经济下,国家在资源配置方面的主要职能是提供市场失效领域的公共产品,政府为提供公共产品需要向消费者收取产品价格补偿供给成本,此即为财政支出筹集财政收入问题。在政府向每个人分别提供一份其消费的公共产品时,需收取一份筹资性的费用。但实际中它并不是公共支出筹资的主要方法,许多政府支出都来源于面向所有人的税收,这种筹资无差别地用于经常性支出,是我们通常所说的财政收入的主体部分,而收费、基金以及其他专款专用的收入则属于分项筹资形式。长期以来,税收是取得财政收入的主要形式,收费等非税收入是次要形式。因此,总体上可以这样说,市场经济的税收不过是公共产品供给的筹资,某些收费亦不过是税的费化。它们都是政府活动的筹资安排,其实质均为公共产品的成本分担。

在规范化的政府收入体系中,税收收入和政府非税收入各有各的角色,各有各的地位和作用，两者相互补充。现代预算制度的全面完整性要求要将政府的所有收入与支出都纳入预算管理。税收收入与政府非税收入都是政府的收入，只是表现形式不同，因此除了税收收入要纳入预算管理之外，政府非税收入也要纳入预算管理，这样才能体现出预算的全面完整。

2. 加强政府非税收入管理历程

2000 年以来，中国实施了部门预算、国库集中收付和统一的政府采购制度等围绕预算编制、执行的重大改革，随着这些改革的推进落实，之前施行多年的预算外资金体系被打散，政府非税收入开始进入国库单一账户系统进行管理，同时部门预算管理也把政府非税收入部分纳入管理体系。近年来的政府非税收入改革路径已经逐渐清晰，分不同批次和不同时段把预算外管理的资金纳入预算管理体系，主要针对行政事业性收费、国有土地使用收益（土地出让金）、政府性基金、彩票公益金等政府非税收入形式进入预算体系做出了安排。2010 年，所有全国性和中央部门的行政事业性收费已经进入预算管理体系，2011 年，中央及地方的所有预算外资金已经纳入预算内体系，由此，我国预算外资金事实上已被取消，"双轨制"的预算制度成为了历史，从此预算资金管理分内外制度体系不再存在。政府非税收入管理体系的建立有利于解决财政性非税收入体制外循环的弊端问题，完整统一的财政预算制度有效促进了财政管理制度的进步。[①]

2004 年财政部《关于加强政府非税收入管理的通知》首次明确提出政府非税收入的概念，同时界定了政府非税收入的主要内容。

为了加强政府非税收入管理，规范政府收支行为，健全公共财政职能，保护公民、法人和其他组织的合法权益，根据国家有关规定，财政部 2016 年 3 月制定印发《政府非税收入管理办法》（以下简称《办法》）。

《办法》明确，政府非税收入，是指除税收以外，由各级国家机关、事业单位、代行政府职能的社会团体及其他组织依法利用国家权力、政府信誉、

---

① 杨志勇，杨之刚. 中国财政制度改革 30 年 [M]. 上海：格致出版社，2008：116 – 120.

国有资源（资产）所有者权益等取得的各项收入。具体包括：（1）行政事业性收费收入；（2）政府性基金收入；（3）罚没收入；（4）国有资源（资产）有偿使用收入；（5）国有资本收益；（6）彩票公益金收入；（7）特许经营收入；（8）中央银行收入；（9）以政府名义接受的捐赠收入；（10）主管部门集中收入；（11）政府收入的利息收入；（12）其他非税收入。《办法》还明确所称非税收入不包括社会保险费、住房公积金（指计入缴存人个人账户部分）。

3. 政府非税收入的管理

《办法》明确，政府非税收入是政府财政收入的重要组成部分，应当纳入财政预算管理。

（1）主管部门及职责。各级财政部门是政府非税收入的主管部门。财政部负责制定全国政府非税收入管理制度和政策，按管理权限审批设立政府非税收入，征缴、管理和监督中央政府非税收入，指导地方政府非税收入管理工作。县级以上地方财政部门负责制定本行政区域政府非税收入管理制度和政策，按管理权限审批设立政府非税收入，征缴、管理和监督本行政区域政府非税收入。

（2）管理原则。政府非税收入管理应当遵循依法、规范、透明、高效的原则。

（3）管理办法。根据政府非税收入不同类别和特点，制定与分类相适应的管理制度。鼓励各地区探索和建立符合本地实际的政府非税收入管理制度。

（4）设立与停征。设立和停征政府非税收入，应当依据法律、法规的规定或者按相应收入管理权限予以批准；取消、停征、减征、免征或者缓征政府非税收入，以及调整政府非税收入的征收对象、范围、标准和期限，应当按照设立和征收政府非税收入的管理权限予以批准，不许越权批准。取消法律、法规规定的政府非税收入项目，应当按照法定程序办理。

（5）征收管理。政府非税收入的征收需要编报年度收入预算，根据政府非税收入不同性质，分别纳入一般公共预算、政府性基金预算和国有资本经营预算管理；征收依据和具体征收事项需要公示，包括项目、对象、范围、标准、期限和方式等；各级财政部门应当加强政府非税收入执收管理和监督，不得向执收单位下达政府非税收入指标；执收单位不得违规多征、提前征收或者减征、免征、缓征政府非税收入；政府非税收入收缴实行国库集中收缴制度，应当全部上缴国库，任何部门、单位和个人不得截留、占用、挪用、坐支或者拖欠。

《办法》还要求完善各级政府间的政府非税收入分成管理政策；深化政府非税收入收缴管理改革，加强政府非税收入票据管理；强化政府非税收入预算管理；健全政府非税收入监督检查机制；加快政府非税收入管理法制建设步伐。

第二节 强化部门预算管理

一、部门预算改革的背景

部门预算是编制政府预算的一种制度和方法，由政府各部门依据国家有关法律法规及其履行职能需要编制，反映部门所有收入和支出情况的综合财政计划，是政府各部门履行职能和事业发展的物质基础。实行部门预算改革，是加强财政支出管理的一项重大改革，对加强财政预算管理、提高财政资金的使用效率和效益、从源头预防腐败等，具有深远而重大的影响。

（一）部门预算改革是市场经济体制和公共财政制度的内在要求

作为国家治理的基础和重要支撑，财政预算制度必须服从于和服务于国家的政治经济制度。国家政治经济制度的变革必然要求财政预算制度进行相应调整。

改革开放初期，我国采用的预算编制方法是按照计划经济体制建立起来的，财政统收统支，资金按功能切块分配，带有明显的计划分配的痕迹，属于建设型财政的范畴。随着社会主义市场经济的建立和完善，政府的职能和活动范围逐步向提供公共服务、调节收入分配、促进经济增长等方面转变。财政作为政府履行职能的物质基础、体制保障、政策工具和监管手段，亟须按照社会主义市场经济的要求，建立与之相适应的公共财政体系。

1994年实施的分税制财政体制改革，从收入方面初步理顺了中央与地方的分配关系，增强了中央财政的宏观调控能力，但是，财政支出方面的改革相对滞后，仍然采用与计划经济体制相适应的传统功能预算，已不能适应公共财政改革的要求，预算的编制方法、管理模式、运行机制和职责配置等都需要根据新的要求进行系统变革，逐步建立与市场经济体制和公共财政制度相适应的预算管理体系。

（二）部门预算改革是消除传统预算种种弊端的必然选择

在计划经济体制下，传统功能预算适应于特定的历史需求，充分发挥集中力量办大事的制度优势，为国家重大战略和政策的实施提供了充足的财力保障。但是，随着社会主义市场经济的逐步建立，传统功能预算与市场经济和公共财政不相适应的地方日益显现和增多，影响了预算管理的健康发展。

1. 预算编制范围窄，涵盖不完整

部门预算改革前，我国的财政资金包括预算内资金、预算外资金、政府性基金、其他资金等，但预算编制范围仅限于预算内资金，各类预算外资金、政府性基金等基本上由各部门自行安排使用。这种管理方式对预算管理水平要求较低，满足了特定时期的实际需要，但由于缺乏有效监管，预算外资金等部门自行控制的资金在分配和使用方面随意性很大，既影响了资金配置的效率，又容易使这部分资金成为单位发放福利的"小金库"，助长腐败滋生。

2. 预算编制较简单，方法不科学

部门预算改革前，预算分配基本采用"基数加增长"的方法。这种预算编制方法虽然简单易操作，但由于财政部门没能根据部门实际需求动态分配预算，很容易形成"马太效应"。随着时间的推移，既有的分配格局不断强化，部门之间的分配失衡不断加大，使预算安排的公正性和合理性被大幅削弱。

3. 预算编制时间短，程序不规范

部门预算改革前，整个预算编制过程仅有四五个月。由于时间仓促，预算编制的许多基础性工作很难完成，预算收支也缺乏详细的调查研究，数据的准确性难以保障。同时，预算单位和财政部门也按时提交预算草案，往往采取层层代编的方式编制预算，加剧了预算编制的混乱局面，导致预算编制和预算执行严重脱节。

4. 预算支出安排粗放，管理不到位

在传统功能预算模式下，由于各种因素影响，大量资金没有细化到具体单位，需要执行中再行细化下达，影响了预算资金的时效性和使用效益。即使下达的预算单位的支出，有些也没有明确到具体用途，预算单位可以进行"二次分配"，不利于财政资金监督，容易发生资金挤占、挪用等现象，影响了财政资金使用的安全性和有效性。

5. 预算管理主体较多，财权不统一

在传统的预算模式下，一方面，部门内部没有统一的预算管理单位，部门内部的各业务机构直接向财政部门申请预算，而财政部门内部各业务机构对预算也是切块管理，再加上预算编制不完整，导致财政部门和各部门均难以掌握部门年度预算安排情况。另一方面，除财政部门外，一些经费的使用安排是由国家发改委、国管局等部门负责安排下达。由于分工把口、各管一摊，预算资金管理分散、混乱，造成资金间统筹使用的难度加大，重复建设和投入的问题比较严重。

上述问题不但影响了预算管理的科学化和规范化，而且在一定程度上弱化了财政职能。要消除传统功能预算的种种弊端,就要紧密结合我国特殊的历史背景和现实国情,对我国的预算管理模式进行全面思考和大胆创新,推动建立新型的预算管理制度。

(三) 部门预算改革是全国人大、财政部和审计署推动的直接结果

传统功能预算暴露的种种问题引起了全国人大和审计署的高度重视。1999年6月,全国人大和审计署均提出要改进和规范中央预算编制工作:"要严格执行预算法,及时批复预算";"要细化报送全国人大审查批准的预算草案内容,增加透明度";"报送内容应增加对中央各部门支出、中央补助各地方的支出和重点项目的支出等"。全国人大预算工作委员会要求财政部2000年向全国人大提交中央预算草案时,要提供中央各部门的预算收支等资料,要报送部门预算。为贯彻落实全国人大的要求,推进依法行政、依法理财,财政部向国务院报送了《关于落实全国人大常委会意见改进和规范预算管理工作的请示》,提出了细化政府预算编制,实施部门预算改革的初步构想。经国务院批准,财政部印发了《关于改进2000年中央预算编制的意见》,正式拉开部门预算改革的序幕。

二、部门预算的基本内容

(一) 部门预算的含义及特征

1. 部门预算的含义

部门预算是由政府各职能部门依据国家有关法律法规及其履行职能需要编制,反映部门所有收入和支出情况的综合财政计划,是政府各职能部门履行职能和事业发展的物质基础。部门预算作为编制政府预算的一种制度和方法,由部门及其所属各单位预算综合而成,是编制政府财政总预算的基础。

部门预算是与市场经济体制相适应的现代政府预算管理模式,也是市场

经济国家的通行做法。在一些发达国家，现代民主制度的一个重要体现就是部长责任制，即民选的政府部长要向议会承担政治责任。这一要求体现在政府预算中，就是各部部长需要就本部门的预算向立法机关承担受托责任，即通过编制、执行部门预算，确立公共资金管理的受托责任单位，因此，发达国家普遍实行部门预算。

由于一国一定时期的政策重点均要部署和体现在政府各具体职能部门中，如教育、医疗、社会保障等，所以，部门预算集中反映了一定时期政府工作的重点及各预算部门的工作任务，是预算管理的核心环节，也应该成为人大审查监督的重点。

2. 部门预算的特征

（1）从编制主体看，"部门"的资质要求限定在那些与财政直接发生经费领拨关系的一级预算单位或称主管预算单位。

（2）从编制范围看，部门预算属于综合预算，它应该涵盖部门及所属单位所有的收入和支出。既包括一般公共预算收支、政府性基金收支，同时还包括部门组织的事业收支、经营收支以及其他收支等。

（3）从支出角度看，部门预算应全面地反映一个部门及所属单位各项资金的使用方向和具体的使用内容。

（4）从编制程序看，部门预算应是由基层预算单位开始编制，经逐级审核汇总形成的。单位预算是列入部门预算的国家机关、社会团体和其他单位的收支预算。

（5）从细化程度看，部门预算的编制既要细化到具体预算单位和项目，又要细化到按预算科目划分的各项具体支出。

（6）从合法性看，部门预算必须在符合国家有关法律法规、政策制度的前提下按财政部门核定的预算控制数编制；需在经过法定程序后，由财政部门将预算批复到各部门，再由各部门逐级批复到基层预算单位。

可以看出，部门预算为政府预算的全面完整及硬化预算约束奠定了制度基础。

(二) 部门预算编制的原则

1. 合法性原则

部门预算的编制要符合《预算法》和国家其他法律法规，根据法律赋予部门的职权范围编制预算。(1) 收入要合法合规。税收收入要严格依法征收，组织政府性基金收入要符合国家法律、法规的规定；行政事业性收费要按财政部、国家发展改革委核定的收费项目和标准测算等。(2) 各项支出的安排要符合国家法律法规、有关政策的规定和开支标准，遵守现行的各项财务规章制度。支出预算要结合本部门的事业发展规划、职责和任务测算；对预算年度收支增减因素的预测要充分体现与国民经济和社会发展规划相一致，要与经济增长速度相匹配；项目和投资支出方向要符合国家产业政策；支出的安排要体现厉行节约、反对浪费、勤俭办事的方针；人员经费支出要严格执行国家的工资和社会保障的有关政策、规定及开支标准；日常公用经费支出要按国家、部门和单位规定的支出标准测算；部门预算需求不得超出法律赋予部门的职能。

2. 真实性原则

部门预算收支的预测必须以国家社会经济发展计划和履行部门职能需要为依据，对每一收支项目的数字指标应认真测算，力求各项收支数据真实准确。机构、编制、人员、资产等基础数据资料要按实际情况填报；各项收入预算要结合近几年实际取得的收入并考虑增收减收因素测算，不能随意夸大或隐瞒收入；支出要按规定的标准，结合近几年实际支出情况测算，不得随意虚增或虚列支出；各项收支要符合部门的实际情况，测算时要有真实可靠的依据，不能凭主观印象或人为提高开支标准编制预算。

3. 完整性原则

部门预算是全面反映政府部门所有收支活动的预算。部门预算编制时要体现综合预算的思想，各部门应将所有收入和支出全部纳入部门预算，全面、准确地反映部门各项收支情况。既包括财政部门的拨款和补助资金，也包括其他来源渠道及部门利用公共权力或提供公共服务取得的各种资金。因此，部门预算的编制内容，不仅包括一般公共预算收支，而且包括政府性基金预算收支等；就资金性质来说，不仅包括财政性资金，同时包括部门组织的各种资金。

4. 科学性原则

部门预算编制要具有科学性，具体体现在：（1）预算收入的预测和安排预算支出的方向要科学，要与国民经济社会发展状况相适应；（2）预算编制的程序设置要科学，合理安排预算编制每个阶段的时间，既要以充裕的时间保证预算编制的质量，也要注重提高预算编制的效率；（3）预算编制的方法要科学，测算的过程要有理有据；（4）预算的核定要科学，基本支出预算定额要依照科学的方法制定，项目支出预算的编制要建立在以对项目绩效目标及项目实施条件评审为基础，以通过项目库管理进行科学的排序进行。

5. 稳妥性原则

部门预算的编制要做到稳妥可靠，量入为出，收支平衡，不得编制赤字预算。收入预算要留有余地，没有把握的收入项目和数额，不得列入预算；预算要先保证基本工资、离退休费和日常办公经费等基本支出，以免在预算执行过程中不断调整预算。项目预算的编制则要量力而行。

6. 重点性原则

部门预算编制要做到合理安排各项资金，本着"统筹兼顾、留有余地"的方针，在兼顾一般的同时，优先保证重点支出。根据重点性原则，要先保证基本支出，后安排项目支出；先重点项目和急需项目，后一般项目。基本支出是维持部门正常运转所必需的开支，如人员基本工资、国家规定的各种津贴补贴、离退休人员的离退休费、保证机构正常运转所必需的公用经费支出以及完成部门职责任务所必需的其他支出，因此要优先安排预算，不能留有缺口；项目支出根据财力情况，按轻重缓急，优先安排党中央、国务院确定的事项及符合国民经济和社会发展规划的项目。

7. 透明性原则

部门预算要体现公开、透明原则,要通过建立完善科学的预算支出标准体系,实现预算分配的标准化、科学化,减少预算分配中的主观随意性,使预算分配更加规范、透明。主动接受人大、审计和社会监督,建立健全部门预算信息披露制度和公开反馈机制,推进部门预算公开。我国《预算法》第十四条第二款规定:"经本级政府财政部门批复的部门预算、决算及报表,应当在批复后二十日内由各部门向社会公开,并对部门预算、决算中机关运行经费的安排、使用情况等重要事项作出说明。"实践中,我国各级政府职能部门的部门预算已经公开,并且趋向全面细化。

8. 绩效性原则

部门预算应树立绩效管理理念,健全绩效管理机制,对预算的编制、执行过程和完成结果实行全面的追踪问效,不断提高预算资金的使用效益。在项目申报阶段,要填报绩效目标和绩效指标,并进行充分的可行性论证,以保障项目确实必需、可行。在项目执行阶段,要建立严格的绩效监控制度,以对项目进程和资金使用情况进行监督,对阶段性成果进行评价。在项目完成阶段,项目单位要及时组织验收和总结,并形成绩效报告报部门;部门要及时开展绩效评价工作并将绩效评价报告汇总报财政部门。

(三) 部门收入预算的编制

1. 部门收入预算内容

部门收入预算是部门编制年度预算时,预计在预算编制周期内从各种渠道依法取得的各类收入的总称,是部门履行职能、完成各项工作任务的财力保障。主要包括:

(1) 上年结转,指以前年度安排、预计结转到本年度使用的资金,包括财政拨款结转资金、教育收费和其他资金的结转资金情况。

(2) 财政拨款收入,指由财政拨款形成的部门收入,不包括非本级财政拨款收入以及预计年度执行中从其他部门接收到的财政拨款收入。按现行管理制度，部门预算中反映的财政拨款一般包括公共财政预算财政拨款收入和政府性基金预算财政拨款收入。财政拨款收入由财政部门根据预算部门的基本支出预算、项目支出预算以及各方面收入来源情况，综合核定对某一单位的年度财政拨款额。

（3）上级补助收入，指预算单位从主管部门或上级单位取得的非财政拨款补助收入。

（4）事业收入，指事业单位开展专业业务活动及辅助活动取得的收入，包括教育收费收入等。

（5）事业单位经营收入，指事业单位在专业业务活动及辅助活动之外开展非独立核算经营活动取得的收入。事业单位的经营收入必须具备以下两个特征：一是经营活动取得的收入，而不是专业业务活动及其辅助活动取得的收入；二是取得的经营收入是非独立核算的。

（6）下级单位上缴收入，指本单位所属下级单位（包含独立核算和非独立核算的，相关支出纳入和未纳入部门预算的下级单位）上缴给本单位的（包括下级事业单位上缴的事业收入、其他收入和下级企业单位上缴的利润等）。

（7）其他收入。除上述收入以外的各项收入，主要包括非本级财政事业单位的投资收益等收入。

（8）用事业基金弥补收支差额，指预计用事业基金弥补本年度收支差额数额。只有事业单位预计收入小于支出时，才可以用事业基金弥补收支差额。

2. 部门收入预算编制原则

部门在预测收入预算时，应本着科学、合理的原则，遵循项目合法合规、内容全面完整、数字真实准确的总体要求，充分、合理预计部门各项收入，依法、准确、真实、完整地编制收入预算。

（1）项目合法合规。即部门的各项收入必须是预计依法取得的各项收入。

（2）内容全面完整。部门收入预算的收入项目较多，资金来源各有不同，部门在报预算时应做到全面反映、完整填报，对单位预计取得的各项收入进行全面反映，不应在部门预算之外保留其他收入项目。

（3）数字真实准确。部门预算收入的预测必须以国家社会经济发展计划和履行部门职能的需要为依据，同时结合近几年实际取得的收入并考虑增收减收因素测算，不能随意夸大或隐瞒收入，力求各项收入项目预算数据真实准确。

（四）部门支出预算的编制

1. 部门支出预算内容

部门支出预算主要分为基本支出和项目支出。

（1）基本支出。基本支出是为保障行政事业单位正常运转、完成日常工作任务所必需的开支而编制的年度支出计划。具体包括人员经费和日常公用经费。如人员经费中的基本工资、津补贴及奖金；日常公用经费中的办公及印刷费、水电费、公务用车运行维护费、差旅费等。

（2）项目支出。项目支出是部门为完成其特定的行政工作任务或事业发展目标而安排的支出。主要包括基本建设、有关事业发展专项计划、专项业务费、大型修缮项目、大型购置项目、大型会议项目等。

项目支出预算特征：一是专用性。项目支出预算的专用性根植于预算与业务结合之中。预算围绕项目，项目围绕特定目标，项目预算是为完成特定工作任务而编制的经费支出计划，针对不同目标或任务应分别设立项目。二是独立性。每个项目支出预算应有其支出的明确范围，项目之间支出不交叉，项目支出与基本支出之间也不能交叉，如果出现交叉则说明项目目标或任务有重叠，项目边界不清，设置不合理。三是完整性。项目支出预算应包括完成特定目标或任务所涉及的全部经费支出，应避免将为一个目标或任务而发生的支出拆解分散到多个项目支出中去。上述项目预算特征应在深化改革，完善制度建设，加强项目支出管理的前提下进行，防止因简单固化而形成资金的沉淀。

2. 部门支出预算编制原则

（1）基本支出预算编制原则。

一是综合预算原则。在编制基本支出预算时，各部门要对当年财政拨款和以前年度结转和结余资金、其他资金，包括单位财政补助收入、非税收入和其他收入等全部纳入部门预算，统筹考虑和合理安排。

二是优先保障原则。各部门要根据财力可能，结合单位的行政事业工作任务需要，合理安排各项资金。首先要保障单位基本支出的合理需要，以维持行政事业单位日常工作的正常运转，履行基本职能。在此基础上，本着"有多少钱办多少事"的原则，安排各项事业发展所需的项目支出。

三是定员定额管理原则。基本支出预算实行以定员定额为主的管理方式，同时结合部门资产占有情况，通过建立实物费用定额标准，实现资产管理与定额管理相结合。对于基本支出中没有财政拨款的事业单位，其基本支出预算可以按照国家财务规章制度的规定和部门预算编制的有关要求，结合单位的收支情况，采取其他方式合理安排。

（2）项目支出预算编制原则。

一是综合预算的原则。通常项目所需的预算资金数额较大，因此，对项目支出要根据政府的政策目标、财力程度、部门事业发展需要和紧迫程度，统筹考虑各种资金、当年财政拨款和以前年度结余资金统筹安排，编制综合项目预算。

二是科学论证、合理排序的原则。项目的设立要体现公共支出的需求，符合公共需要的才能列入项目库。由于项目实行项目库的管理办法，因此，在一个新项目进入项目库前，要在对申报项目进行充分的可行性论证和严格审核的基础上，按照轻重缓急进行排序，并结合财力状况，优先安排急需、可行的项目。

三是追踪问效的原则。项目支出要讲求经济效益和社会效益。因此，编制项目预算时，要坚持绩效原则，考核项目的成本、效益等因素，并据此作为排序的标准之一。财政部门和各部门对财政预算安排的项目的实施过程及其完成结果要进行绩效考评，追踪问效。

为适应政府预算要从单纯的控制收支的工具向更加注重预算作为一种管理工具的转变，项目预算要由以往的"条目预算"制向"项目预算"制转变，主要目标是由传统的强调投入分配和支出保障功能，转向实现政府主要职能和中长期公共政策目标，突出预算的规划功能，发挥预算作为政策实施工具的作用。同时，促使各部门改善内部管理，转变行为方式，以更有效的方法和途径履行部门职责。

三、部门预算改革的发展历程

（一）基本支出改革

1. 改革动因

部门预算改革前，基本支出采取基数加增长的方法核定。财政每年在定部门基本支出预算时，是以上年度基数为基础，考虑下一年度财政收入状况和各项增支因素，对不同的支出确定一个增长比例和规模，从而确定一个新的基数。由于这种分配方式的主观随意性较强，且每年确定支出增长比例和规模时不可能全面考虑各种影响支出的因素，年复一年，基数往往脱离了部门经费开支水平的实际情况，导致部门间经费保障苦乐不均现象较为严重。

2001年起，财政部开始对基本支出试点"定员定额"管理方式，选择了农业部等10个试点部门，在中央编办核定各部门人员编制基础上，根据各单位履行职能的需要和财力可能等因素，制定了中央部门的人均支出标准。2002年，财政部颁布《中央本级基本支出预算管理办法（试行）》，在中央部门全面推开基本支出定员定额试点，并对基本支出的内涵作了新的界定，即将原基本支出中列支的"经常性专项业务费"改列项目支出。一方面是为了各部门或单位的基本支出在口径上具有可比性，基本支出预算分配更加合理、公平、透明；另一方面也是为了体现部门或单位的不同业务特点，有利于加强对经常性专项业务费的管理。随着改革的推进，定员定额试点范围不断扩大，编制2014年部门预算时，扩大到所有行政单位、绝大多数参照公务员法管理事业单位（以下简称"参公单位"）和部分公益性较强的事业单位。经过十多年的完善，目前基本支出定员定额已基本实现了与中央部门性质、职能、业务范围和工作任务相适应，与中央部门机构正常运转和日常工作任务的合理需要相适应，与国家当年财政收入情况相适应的良好局面，既提高了基本支出安排的公正性和合理性，也提高了行政事业单位基本支出的保障水平。

2. 改革的主要内容

（1）完善制度体系，提高基本支出的规范性。在深入调查研究的基础上，2001年财政部研究制定了《中央部门基本支出预算管理试行办法》，确立了基本支出实行定员定额管理的新模式，明确了基本支出实行定员定额管理的具体思路。2002年，结合2001年定员定额试点情况，及时将《中央部门基本支出预算管理试行办法》修订为《中央本级基本支出预算管理办法（试行）》，以更好地规范基本支出管理。2007年，在认真听取中央部门有关意见的基础上，结合基本支出改革工作的重点，财政部重新修订印发了《中央本级基本支出预算管理办法》。在做好修订完善基本支出管理办法的同时，结合形势发展和管理需要，进一步完善基本支出财政拨款结转和结余资金管理规定、基本支出预算编制管理规程等。

（2）扩大定员定额试点范围，提高定员定额的覆盖面。按照积极稳妥，逐步推进的原则，2001年率先选择国务院系统10个部门进行了定员定额试点。2002年将试点范围从行政管理经费、公检法司支出扩大到包括气象事业费、地震事业费、供销社事业费、交通事业费、高校经费和离退休管理机构经费的范围。此后，试点范围逐年扩大，试点单位也逐步由单一的行政单位扩展到参公管理的事业单位和公益性事业单位。

（3）创新管理方法，提高定额标准的合理性。结合经济发展、物价变动、工资政策调整等因素，及时调整基本支出定额标准，积极研究建立定额标准的动态调整机制。在此基础上,实行了行政单位实物费用定额试点工作,推进资产管理与预算管理相结合。从编制2012年部门预算开始,将实物费用定额试点扩大到所有中央部门本级,逐步建立了人员定额和实物费用定额相结合的基本支出标准体系,基本支出预算分配的科学性、合理性进一步提高。

(4) 夯实管理基础,建立基础信息数据库。本着积极稳妥,循序渐进和充分整合利用现有资源等原则,2009年财政部启动了中央部门基础信息数据库建设工作,以全面掌握中央部门编制、人员、工资、津补贴等情况。2015年基础信息数据库增加了规范津补贴经费申报模块,实现了规范津贴补贴经费测算的自动化。目前,中央部门基础信息数据库基本上覆盖了所有由公共财政预算拨款安排支出的单位,所含信息既包括了在职人员,也包括了离休退休人员,既包括了编制、人员情况,也包含了部门本级的办公用房、公务用车等资产信息,进一步夯实了基本支出管理基础,提高了基本支出预算的科学性、精细化。

(二) 项目支出改革

1. 改革动因

部门预算改革以前,部门的项目预算是先有经费预算指标,然后落实到具体项目,基本上是财政先切块分配资金,再由管理这些资金的部门将其分配到项目和各执行单位。这种做法存在的主要问题是:项目预算编制随意,内容粗放、不具体;项目预算与部门职能业务脱节,无法体现预算政策;项目一年一定,缺乏稳定性和长期性;没有科学的项目决策程序,也没有完整的项目预算编审机制;项目执行过程中,缺乏有效监控,也没有追踪问效的制度;项目预算的约束力较差,资金使用的随意性较大,监督也比较薄弱;项目完成后也没有进行规范的成果及绩效评价。以上这些都与建立公共财政框架的要求严重不符,制约了预算政策宏观调节工具作用的发挥,阻碍了财政支出结构的优化,不利于提高财政资金使用的有效性和安全性。

为改进和加强项目支出管理,2001年,财政部颁布了《中央部门项目支出预算管理试行办法》；2002年，在对管理办法进行修订的基础上印发了《中央本级项目预算管理办法（试行）》，同时还制定了《中央本级项目库管理规定（试行）》；2004年，再次对管理办法进行修订，将《中央本级项目支出预算管理办法（试行）》和《中央本级项目库管理规定（试行）》合并为《中央本级项目支出预算管理办法（试行）》；2007年，对项目支出预算管理办法第三次进行修订，印发了《中央本级项目支出预算管理办法》。随着项目支出预算管理相关制度的逐步健全，一套程序规范、分配科学、机制顺畅的项目支出预算管理体系逐步建立起来。

2. 项目支出改革历程

部门预算改革至今，中央部门项目支出预算管理改革逐步推进，相关政策和措施的不断补充完善，形成了一条清晰的发展脉络，也深刻反映了预算管理理念的演变过程。改革的脉络总体上可以分为三个阶段：

（1）财政预算从传统模式向部门预算模式转变的过渡阶段。此阶段改革的重心是建立健全适应公共财政要求和部门预算管理需要的项目支出预算管理基本框架。这一阶段的改革重点包括：确立项目支出的基本概念；规范项目支出的范围，区分基本支出与项目支出的范畴；改变项目支出预算编制方法，规范预算申报程序；推行项目库管理，推进项目前期评审；完善项目决策机制，对项目支出按照轻重缓急进行分类，以及对重点项目实行滚动管理等。

（2）部门项目支出预算管理逐步完善的阶段。此阶段改革的重心是进一步完善项目支出预算管理的框架，由粗到细地深化项目支出预算管理，加强项目支出预算的相关配套管理措施，提高项目支出预算管理的规范性和科学性，为下一步的项目支出预算改革奠定基础。这一阶段的改革重点包括：延长预算编制时间，进一步完善项目预算编制程序；细化项目支出预算编制，延伸预算单位层次，减少部门代编预算，提高年初预算到位率；进行项目支出按经济分类编制试点；推进项目支出滚动管理，完善项目支出预算审核程序，改进预算决策机制；规范预算调整，加强预算执行管理，增强预算约束性；加强项目支出结转和结余资金管理，推进项目预算编制与执行相结合；推进资产管理与预算管理的有机结合等。

(3) 在进一步完善和深化部门项目支出预算管理的基础上，逐步向以标准化定额为基础，以产出绩效为导向，拓展预算管理视野的方向迈进。改革的重心是建立健全标准化的项目支出定额标准体系，建立项目支出预算绩效评价体系和绩效评价结果的运用机制，探索中长期预算管理机制。项目支出管理在实践中还存在一些亟待深化改革的问题，主要表现在：与政府宏观政策联系不紧密，缺少前瞻性；与部门职能衔接不够，存在交叉重叠现象；缺乏科学合理的立项和分类标准，项目数量多但重点不突出；预算决策机制不完善，重分轻管现象较为普遍；项目库建设滞后，在预算编制中的作用发挥不充分；绩效管理和预算评审需要加强，预算透明度有待提高等。因此，为解决项目支出在实践中的问题，通过财政治理角度的统筹协同改革，以实现上述项目支出管理目标，财政部预算司在2015年围绕项目支出密集出台系列的制度规范以指导改革的落实，主要包括：《关于加强和改进中央部门项目支出预算管理的通知》（财预〔2015〕82号）、关于印发《中央部门预算绩效目标管理办法》的通知（财预〔2015〕88号）、《财政部关于加强中央部门预算评审工作的通知》（财预〔2015〕90号）、《关于加快推进中央本级项目支出定额标准体系建设的通知》、（财预〔2015〕132号）等，以实现预算安排库（项目库）中取、项目立项先入库、项目入库先评审、项目评审有依据的规范目标。

第三节 政府预算体系的全面完整

预算的全面完整即是要求预算应完整地反映政府为主体的全部财政收支活动，全面体现政府活动的范围和方向，这是现代预算的本质要求。我国《预算法》第一条规定："为了规范政府收支行为，强化预算约束，加强对预算的管理和监督,建立健全全面规范、公开透明的预算制度。"因此预算的全面完整是规范约束政府收支行为的前提。

一、预算体系的全面完整的范围

现代预算制度的特征之一就是确保预算是全面的、统一的、准确的、规范的和有时效的,以保证呈现在监督者面前的是一幅完整的而不是碎片化的预算全景图,这是确保内部约束、外部监督的前提,因而建设现代预算制度需要构建全面完整的预算体系。构建全面完整的预算体系,需要从以下几个方面入手:

(一)从内容上来看,要进一步完善预算报告体系,实行全口径预算管理

其主要内容在于将政府所有收支都进入预算,并分类编入一般公共预算、政府性基金预算、国有资本经营预算和社会保险基金预算,同时要进一步加强"四本"预算的统筹力度。为了进一步促进预算体系的全面完整,财政部出台了《关于完善政府预算体系有关问题的通知》(财预〔2014〕368号)。该通知决定:"完善政府预算体系。明确一般公共预算、政府性基金预算、国有资本经营预算、社会保险基金预算的收支范围,建立定位清晰、分工明确的政府预算体系,政府的收入和支出全部纳入预算管理。加大政府性基金预算、国有资本经营预算与一般公共预算的统筹力度,建立将政府性基金预算中应统筹使用的资金列入一般公共预算的机制,加大国有资本经营预算资金调入一般公共预算的力度。"

(二)从范围上来看,要进一步完善预算管理范围,构建协调统一的预算管理体系

预算管理体系可以从纵向和横向两个维度进行分类。从纵向上来讲,完

善的预算体系，要与国家政权结构和行政区域划分紧密联系起来，原则上凡是一级政权都应有一级独立预算。要进一步加强中央预算与地方预算之间的联动关系，从结构上保持一个动态的完整的适应时代发展的纵向预算管理体系。从横向上来讲，政府预算体系又可以分为总预算、部门预算和单位预算。其中单位预算是政府预算的重要基础，也是部门预算和总预算的重要组成部分，因此要进一步完善单位预算管理，同时也要注重部门预算和总预算制度的完善，从横向上构建一个完整全面的预算体系。

（三）从流程上来看，要进一步完善预算流程管理，构建全过程的预算流程管理

预算体系的全面完整都离不开全过程的预算流程管理。科学全面的预算体系，预算规划与决策要科学，预算编制与审批要透明，预算的执行与决算要规范，预算的控制与监督要民主，预算的审计与评价要有效。

二、预算报告体系的全面完整

（一）预算管理的"全口径"

国际上并无"全口径预算"的说法，但这一预算管理的基本精神一般通过一以贯之的预算完整性原则体现。如国际组织对预算范围做出了一定的要求，OECD组织在《预算透明度最佳实践》（2002）中指出，预算报告是政府的关键政策文件，它必须是全面的，包含所有政府收入和支出，以便对不同的政策选择进行评估。IMF则要求政府预算文件，包括最终账户和其他财务报告，应该涵盖中央政府预算内和预算外的所有活动；预算文件应该报告下级政府和国有公司的财政状况；政府应向公众提供有关过去、现在和计划的财政活动和主要的财政风险的全面信息。因此可以说政府收支的"全口径预算"管理，一直是OECD、IMF等国际组织推荐的政府收支预算管理中重点强

调的问题，又主要体现在对预算外资金的管理上。按照相关国际组织的意见，政府的预算外收支并不要求在预算程序上与法定预算完全一致，但是应当在预算过程中得以体现。除此之外，预算的"全口径"还包括政府为达到一定的政策目标，对一些特定纳税人或课税对象的税收优惠等的税式支出、中央银行和金融类公共企业以及非金融类公共企业进行的政府性活动。但目前还很少有国家能够完全遵循上文所讨论的"全口径"预算的标准，各国关注的焦点还主要是在预算外资金以及税式支出方面。

关于预算的全口径通俗的解释是，将凭借政府权力取得的收入与政府行为所发生的支出都纳入预算体系中进行系统、有效的管理。狭义的解释主要包括各种税收、收费与罚没、国有资本收益等以及相应安排的支出。而伴随现代国家政府职能的扩张，政府履行公共责任的方式，也不限于传统意义上财政资金的收支。政府购买、政府债务、政府贷款和担保、税式支出、接受捐赠、社会保障基金、政府对企业的补贴、超收收入、年终结余结转等，在履行公共职能过程中也发挥了越来越大的作用。因此政府性收支不仅限于政府机构自身的收支，还应包括政府履行公共职责直接或间接控制和管理的各种形式的资金收支和相应的责任，即以公共权力取得的全部收入及相应的支出。这应该是一种广义的"全口径"解释。

(二) 我国全口径预算报告体系的框架

1. 从横向上看，将政府全部收支纳入到预算中

按照2014年修订的《预算法》要求，我国目前是建立一个包括政府一般公共预算、政府性基金预算、国有资本经营预算、社会保险基金预算四本预算的预算体系。

2. 从纵向上看，预算报告应该包括过去、现在及未来的数据

即要引入中期财政规划，使政府部门在进行决策时能够瞻前顾后，从而保证预算信息的连续性，提高预算透明度，加强年度预算的约束性，促进财政的可持续发展。同时，要完善财政各类总预算与部门预算的关系，使部门预算与总预算能够有机结合，充分反映各政府部门及政府总体的收支情况。

三、预算收支范围的全面完整

我国《预算法》中，对于预算如何反映政府的全部收支，即各类政府预算收支范围做了基本界定。有关规定如下：

（一）一般公共预算收支

《预算法》第六条规定："一般公共预算是对以税收为主体的财政收入，安排用于保障和改善民生、推动经济社会发展、维护国家安全、维持国家机构正常运转等方面的收支预算。"一般公共预算是我国预算体系中的主体部分。

1. 收入

一般公共预算收入包括各项税收收入、行政事业性收费收入、国有资源（资产）有偿使用收入、转移性收入和其他收入。

（1）各项税收收入。税收收入是凭借国家的政治权力，依据法律预先规定的标准，强制地、无偿地取得财政收入的一种形式。目前主要税种包括增值税、消费税、关税、企业所得税、个人所得税、资源税等。

（2）收费收入。通过公共收费取得部分财政收入是各国通行的做法。合理的公共收费不仅有助于补偿政府的资金耗费，而且有利于公共费用的合理分担，并促使公共资源有效利用。西方学者认为，公共收费的范围方面应局限于准公共商品领域，纯公共商品的提供应通过税收形式加以解决。公共收费与地方政府的活动有较多的联系，因为公共收费是政府的一种准市场性行为，而地方政府的服务供给与受益者的联系更直接。就公共收费的类型来看，一般分为规费和使用费两种。

规费是政府提供某种特殊服务和特定管理而收取的费用。行政事业性收费的主要形式是规费，通常包括行政规费和司法规费两类。行政规费是附着于政府行政活动的收费,如护照费、户籍费、商标登记费、商品检验费、毕业证书费、各种执照费等;司法规费包括诉讼规费和非诉讼规费,民事诉讼费、刑事诉讼费等属于前者,结婚登记费、出生登记费等属于后者。在规费的收取标准方面,一是按政府提供服务所需的费用确定规费标准,二是按消费者从政府服务中所获得的效益大小确定收费标准。

使用费是政府向使用公共设施的受益人收取的费用。作为公共设施的受益者,向公共部门支付相应的费用,充分体现了受益原则的基本要求。对特定公共设施的使用者收取使用费,除可以增加公共收入外,还可以提高公共设施的使用效率,避免公共设施使用上的"拥挤"问题。

我国属于规费形式的收费主要是行政事业性收费收入。行政事业性收费是指国家机关、事业单位、代行政府职能的社会团体及其他组织,根据法律、行政法规、地方性法规以及国务院及省级地方政府财政部门会同价格主管部门共同发布的规章或规定等,依照国务院规定程序批准,在向公民、法人提供特定服务的过程中,按照成本补偿和非盈利原则向特定服务对象收取的各项费用。

我国目前的行政事业性收费主要包括:公安、法院、司法、外交、工商、商贸、财政、税务、海关、审计、发展与改革(物价)、人口与计划生育、出版、安全生产、食品药品监管、档案、教育、科技、体育、旅游、海洋等行政事业性收费。

使用费一般要求做到专款专用,即来源于受益者缴纳的费用专门用于公共设施的建设和维修。在使用费的收取标准方面,西方学者主张按边际成本或平均成本等标准加以收取。

我国属于使用费形式的收入主要是国有资源(资产)有偿使用收入,反映有偿转让国有资源(资产)使用费而取得的收入。主要包括:海域使用金收入、场地及矿区使用费收入、特种矿产出售收入、专项储备物资销售收入、利息收入、非经营性国有资产收入、出租车经营权有偿转让收入、无居民海岛使用金收入、转让政府还贷道路收费权收入、石油特别收益金收入、动用国家储备物资上缴财政收入、捐赠收入等。

2. 支出

一般公共预算支出按照其功能分类，包括一般公共服务支出，外交、公共安全、国防支出，农业、节能环保支出，教育、科技、文化、卫生、体育支出，社会保障及就业支出和其他支出等。一般公共预算支出按照其经济性质分类，包括工资福利支出、商品和服务支出、资本性支出和其他支出。

（二）政府性基金预算收支

1. 政府性基金预算内容

我国《预算法》第九条规定："政府性基金预算是对依照法律、行政法规的规定在一定期限内向特定对象征收、收取或者以其他方式筹集的资金，专项用于特定公共事业发展的收支预算。政府性基金预算应当根据基金项目收入情况和实际支出需要，按基金项目编制，做到以收定支。"

20世纪80年代以来，国家在水利、电力、铁路、民航等领域设立了多项基金，促进了基础设施建设和相关事业发展。但由于管理制度不完善，造成重复设置，项目越来越多、规模越来越大的问题。因此要进一步规范政府性基金的设立及使用，从而降低企业负担，提高政府的公信力。目前，我国政府性基金的内容主要包括：农网还贷资金、铁路建设基金、民航发展基金、港口建设费、旅游发展基金、国家电影事业发展专项资金、国有土地收益基金、农业土地开发资金、国有土地使用权出让金等。

政府性基金支出按照基金内容性质分别用于科学技术、文化体育与传媒、社会保障与就业、节能环保、城乡社区、农林水、交通运输、资源勘探、商业服务业、金融等方面。政府性基金预算应当根据基金项目收入情况和实际支出需要，按基金项目编制，做到以收定支。

2. 政府性基金规范管理

一是建立目录清单制度。目录清单制度包括项目名称、设立依据、征收标准、征收期限等信息，如果相关政府性基金政策作出调整，将在目录清单上及时更新,以清晰地反映有多少种基金、怎么征、征多少、用在什么地方等信息。目录清单之外的,企业、个人均有权拒绝缴纳。二是加强与一般公共预算的统筹使用。政府性基金的使用及预决算的公开透明与政府一般预算等同,以提高财政资金使用效益并接受监督,同时也使财政性资金管理纳入到统一、规范的轨道上来。三是加强基金使用效益的绩效评价。引入第三方评估,为政府保留、取消或调整政府性基金的决策提供专业与公正的依据,规范政府的行为,使政府治理经济的过程、方式、能力能够更加公开透明。四是加强监督检查。通过设立电子邮箱、网络平台等多种方式,完善举报和查处机制,及时发现和查处乱收费的行为。

(三) 国有资本经营预算收支

《预算法》第十条规定:"国有资本经营预算是对国有资本收益作出支出安排的收支预算。"即是国家以所有者身份依法取得国有资本收益,并对所得收益进行分配而发生的各项收支预算,是对政府在一个财政年度内国有资产经营性收支活动进行价值管理和分配,是政府预算的重要组成部分。[①]

1. 国有资本经营预算收入范围

国有资本经营预算收入反映各级人民政府及部门、机构履行出资人职责的企业(即一级企业)上交的国有资本收益。主要包括:

(1) 中国人民银行、国有独资企业按规定上交国家的利润,即国有企业按年度和规定比例将税后利润的一部分上交国家;(2) 国有控股、参股企业国有股权(股份)获得的股利、股息,即国有控股、参股企业依据《公司法》,按照股东会或董事会批准的利润分配方案,将国有股权、股份取得的股利或股息上交国家;(3) 企业国有产权(含国有股权)转让或出售收入;(4) 国有独资企业清算收入(扣除清算费用),以及国有控股、参股企业国有股权(股份)分享的公司清算收入(扣除清算费用);(5) 国有产权转让

---

① 李燕. 新《预算法》解释与实务指导 [M]. 北京:中国财政经济出版社,2015:22-24.

收入、国有企业清算收入以及公司制企业清算时，国有股权、股份分享的清算收入按实际取得的收入据实上交国家。

2. 国有资本经营预算支出范围

按照财政部《关于完善政府预算体系有关问题的通知》（财预〔2014〕368号）要求，要加强国有资本经营预算支出与一般公共预算支出的统筹使用。国有资本经营预算支出范围除调入一般公共预算和补充社保基金外，限定用于：（1）费用性支出，即解决国有企业历史遗留问题及相关改革成本支出；（2）资本性支出，即对国有企业的资本金注入；（3）国有企业政策性补贴等方面。

（四）社会保险基金预算收支

《预算法》第十一条规定："社会保险基金预算是对社会保险缴款、一般公共预算安排和其他方式筹集的资金，专项用于社会保险的收支预算。"

社会保险基金预算按险种分别编制，包括基本养老保险基金、失业保险基金、基本医疗保险基金、工伤保险基金、生育保险基金、新型农村合作医疗基金、城镇居民基本医疗保险基金、城乡居民基本养老保险基金等内容。

1. 收入

社会保险基金预算收入主要包括保险费收入、财政补贴收入、其他收入（利息收入、滞纳金及其他收入）等。

（1）基本养老保险基金收入主要包括：保险费收入、基本养老保险基金财政补贴收入、其他基本养老保险基金收入（利息收入、滞纳金收入及其他收入等）；（2）失业保险基金收入主要包括：失业保险费收入、失业保险基金财政补贴收入、其他失业保险基金收入（利息收入、滞纳金收入及其他收入）等；（3）基本医疗保险收入主要包括：基本医疗保险费收入、基本医疗财政补贴收入、其他基本医疗保险收入（利息收入、滞纳金收入及其他收入等）；（4）工伤保险基金收入主要包括：工伤保险费收入、工伤保险基金财政补贴收入、其他工伤保险基金收入（利息收入、滞纳金收入及其他收入）等；

(5) 生育保险基金收入主要包括：生育保险费收入、生育保险基金财政补贴收入、其他生育保险收入（利息收入、滞纳金收入及其他收入等）。

2. 支出

反映社会保险基金的各项支出。

（1）基本养老保险基金支出主要包括：基本养老金、医疗补助金、丧葬抚恤补助、其他基本养老保险基金支出等；（2）失业保险基金支出主要包括：失业保险金、医疗补助费、丧葬抚恤补助、职业培训和职业介绍补贴、其他事业保险基金支出等；（3）基本医疗保险基金支出主要包括：基本医疗保险统筹基金、依赖保险个人账户基金、其他基本医疗保险基金支出等；（4）工伤保险基金支出主要包括：工伤保险待遇、其他工伤保险基金支出等；（5）生育保险基金支出主要包括：生育保险金、其他生育保险基金支出等。

专栏 4-1 进一步完善政府预算体系的要求

一、加大政府性基金预算与一般公共预算的统筹力度

1. 按照《预算法》政府性基金预算与一般公共预算相衔接的要求，以及《国务院关于深化预算管理制度改革的决定》（国发［2014］45号）和《关于完善政府预算体系有关问题的通知》（财预［2014］368号）的决定，从2015年1月1日起，将政府性基金预算中用于提供基本公共服务以及主要用于人员和机构运转方面的项目收入转列一般公共预算。一共包括11项内容，即地方教育附加、文化事业建设费、残疾人就业保障金、从地方土地出让收益计提的农田水利建设和教育资金、转让政府还贷道路收费权收入、育林基金、森林植被恢复费、水利建设基金、船舶港务费、长江口航道维护收入等。

按照《国务院关于印发推进财政资金统筹使用方案的通知》（国发［2015］35号）要求，从2016年1月1日起，将水土保持补偿费、政府住房基金、无线电频率占用费、铁路资产变现收入、电力改革预留资产变现收入 5 项基金转列一般公共预算。

按照 2017 年预算安排，从 2017 年 1 月 1 日起，将新增建设用地有偿使用费、南水北调工程基金、烟草企业上缴专项收入等 3 项收支由政府性基金预算转到一般公共预算。

2. 对继续纳入政府性基金预算管理的支出，加大与一般公共预算支出的统筹安排使用。结合政府性基金预算安排情况，统筹安排一般公共预算相关支出项目。政府性基金预算安排支出的项目，一般公共预算可不再安排或减少安排。对一些一般公共预算和政府性基金预算都安排支出的项目，应制定统一的资金管理办法，实行统一的资金分配方式，避免交叉重复。盘活存量资金，将政府性基金项目中结转较多的资金，调入一般公共预算。

二、加大国有资本经营预算与一般公共预算的统筹力度

1. 完善国有资本经营预算制度，提高国有资本收益上缴公共财政的比例。2020 年提高到 30%，更多用于保障和改善民生。

2. 加强国有资本经营预算支出与一般公共预算支出的统筹使用。国有资本经营预算支出范围除调入一般公共预算和补充社保基金外，限定用于解决国有企业历史遗留问题及相关改革成本支出、对国有企业的资本金注入及国有企业政策性补贴等方面。一般公共预算安排的用于这方面的资金逐步退出。

3. 进一步完善国有资本经营预算支出编制。细化预算编制，国有资本经营预算支出应编列到具体项目。

三、社会保险基金预算应当按照统筹层次和社会保险项目分别编制，做到收支平衡

四、加强一般公共预算各项资金的统筹使用

结合税费制度改革，完善相关法律法规，逐步取消城市维护建设税、排污费、探矿权和采矿权价款、矿产资源补偿费等专款专用的规定，统筹安排这些领域的经费。

四、预算管理范围的全面完整

（一）按预算管理级次

政府预算的管理要按照一定的组织层次和职责分工来进行，如果政府预算管理没有一套完整的组织系统，或各管理机构没有明确的职责分工，就会造成预算管理的困难。

我国政府预算管理按照国家政权级次、行政区划和行政管理体制，实行"统一领导，分级管理，分工负责"。政府预算的管理涉及中央和地方各地区、各部门、各单位，其组织系统纵向由中央和地方各级政府预算组成，在各级政府预算中横向来看由国家政权机关、行政领导机关、财政职能部门及各类专门机构所组成。

由于政府预算是政府的基本收支计划，为政府履行职责，提供公共服务提供财力保障，因而预算管理体系必然与行政管理体制相一致，即一级政府，一级财政，一级预算。根据《宪法》规定，我国目前从中央到地方共有五级政府，即中央，省、自治区、直辖市，设区的市、自治州，县、自治县、旗、不设区的市、市辖区，乡、民族乡和镇。与之相适应，我国纵向的预算管理体系也包括中央预算，省、自治区、直辖市预算，设区的市、自治州预算，县、自治县、旗、不设区的市、市辖区预算，乡、民族乡和镇预算，共五级预算。中央预算由中央各部门预算所组成，省、自治区和直辖市预算以下为地方预算。

（二）按预算编制主体

按照编制主体划分，我国预算可分为部门单位预算和财政总预算。

1. 总预算

总预算是各级政府的基本财政计划，由各级财政部门编制。各级总预算由本级政府预算（本级预算）和汇总的下一级政府总预算组成；下一级只有本级预算的，下一级总预算即指下一级的本级预算；没有下一级预算的，总预算即指本级预算。

政府预算由中央预算和地方预算组成，地方预算由各省、自治区、直辖市总预算组成，省总预算由省本级预算和汇总的所辖市级政府总预算组成，市总预算由市本级预算和汇总的所辖县级政府总预算组成，县总预算由县本级预算和汇总的所辖乡级政府总预算组成。

2. 本级预算

本级预算指经法定程序批准的本级政府的财政收支计划，它由本级各部门（含直属单位）的预算组成，同时包括上级政府对本级政府的税收返还和转移支付、下级政府的上解收入，本级政府对上级政府的上解支出、对下级政府的税收返还和转移支付。

3. 部门预算

部门预算反映各本级部门（含直属单位）所属所有单位全部收支的预算，由部门机关及所属各单位预算组成。本级各部门是指与本级政府财政部门直接发生预算缴款、拨款关系的国家机关、政党组织和社会团体（中央部门含军队），直属单位是指与本级政府财政部门直接发生缴款、拨款关系的企业和事业单位。

4. 单位预算

单位预算是指列入部门预算的国家机关、社会团体和其他单位的收支计划。

（三）按行政隶属关系和经费领拨关系

1. 一级预算单位

一级预算单位是指与同级政府财政部门发生预算领拨关系的单位，如一级预算单位还有下级单位，则该单位又称主管预算单位。

2. 二级预算单位

二级预算单位是指与一级预算单位发生经费领拨关系，下面还有所属预算单位的单位。

3. 基层预算单位

基层预算单位是与二级或一级预算单位发生经费领拨关系，下面没有所属预算单位的单位。

部门预算由各预算部门编制，它由各单位预算综合而成，是财政总预算的基础；财政总预算由各级财政部门编制，是以各部门预算为基础的汇总和综合（并非简单汇总）。部门预算的编制集中反映了一个财政年度内政府工作的重点及各预算部门的工作任务，是预算管理的核心环节。

单位预算是政府预算的基本组成部分，是列入部门预算的国家机关、社会团体和其他单位的收支预算。它以资金的形式反映着国家机关、社会团体和其他单位的各种活动，是国家机关、社会团体和其他单位实现其职能或事业计划的财务保证，是各级总预算构成的基本单位。单位预算是预算编制的基础，是汇总编制部门预算和总预算的基本条件。

五、预算管理流程的全面完整

政府预算管理流程是指一个相对完整的预算管理运行过程，按照各个运行阶段的管理内容主要分为：预算规划与决策、预算编制与批准、预算执行与决算、预算审计与评价、预算控制与监督等阶段（见图4-1），核心内容是预算的编制与审批、执行与决算。

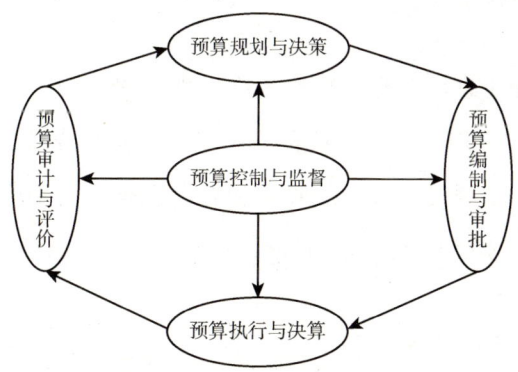

图4-1　预算完整性示意

(一) 预算规划与决策

如前所述,政府预算问题并不单纯是管理问题,还有其深刻的政治、经济和社会背景,因此预算方案即政府收支计划的安排要受到一国的法律法规、政策制度、公众意愿制约,而这一切要通过政府预算的中长期规划和短期计划来体现。政府年度的预算属于短期的计划,它的安排是建立在中长期财政计划的基础上,根据国内外的政治经济形势,结合本国国民经济运行和社会发展的诸多矛盾,按照财政收支状况,分轻重缓急进行决策的结果。

(二) 预算编制与审批

在通过规划与决策将有关预算问题纳入政府的议事日程后,就要开始对预算方案的设计预测、制定阶段。此阶段财政部门要根据法律法规要求、国民经济和社会发展计划指标等测算主要财政收支指标,各预算单位和部门要按照财政部门经过决策下达的收支控制指标以及部门预算的编制要求、基本支出的编制原则和定员定额标准、项目支出的编制原则和排序规定,经过"两上两下"的编制程序编制完成预算。预算编制完成后要按照法定的程序进入审查批准阶段,也是公众及代议机构参与决策的重要步骤,进而使预算方案合法化。这一过程在我国表现为各级人民代表大会对政府预算的审查批准。

(三) 预算执行与决算

政府预算经过审批后即进入执行阶段,预算的执行即是将预算安排的收支计划指标的实现过程,它是各项预算决策是否能够落实到位的关键环节,这一阶段财政部门要通过合理组织收入和有序安排支出实现既定目标。每个执行周期完成后还要对预算的执行情况进行总结,即进入决算过程。

(四) 预算控制与监督

预算控制与监督是指对政府预算编制、执行、决算与评价等过程进行的控制与监督，其目的是为了保证政府预算的法律性与严肃性，提高预算编制与执行的效率和效益，实现政府预算的政策目标。预算控制与监督是政府预算整个流程中的重要内容，它贯穿于预算过程始终。

（五）预算审计与评价

预算审计与评价是指按照一定的财务、会计、预算规定与预算绩效评价指标，对政府预算实施的结果进行检查与评价的过程。其目的是通过对预算结果与预算目标的差异、预算执行成本与效益（包括社会效益）的分析，及时发现问题，调整和矫正预算中的偏差，制止预算资金使用中的铺张浪费、截留挪用等问题。通过预算审计与评价的过程以掌握预算的基本规律，加强预算的严肃性、科学性和效率性，以提高预算的政策效应。

在预算管理过程中，完善从预算编制、审议、执行到监督各环节的管理，即要采取恰当的方式，使公众尽量参与到预算编制过程中来，提高预算编制决策水平，加强人大对预算的审议力度，提高预算方案的法律性，确保各部门严格按照预算方案使用资金，并对其使用效果进行绩效评价，强化预算各环节的监督。

回顾与总结：全面完整的预算体系的构建，其前提就需要将政府所有的收支都纳入预算当中，并将预算的全过程纳入监督的视野。本章结合我国预算制度的改革与发展，从全面完整的角度介绍了预算外资金纳入预算管理及加强非税收入的管理；介绍了作为综合预算的部门预算制度；从政府预算体系的全面完整角度提出了要从内容上进一步完善预算报告体系，实行全口径预算管理，从预算范围上要构建协调统一的预算管理体系，从流程上要进一步完善预算流程管理，构建全过程的预算流程管理等。

第五章　规范有序的现代预算制度构建之路

本章导读：规范有序的预算制度主要反映预算执行的规范，特别是在预算执行中比较重要的国库集中收付制度以及政府采购制度的完善。本章从预算运行规范作为切入点，分别阐述规范有序的预算执行制度的构建过程及内容。

政府预算经过立法机关审查批准后就成为具有法律效力的文件，必须严格按预算组织收支的执行，预算调整必须经过法定的程序，这是现代预算制度对预算规范的要求。

预算执行是指经过法定程序审查和批准的预算的具体实施过程，是把预算由计划变为现实的具体实施步骤。即是组织预算收支计划的实现，并对其进行平衡和监督的过程。因此，政府预算的执行是实现预算各项收支任务的关键步骤，也是整个预算管理工作的中心环节。做好预算执行工作，关系到党和国家各项方针政策的贯彻落实，关系到政府公共服务水平及财政管理水平的提升，具有重要的政治、经济和社会意义。

预算执行是整个政府预算管理的核心环节，其必须严格按照法律法规的有关规定进行。正如《中华人民共和国预算法》（以下简称《预算法》）第一条所述，该法制定的宗旨就是为了规范政府收支行为，强化预算约束，加强对预算的管理。政府预算的执行过程,就是政府收支行为的实施过程,因此必须要将其纳入到法律的约束中。

政府预算执行涉及政府预算的组织收入、支出、平衡、监督等一系列经常性的工作。做好这项工作,既可以圆满完成政府预算赋予的任务,同时也能为实现政府职能服务。

第一节 规范有序的预算执行制度构建

一、预算执行的主要任务

(一)按照政府预算确定的收入任务,积极组织预算收入

根据国家的法律、法规、方针政策和财税制度规定,把各地区、各部门和各企事业单位应缴财政的预算收入,及时足额地收缴入库,各预算收入征收部门不得擅自减征、免征或者缓征应征的预算收入,不得截留、占用、挪用应上缴的预算收入。

(二)按照政府预算支出计划,及时合理拨付预算资金

根据年度支出预算和季度用款计划,及时合理地拨付预算资金,保证经济和社会发展的资金供给。在拨付资金的过程中,既要按照计划及核定的资金用途,结合各部门的经济事业发展进度,及时合理地拨付资金,还要监督各用款单位管好用好资金,通过建立预算资金支出效益评价体系,提高资金使用效益。

(三)根据政府预算收支发展变化情况,按法定程序进行预算调整

政府预算的执行,经历着由平衡到不平衡再达到重新平衡的一系列过程。

这是由于国家政治经济形势的变化，以及在年度执行预算的过程中，会受在制定预算时不可预见因素和季节性因素等的影响，引起预算收入的超收和短收，预算支出的增加或减少。因此，政府预算在执行过程中，如果遇到特殊情况时，可以依法按照法律明文规定的程序进行预算调整。

（四）加强政府预算执行的监督

在预算执行过程中，要按照有关的法律、法规和制度规定，对预算资金的集中、分配和使用过程中的各种活动加以控制，即监督检查各预算执行单位执行预算和遵守财经纪律的情况，纠正预算执行中出现的各种偏差，使监督成为保证政府预算正确执行的有效措施。

二、法制规范下的预算执行

《预算法》对于预算执行的各个环节做出了明确的规定：

（一）组织预算收支的规范

对于组织预算收入与支出的规范，《预算法》第五十五条和第五十七条给予了明确的说明。

1. 关于预算收入的规范

《预算法》第五十五条规定：预算收入征收部门和单位，必须依照法律、行政法规的规定，及时、足额征收应征的预算收入。不得违反法律、行政法规规定，多征、提前征收或者减征、免征、缓征应征的预算收入，不得截留、占用或者挪用预算收入。各级政府不得向预算收入征收部门和单位下达收入指标。

该条对预算收入征收部门和单位筹集预算收入的行为进行规范。对征收的及时性和有效性做出规定，对擅自减征、免征或者缓征应征的预算收入和截留、占用或者挪用预算收入做出限制。同时，为了坚持依法征收、合规征收、及时征收、足额征收的原则，规范预算收入征收部门和单位依法合规地征收预算收入，不征收"过头税"，也不得隐藏财政收入，规定各级政府不得向预算收入征收部门和单位下达指标，避免由于征收过头税，导致财政"顺周期调节"，造成宏观经济波动。

2. 关于预算支出的规范

《预算法》第五十七条规定：各级政府财政部门必须依照法律行政法规和国务院财政部门的规定，及时、足额地拨付预算支出资金，加强对预算支出的管理和监督。各级政府、各部门、各单位的支出必须按照预算执行，不得虚假列支。各级政府、各部门、各单位应当对预算支出情况开展绩效评价。

预算支出是国家对集中的预算收入有计划地分配和使用而安排的支出，是按年初确定的预算支出任务分配和使用预算资金的过程，这是预算执行中最重要的工作。预算支出与国家的发展紧密相关，支出的数额和项目反映了国家的发展方向和政策导向，为了保证国家各项事业的稳定发展和公共资金的有效利用，需要对预算支出的资金拨付、管理监督等做出规定。随着纳税人对财政资金使用绩效的日益关注，在预算执行环节，仅仅强调资金使用的合规性目标，显然是远远不够的，还必须对财政资金的使用效果进行绩效评价，依据绩效评价的结果，来建立一种"结果导向型"的预算资金分配机制。因此，各级政府、各部门、各单位应当对预算支出执行情况开展绩效评价。

（二）预算批复及执行进度的规范

1. 关于预算批复的规范

所谓预算批复即政府预算草案经同级人大批准成为了具有法律效力的文件后，财政部门应及时将这个预算批复给各职能部门，再由各部门批复给各预算单位，以便据以执行。过去由于预算批复不及时，使得预算不能发挥其应有的作用。受预算管理体制和传统理财观念的影响，财政部门在批复部门预算前，原则上不允许部门使用项目支出。而部门预算下达后，由于一些部门批复下属单位预算不及时，预算下到基层单位时实际执行时间不足半年，造成当年部门预算可执行的有效时间缩短。有些重点支出如科学、教育、农业，年初列在部门预算中，年度执行中需划转地方，这些均会影响到预算执行中的工作节奏，造成上半年按预算拨付财政支出的进度慢于序时进度，支出与项目进度及绩效考评严重脱节，导致"上半年无钱花，下半年催花钱"。因此通过法律将各个环节中的批复期限进行规定，可以保证预算的执行进度和效率，推进预算的绩效管理工作。

对于各级政府部门预算的批复及执行进行规范，《预算法》第五十二条给予了明确的说明。

《预算法》第五十二条规定：各级预算经本级人民代表大会批准后，本级政府财政部门应当在二十日内向本级各部门批复预算。各部门应当在接到本级政府财政部门批复的本部门预算后十五日内向所属各单位批复预算。中央对地方的一般性转移支付应当在全国人民代表大会批准预算后三十日内正式下达。中央对地方的专项转移支付应当在全国人民代表大会批准预算后九十日内正式下达。省、自治区、直辖市政府接到中央一般性转移支付和专项转移支付后，应当在三十日内正式下达到本行政区域各级政府。县级以上地方各级预算安排对下级政府一般性转移支付和专项转移支付，应当分别在本级人民代表大会批准预算后的三十日和六十日内正式下达。

对自然灾害等突发事件处理的转移支付，应当及时下达预算。对据实结算等特殊项目的转移支付，可以分期下达预算，或者先预付后结算。县级以上各级政府财政部门应当将批复本级各部门的预算和批复下级政府的转移支付预算，抄送本级人民代表大会财政经济委员会、有关专门委员会和常务委员会有关工作机构。

对于一般性转移支付和专项转移支付明确规定下达期限，有利于财政转移支付资金的及时到位，便于各项目支出的顺利进展，减少目前存在的"年底突击花钱"以及资金在下达过程中的"层层预留"现象。

2. 关于预算的先期执行的规范

预算先期执行一般是指在预算年度开始后，各级政府预算草案在各级人民代表大会批准前的预算执行，与预算年度的规定、预算体制及立法机构开会时间有着密切关系。预算年度又称为财政年度，是指一个国家以法律规定的财政收支和预算执行过程的起止时间。由于预算年度与预算草案的审批有一定的时间差，所以有必要对预算年度开始后，各级预算草案在人民代表大会批准前的预算执行以法律形式加以规定，以保证该阶段预算收支的合法化。

对于预算的先期执行，《预算法》第五十四条规定：预算年度开始后，各级预算草案在本级人民代表大会批准前，可以安排下列支出：①

（1）上一年度结转的支出；

（2）参照上一年同期的预算支出数额安排必须支付的本年度部门基本支出、项目支出，以及对下级政府的转移性支出；

（3）法律规定必须履行支出义务的支出，以及用于自然灾害等突发事件处理的支出。

根据前款规定安排支出的情况，应当在预算草案的报告中做出说明。预算经本级人民代表大会批准后，按照批准的预算执行。

（三）账户管理的规范

《预算法》第五十六条和五十九条对国库及财政专户的管理也做出了明确规定。

1. 关于预算收入入库和财政专户设置的规范

（1）预算收入入库。政府的全部收入都应当上缴国家金库，包括税收收入和政府非税收入，如政府性基金收入、国有资本经营收益等。对于应缴纳国库的收入，任何部门、单位和个人应当按时足额上缴，不得截留、占用、挪用或者拖欠。

税收征收机关不得以为达到调剂税款入库进度为目的，违反规定对已征收应缴入国库的税收款项不入库，而通过设置过度账户予以存放，超过国家

---

① 李燕. 新《预算法》解释与实务指导［M］. 北京：中国财政经济出版社，2015.

规定入库期限不入库而造成税款滞留；政府非税收入征收机关不得拖欠应缴入国库或财政专户的非税收入，通过设置过渡账户或其他存款账户予以存放，超过国家规定入库期限不入库而造成非税收入滞留；海关总署及其分支机构主要负责关税的征收管理，并代理税务机关征收进口环节的增值税、消费税和其他有关税收，需要及时将代征的税收收入上缴国库；有政府性基金、行政事业收费项目的相关单位，也必须将相关的收入及时上缴国库。

（2）财政专户管理。财政专户是财政部门为履行财政管理职能，在商业银行开设的用于管理核算特定财政资金的银行结算账户。财政专户有利于弥补国库单一账户操作技术上的不足，与财政部门开设在人民银行的国库单一账户、财政部门和预算单位开设在商业银行的零余额账户，共同构成了我国的国库单一账户体系。财政专户主要是用来满足社会保险基金核算管理、一些具有专项用途的资金管理、非税收入收缴管理、乡级财政资金存放、外国政府和国际金融组织贷款赠款资金管理、外币资金核算管理等需要。就我国目前现实来说，国库暂时还不能完全替代财政专户，从国际上看，各国财政部门为了更好地加强财政资金管理，也都设置了大量的功能性财政专户，例如，美国联邦政府在商业银行开设了13000多个税收与贷款账户。

根据财政部《财政专户管理办法》（财库［2013］46号）的文件精神，财政部门应对财政专户资金实行集中管理、分账核算，确保资金安全，提高资金使用效益。财政部统一为各级财政部门建立财政专户管理信息系统，对财政专户的开立、变更、撤销情况等实行动态管理。

根据目前财政专户存在的必要性，为规范国库资金管理，提高国库资金收支运行效率，《国务院关于深化预算管理制度改革的决定》（国发［2014］45号）明确，要全面清理整顿财政专户，今后各地一律不得新设专项支出财政专户，除财政部审核并报国务院批准予以保留的专户外，其余专户在2年内逐步取消。

《预算法》第五十六条规定：政府的全部收入应当上缴国家金库，任何部门、单位和个人不得截留、占用、挪用或者拖欠。对于法律有明确规定或者经国务院批准的特定专用资金，可以依照国务院的规定设立财政专户。

2. 关于国家金库制度的规范

一般意义上说，国家金库是国家预算资金的出纳机构，是办理预算资金收纳、划分、留解和拨付业务以及报告预算执行情况的专门机构。

《预算法》第五十九条规定：县级以上各级预算必须设立国库；具备条件的乡、民族乡、镇也应当设立国库。

中央国库业务由中国人民银行经理，地方国库业务依照国务院的有关规定办理。

各级国库应当按照国家有关规定，及时准确地办理预算收入的收纳、划分、留解、退付和预算支出的拨付。

各级国库库款的支配权属于本级政府财政部门。除法律、行政法规另有规定外，未经本级政府财政部门同意，任何部门、单位和个人都无权冻结、动用国库库款或者以其他方式支配已入国库的库款。

各级政府应当加强对本级国库的管理和监督，按照国务院的规定完善国库现金管理，合理调节国库资金余额。

上述法条规定了我国的国库管理体制和职责，从而保障各级预算收支的及时入库及拨付；通过明确中央国库业务由中国人民银行经理的国库管理原则，强化财政部门与人民银行之间在国库资金拨付的过程中的监督制衡机制，切实保障纳税人资金的安全；规定各级政府、财政部门、人民银行在国库管理上的职责划分，并明确各级国库库款的支配权归属于本级财政部门；提出完善国库现金管理，合理调节国库资金余额，适应国库集中收付制度改革的需要，提高国库资金的使用效益。

专栏5-1 国库现金管理

国库现金管理的含义是指：通过制定一系列规定、程序和方法，提高国库资金的使用效率，降低成本。各国进行国库现金管理，主要是为预算、支出计划和政府债务政策的制定服务。进行国库现金管理的原因是国库资金收入和支出在一年中一般是不平衡的,总会出现收大于支或收不抵支的情况:当收不抵支的情况发生时,一方面,财政要及时采取发行政府债券等措施进行融资;另一方面,由于政府支出的大量形成,资金流入商业银行,商业银行的经营资产增大,会出现银根松动的情况。当出现收大于支的情况时,一般会产生三个方面的影响:一是财政部门可以用剩余的资金获取收益;二是对货币产生影响,即当资金存入中央银行时,易产生银根收缩的效应,如果中央银行这时不以扩展信贷的方式抵消紧缩的影响,则会产生真正通货紧缩的效应;三是对财政资金本身价值产生影响,特别是在通货膨胀时期,由于财政支出资金支出时间推迟,大大降低财政支出资金的实际购买力,无形中增加了财政资金的成本。

2015年新生效的《预算法》以及国务院2014年下发的《关于深化预算管理制度改革的决定》(国发〔2014〕45号)第一次写入国库现金管理内容,明确要求"各级政府应当加强对本级国库的管理和监督,按照国务院的规定完善国库现金管理,合理调节国库资金余额",为实施国库现金管理提供了法律和制度依据。

2001年实施财政国库管理制度改革以来,各级财政集中在国库单一账户的库款余额不断增加。经国务院批准,2006年起中央正式启动国库现金管理,初期主要是商业银行定期存款和买回国债。目前主要采取商业银行定期存款,利率通过市场化招标形成,并要求存款银行提供国债或地方债作为质押。截至2015年6月底,中央国库现金管理累计实施操作84次,其中商业银行定期存款操作82次,买回国债操作2次,有效提高了资金使用效益,降低了财政筹资成本,全面提升政府资产负债管理能力。

从地方层面看,为加快落实国务院关于盘活财政库款存量、创新资金管理方式、提高资金使用效益的指示精神,财政部会同中国人民银行于2014年12月正式印发《地方国库现金管理试点办法》(财库〔2014〕183号),为指导地方开展国库现金管理提供了政策依据。北京、上海、黑龙江、湖北、广东、深圳6个地区在省级财政启动首批试点。地方国库现金管理操作工具仅限于商业银行定期存款,存款期限在1年以内,并要求存款银行提供国债或地方债作为质押。存款利率按操作当日人民银行规定的定期存款基准利率执行,并允许在规定的利率区间内浮动。地方国库现金管理试点启动以来,各试点地区先后制定操作制度并相继实施操作,试点工作积极稳妥推进,取得初步成效。

资料来源:财政部国库司。

(四) 预算调整及其规范

1. 预算调整的含义

预算调整就是对原已经立法批准并授权执行的预算进行调整和变更。即随着经济、政治等环境的不断变化,在预算执行中可能出现需要增加或减少预算项目及其资金的情况,从而进行预算的调整。

从理论上讲,在科学、规范编制预算的情况下,不应频繁发生预算调整导致预算变更的情况。预算调整的结果,是改变了最初立法机构批准的具有法律效力的预算安排,实际上是突破和变更了原有的法定预算,因而一旦发生必须经预算调整的事项,必须严格按照法律规定的范围、原则、程序和流程进行,不得违法变更预算从而避免各种主、客观因素导致的预算调整随意性,以体现现代预算的事前决定与严格执行的特征,保障预算的严肃性和法律权威性。

根据各国预算法律规定,各级政府在预算执行过程中遇到特殊情况时,可以依法进行调整。之所以法律允许进行预算调整的原因在于:首先,政府预算的编制在客观上与预算的执行存在着时间差,这种时间差导致预算编制时无法将未来预算执行时可能发生的各种情况全部考虑在内,进而造成在预算执行中出现事前编制的预算与实际发生的预算收支需要出现误差的情况,需要进行预算调整。其次,预算编制时对预算期内的收支测算也存在主观与客观的差异。在预算执行过程中,由于政治、经济、社会等环境的不断变化,很有可能出现需要增加或减少预算项目及资金数额的情况,导致原计划的预算平衡被打破,需要对原有预算进行调整或修正。

正是因为上述理由,我国在制定预算法律时,也对预算调整做出了专门的规定,明确了可以进行调整的事项,同时强调经人大批准的预算未经法定程序不得调整。

2. 预算调整的范围

《预算法》第六十七规定:经全国人民代表大会批准的中央预算和地方各级人民代表大会批准的地方各级预算,在执行中出现下列情况之一的,应当进行预算调整:需要增加或者减少预算总支出的;需要调入预算稳定调节基金的;需要调减预算安排的重点支出数额的;需要增加举借债务数额的。

(1) 需要增加或减少预算总支出的。由于在新《预算法》中提出了要建立跨年度预算平衡机制,其实施的背景是收入将不再作为约束性指标而是作为预期,因此,人大在审批预算时就将关注点转移到重点支出及政策上来,因而预算调整的重要内容之一就是预算总支出的增加或减少。

在各级预算的实际执行工作中,往往会出现由于各种原因导致一些支出需求无法完全在年初预算范围内实现的情况,如国家新出台涉及支出的政策、地方政府确定的必须新出台涉及支出的政策、地方政府确定的必须新增加的支出项目,发生自然灾害等不可预见突发事件新增支出项目,以及其他必须的追加支出项目等。这些情况往往会导致各级政府总预算支出规模增大,形成追加预算总支出需求,这都属于正常预算调整范围。相反,由于经济、社会、环境等因素的影响,导致原批准的预算支出在实际执行中需要调减的,或因为各级政府、各部门、各单位在实际执行中,在保证各项任务圆满完成的前提下,努力降低成本、节约经费开支而需要减少预算支出总额的,均可进行预算调整。

(2) 需要调入预算稳定调节基金的。所谓预算稳定调节基金,是指各级财政通过超收安排的具有储备性质的基金,用于弥补短收年份预算执行的收支缺口。预算稳定调节基金的安排使用接受同级人大及其常委会的监督。在预算执行过程中调入预算稳定调节基金可增加年度预算收入以弥补短收年份的收支缺口，平衡预算。《预算法》确定其属于预算调整范围，可以进行预算调整，也是适应跨年度预算平衡机制的建立要求。在国务院《关于深化预算管理制度改革的决定》（国发［2014］45号）中，对预算执行中超收短收的处理做出了规定。在预算短收的弥补方式上规定：中央一般公共预算执行中如出现短收，通过调入预算稳定调节基金、削减支出或增列赤字实现平衡；地方一般公共预算执行中如出现短收，通过调入预算稳定调节基金、其他预算资金或削减支出实现平衡。在预算超收收入的处理上规定：中央一般公共预算执行中如出现超收，超收收入用于冲减赤字、补充预算稳定调节基金。

（3）需要调减预算安排的重点支出数额的。在新《预算法》中，将重点支出和重大投资项目的预算安排作为了各级人大审查预算草案及执行情况的重点内容。在我国，很多领域的重点支出项目与经济社会发展密切相关，如教育、科技、文化、卫生、社会保障、农业等涉及民生类的支出项目。这些方面的预算支出与经济发展、人才培养、科技创新、人民生活水平提高息息相关，是政府公共支出的重要领域，需要重点保证。但是，如果在实际预算执行中发生确实需要对这些方面支出进行调减的情况，《预算法》确认其属于预算调整的范围，各级政府可依法进行调整。但是这些预算调整事项必须在预算调整方案中做出专门的说明，实际上反映出《预算法》对保证这些重点领域公共支出预算的重视程度很高，也在很大程度上约束了各级政府不得随意调减这些方面的支出。

（4）需要增加举借债务数额的。《预算法》在保留中央预算在必要条件下的举债权的同时，对地方政府有条件适度放开了举债权，但举债规模都要经过人大的审查和批准。如《预算法》第三十四条规定：对中央一般公共预算中举借的债务实行余额管理，余额的规模不得超过全国人民代表代会批准的限额。第三十五条规定：地方各级预算按照量入为出、收支平衡的原则编制，除本法另有规定外，不列赤字。而对于省级地方政府预算中必需的建设投资的部分资金确需举债的，其举借债务的规模，由国务院报全国人民代表大会或者全国人民代表大会常务委员会批准。省、自治区、直辖市依照国务院下达的限额举债的债务，列入本级预算调整方案，报本级人民代表大会常委会批准。也就是说，中央和地方政府举借债务都需要经过法定的批准程序，但是如果在预算执行中，各级政府因为实际情况的变化而确实需要增加举债数额筹集资金的，则属于预算调整的法定范围，经过法定程序批准后可以进行预算调整。其重要意义在于，我国政府债务管理开始迈进透明化、规范化管理的轨道，不仅能够使各级政府举债情况更好地接受社会各界的监督，而且也将有效地促进各级政府加强债务管理、提高债务管理水平。

上述有关预算调整的四种情形中，第（1）、（3）项属于预算支出的变动；第（2）、（4）项属于资金来源的变动。

（五）政府间转移支付的规范

政府间转移支付，是指在一定的预算管理体制下，中央政府与地方政府之间或上级政府与下级政府之间财政资金的转移（包括下拨和上缴）。政府间的转移支付实质上是存在于政府间的一种补助。虽然，各国在实行转移支付的具体做法不同，但从性质上来讲，政府间转移支付都可以归结为两类：无条件转移支付与有条件转移支付。

无条件转移支付又称一般性补助，指中央政府向地方政府拨款，不附加任何条件，也不指定资金的用途，地方政府可以按照自己意愿自主决定如何使用这些资金。

有条件转移支付又称专项补助，指中央政府向地方政府指定拨款的用途，地方政府必须按指定的用途使用这些资金，或中央政府在向地方政府拨款时，要求地方政府按一定比例提供配套资金。有条件转移支付的资金必须"专款专用"，适合于特定的支出目的，因此，能够有效地贯彻中央政府的政策意图，但会在一定程度上干预地方政府的自主权。

关于转移支付的规范，《预算法》第十六条第二款规定了"财政转移支付包括中央对地方的转移支付和地方上级政府对下级政府的转移支付，以为均衡地区间基本财力,由下级政府统筹安排使用的一般性转移支付为主体",在第三款、第四款又规定:"按照法律、行政行规和国务院的规定可以设立专项转移支付,用于办理特定事项。"除按照国务院的规定应当由上下级政府共同承担的事项外,"上级政府在安排专项转移支付时,不得要求下级政府承担配套资金。"同时《预算法》第七十一条做出了明确的规定:在预算执行中,地方各级政府因上级政府增加不需要本级政府提供配套资金的专项转移支付而引起的预算支出变化,不属于预算调整。接受增加专项转移支付的县级以上地方各级政府应当向本级人民代表大会常委会报告有关情况。

对于基层政府接受上级给予的专项转移支付,虽然修改后的《预算法》在第七十一条第一款中规定了因上级政府增加专项转移支付而引起的本级预算支出变化,不属于预算调整,无须立法机关的审批,但是接受上级专项转移支付的各级地方政府,必须依法向本级人民代表大会或其常委会报告有关情况,使本级人大了解上级专项转移支付的项目、金额以及资金来源渠道,以接受本级人大的监督。

(六) 债务管理的规范

关于债务管理方面,《预算法》分别在第三十四条和第三十五条中对中央政府债务和地方政府债务管理做出了规定。

1. 关于中央政府债务的规范

《预算法》第三十四条规定:中央一般公共预算必需的部分资金,可以通过举借国内和国外债务等方式筹措,举借债务应当控制适当的规模,保持合理的结构。对中央一般公共预算中举借的债务实行余额管理,余额的规模不得超过全国人民代表大会批准的限额。国务院财政部门具体负责对中央政府债务的统一管理。

2. 关于地方政府债务的规范

目前,在加强了地方政府债务管理的前提下,给予了地方政府适度举债权。《预算法》第三十五条规定:地方各级预算按照量入为出、收支平衡的原则编制，除本法另有规定外，不列赤字。经国务院批准的省、自治区、直辖市的预算中必需的建设投资的部分资金，可以在国务院确定的限额内，通过发行地方政府债券举借债务的方式筹措。举借债务的规模，由国务院报全国人民代表大会或者全国人民代表大会常委会批准。省、自治区、直辖市依照国务院下达的限额举借的债务应当有偿还计划和稳定的偿还资金来源，只能用于公益性资本支出，不得用于经常性支出。除前款规定外，地方政府及其所属部门不得以任何方式举借债务。除法律另有规定外，地方政府及其所属部门不得为任何单位和个人的债务以任何方式提供担保。国务院建立地方政府债务风险评估和预警机制、应急处置机制以及责任追究制度。国务院财政部门对地方政府债务实施监督。

第二节 规范收支执行的制度基础：国库集中收付制度

一、国库集中收付制度的含义及特征

（一）国库集中收付制度的内涵

我国的国库集中收付制度改革始于1998年，正式启动于2001年3月，是一项涉及整个财政管理的基础性改革，贯穿于财政预算执行的全过程，是预算执行制度的一项重大创新。相对于传统的国库分散支付模式而言，国库集中收付制度是指对预算资金实行集中收缴和支付的制度，其核心是通过国库单一账户对现金进行集中管理，建立一个以单一账户为核心、资金缴拨以国库集中收付为主要形式的集中型国库管理制度。具体地，就是在账户集中、现金余额集中、会计处理集中和交易监督集中的基础上由财政部门对各个部门的收入收缴、支出决策和支出行为进行控制。通过信息网络安全过程实时监测预算资金基础上，以信息系统为支撑，由"集中汇缴"方式为主变为

"直接缴款"方式为主,规范收入收缴程序;健全非税收入收缴管理机制,进一步拓展国库集中收付制度的资金范围;规范支出拨付程序,逐步完善各类财政资金国库集中支付机制,资金在没有支付到实际收款人之前不流出国库单一账户体系。[①]

(二)国库集中收付制度的特征

国库集中收付是政府预算执行的重要环节,包括三方面的含义:一是集中收入管理,一切财政性收入均纳入国库或国库指定的代理商业银行的单一账户;二是集中支出管理,原则上一切财政性支出均应在实际支付行为发生时才能从单一账户支付出去,支付对象一般应是商品供应商或劳务提供者;三是集中账户管理,设置与国库单一账户配套使用的国库分类账户,集中反映各预算单位的预算执行情况。

国库集中收付制度有以下特征:

(1) 国库集中收付是政府经济行为,是政府的财政管理活动的重要内容;

(2) 国库集中收付的对象是财政性资金,包括预算收支和其他一切财政性资金,其他经济主体、企业及居民个人收支则不包括在内;

(3) 国库集中收付的中介是中央银行及其指定的代理商业银行;

(4) 国库集中收付具有集中统一性,财政资金统一存入国库单一账户,财政支出按实际发生数由国库部门统一集中办理支付;

(5) 国库集中收付具有资金可控性,财政部门直接对每一笔财政资金进行严格的监督和控制,防止其被挤占挪用。

二、国库集中收付制度的基本内容

建立一套规范的、适合我国国情的国库集中收付制度,也是我国政府预

---

① 马海涛. 现代财政制度建设之路——"十三五"时期我国财政改革与发展规划[M]. 北京:中国财政经济出版社,2015:237.

算执行改革的一个重要目标。2001年我国按照总体规划、分步实施的原则，开始了改革试点。

我国建立国库集中收付制度的目标是：按照社会主义市场经济体制下公共财政的发展要求，借鉴国际通行做法和成功经验，结合我国国情，建立和完善以国库单一账户体系为基础、资金缴拨以国库集中收付为主要形式的财政国库管理制度。即按照财政国库管理制度的基本发展要求，建立国库单一账户体系，所有财政性资金都纳入国库单一账户体系管理，收入直接缴入国库或财政专户，支出通过国库单一账户体系支付到商品和劳务供应者或用款单位。[①] 其核心建立起国库单一账户体系。

（一）建立国库单一账户体系

国库单一账户体系主要由国库单一账户、零余额账户和财政专户构成。

1. 国库单一账户

财政部门在中国人民银行开设国库单一账户，按收入和支出设置分类账，收入账按预算科目进行明细核算，支出账按资金使用性质设立分账册。国库单一账户是进行财政资金日常收支管理的主账户，用于记录、核算和反映纳入预算管理的财政收入和支出活动，并用于与财政部门、预算单位在商业银行开设的零余额账户进行清算。

2. 零余额账户

零余额账户包括财政部门零余额账户和预算单位零余额账户。财政部门零余额账户由财政部门在商业银行开设，用于财政直接支付和与国库单一账户清算，日终余额为零；预算单位零余额账户由财政部门为预算单位在商业银行开设，用于财政授权支付和与国库单一账户清算，日终余额为零。

3. 财政专户

财政专户，是指财政部门为履行财政管理职能，按照规定的设立程序，

---

① 李燕. 政府预算理论与实务 [M]. 北京：中国财政经济出版社，2010.

在银行业金融机构开设用于管理核算特定专用资金的银行结算账户。该账户用于记录、核算和反映经各级政府财政部门批准的特设专项支出活动，如满足社会保险基金核算、非税收入收缴、外国政府和国际金融组织贷款赠款、外币资金核算、教育收费资金管理、财政代管资金管理、乡镇财政资金管理等需要。该账户按资金使用性质设置总分类账和明细分类账进行核算。财政专户与财政部门开设在人民银行的国库单一账户、财政部门和预算单位开设在商业银行的零余额账户共同构成了我国的国库单一账户体系，有利于弥补国库单一账户在操作技术上的不足。需要说明的是，由于该账户是为满足特殊需要而设立的，按照《预算法》第五十六条规定，对于法律有明确规定或者经国务院批准的特定专用资金，可以依照国务院的规定设立财政专户。

上述账户和专户要与财政部门及其支付执行机构、中国人民银行国库部门和预算单位的会计核算保持一致性，相互核对有关账务记录。在建立健全现代化银行支付系统和财政管理信息系统的基础上，逐步实现由国库单一账户核算所有财政性资金的收入和支出，并通过各部门在商业银行的零余额账户处理日常支付和清算业务。

(二) 规范收入收缴程序

1. 收入类型

按政府收支分类标准对财政收入实行分类。

2. 收缴方式

适应财政国库管理制度的改革要求，将财政收入的收缴分为直接缴库和集中汇缴。(1) 直接缴库是由缴款单位或缴款人按有关法律法规规定，直接将应缴收入缴入国库单一账户或财政专户。(2) 集中汇缴是由征收机关（有关法定单位）按有关法律法规规定，将所收的应缴收入汇总缴入国库单一账户或财政专户。

3. 收缴程序

(1) 直接缴库程序。直接缴库的税收收入，由纳税人或税务代理人提出纳税申报，经征收机关审核无误后，由纳税人通过开户银行将税款缴入国库单一账户。直接缴库的其他收入，比照上述程序缴入国库单一账户或财政专户。

（2）集中汇缴程序。小额零散税收和法律另有规定的应缴收入，由征收机关于收缴收入的当日汇总缴入国库单一账户。非税收入中的现金缴款，比照上述程序缴入国库单一账户或财政专户。

4. 规范收入退库管理

涉及从国库中退库的，依照法律、行政法规有关国库管理的规定执行。

（三）规范支出拨付程序

1. 支出类型

财政支出总体上分为购买性支出和转移性支出。根据支付管理需要，具体分为：工资支出，即预算单位的工资性支出；购买支出，即预算单位除工资支出、零星支出之外购买服务、货物、工程项目等支出；零星支出，即预算单位购买支出中的日常小额部分，除《政府采购品目分类表》所列品目以外的支出，或列入《政府采购品目分类表》所列品目，但未达到规定数额的支出；转移支出，即拨付给预算单位或下级财政部门，未指明具体用途的支出，包括拨付企业补贴和未指明具体用途的资金、中央对地方的一般性转移支付等。

2. 支付方式

按照不同的支付主体，对不同类型的支出，分别实行财政直接支付和财政授权支付。

（1）财政直接支付。由财政部门开具支付令，通过国库单一账户体系，直接将财政资金支付到收款人（即商品和劳务供应者，下同）或用款单位账户。实行财政直接支付的支出包括：第一，工资支出、购买支出以及中央对地方的专项转移支付，拨付企业大型工程项目或大型设备采购的资金等，直接支付到收款人。第二，转移支出（中央对地方专项转移支出除外），包括中央对地方的一般性转移支付中的税收返还、原体制补助、过渡期转移支付、结算补助等支出，对企业的补贴和未指明购买内容的某些专项支出等，支付到用款单位（包括下级财政部门和预算单位）。

（2）财政授权支付。预算单位根据财政授权，自行开具支付令，通过国库单一账户体系将资金支付到收款人账户。实行财政授权支付的支出包括未实行财政直接支付的购买支出和零星支出。

3. 支付程序

（1）财政直接支付程序。预算单位按照批复的部门预算和资金使用计划，向财政国库支付执行机构提出支付申请，财政国库支付执行机构根据批复的部门预算和资金使用计划及相关要求对支付申请审核无误后，向代理银行发出支付令，并通知中国人民银行国库部门，通过代理银行进入全国银行清算系统实时清算，财政资金从国库单一账户划拨到收款人的银行账户。

支付对象为预算单位和下级财政部门的支出，由财政部门按照预算执行进度将资金从国库单一账户直接拨付到预算单位或下级财政部门账户。

（2）财政授权支付程序。预算单位按照批复的部门预算和资金使用计划，向财政国库支付执行机构申请授权支付的月度用款限额，财政国库支付执行机构将批准后的限额通知代理银行和预算单位，并通知中国人民银行国库部门。预算单位在月度用款限额内，自行开具支付令，通过财政国库支付执行机构转由代理银行向收款人付款，并与国库单一账户清算。

上述财政直接支付和财政授权支付流程，以现代化银行支付系统和财政信息管理系统的国库管理操作系统为基础。在这些系统尚未建立和完善前，财政国库支付执行机构或预算单位的支付令通过人工操作转到代理银行，代理银行通过现行银行清算系统向收款人付款，并在每天轧账前，与国库单一账户进行清算。

（四）预算执行的监督约束机制

（1）财政部门对国库资金运行的全过程进行监控，包括审核预算单位的年度预算安排和用款计划，制定财政资金管理的相关制度规定，对资金拨付的各个环节进行实时监控，对各种信息进行综合分析，及时发现问题并提出解决方案。

(2) 中国人民银行国库部门对国库单一账户的收付具有监督责任。要严格依照国家金库管理条例及实施细则及国务院、财政部对财政资金管理的相关制度规定，要对资金拨付的各个环节进行实时监控，对各种信息进行综合分析，及时发现问题并提出解决方案。对代理商业银行有关财政资金拨付过程要加强管理和监督，每日都要核对国库单一账户余额。

(3) 政府支出部门和供应商要对银行资金结算速度和效率进行监督，检查商业银行是否有故意压票、延期付款或占用客户资金的违法行为，款项计算是否正确。政府部门还要监督有关机构是否及时、合法地审批预算单位的预算安排和用款计划，是否及时下达拨付指令并付款。

(4) 国家审计署对国库资金的运行情况进行审计，审计署每年要定期组织专业人员对国库资金进行审计，加强财政资金运行的监督。

三、国库集中收付制度的改革历程

(一) 国库分散收支制度的问题

长期以来，我国实行以预算单位设立多重存款账户为基础的分级分散收付制度，财政收入项目由征收部门通过设立过渡存款账户收缴，收入退库比较随意。财政支出通过财政部门和用款单位各自开设的存款账户层层拨付，预算单位的大量预算外资金未纳入财政预算统一管理。这种制度已越来越不适应当时我国经济发展，它所暴露出的弊端也越来越突出。主要体现在以下几个方面：

1. 财政资金管理混乱

预算单位多头开户，转移、分散财政资金。由于我国的国库管理制度中规定国库存款不计息，加上各商业银行为了多争取存款，将存款任务层层分解，落实到个人，财政资金就成了大家竞相争夺的对象。一些财政部门在这种情况下，为了获取利息多头开户，并把预算内资金转化为预算外资金，躲避预算管理。同时一些行政事业单位不仅存在将预算内资金转入预算外资金的现象，还存在设立小金库及账外账，分散国家财政资金的现象。由于这种多头开户现象的存在，使得国家无法了解所有财政资金的收入和支出状况，从而造成资金管理混乱，效率低下。

2. 宏观财政政策难以执行

不完整的国库资金不利于财政宏观调控政策的执行。当时我国将财政资金区分为预算内资金和预算外资金。预算内资金是国家集中的资金，通过各级财政层层汇总缴入国库账户成为国家预算资金，是我国执行宏观调控政策的基础。而预算外资金尽管在实行收支两条线管理后，收入缴入财政专户、支出由财政返回，但由于预算单位有较大的自主支配权，所以管理上还是分散的。国家在制定宏观财政政策时所依据的应该是全部的财政资金，但由于纳入预算的只有预算内资金，国家无法全面完整地掌握预算资金，因此，大量的预算外资金和制度外资金的存在影响了宏观财政政策的运行效果。

3. 财政支出信息失真

在国库分散收付制度下，当同级财政部门把财政资金拨付给预算单位时，在财政总预算会计中就作为财政支出处理，而财政资金真正的支出并不是这一阶段，应该是在预算单位向商品和劳务供应商支付账款时。账面支出阶段和实际支出阶段的不一致会造成财政支出两方面的信息失真：一方面是财政支出金额的失真。财政部门拨付的金额往往大于预算单位向商品和劳务供应商支付的金额，造成资金沉淀在预算单位，出现财政预算资金账面赤字而实际有结余的现象，从而影响财政政策的制定。另一方面是财政支出用途的失真。"以拨定支"的分散收支制度下，财政部门按预算和计划指定的用途向预算单位拨款后即作为相应的支出处理，就不再对预算资金进行管理和监督，使用权属于预算单位，预算单位就有可能在获得预算资金后变更预算资金的用途，这样就会造成预算支出的账面用途与实际用途不一致。这也反映了国库资金的运用没有得到国库部和财政部门的有力监督。

4. 财政资金入库时间延滞

国库分散收付制度下，收入最终缴入国库要通过多重账户的层层上划。在上划过程中，各个环节都需要"先收后支"。从最初缴纳单位开户行划出资金，到资金最终进入国库，"中转"环节越多，进入国库的时间越长，因而延滞了收入入库时间。不仅如此，金融体制改革后，代理国库业务的经收处和商业银行追求自身利益已成为第一需要，个别代理机构往往对国家财政收入有意延缓上划时间，设立过渡性账户，占压财政收入问题时有发生。同时，"中转"环节多，也使数字差错、混级串户问题难以避免。

5. 资金使用效率低下

国库资金结算环节繁多、使用效率低下。分散收支制度是由主管部门向财政提出资金拨付申请，财政部门核准后，开出拨款凭证，通知国库办理拨付手续，通过同城或异地交换划入主管部门账户，主管部门再根据所属预算单位的用款计划开出拨款凭证，将资金划入所属单位在商业银行开设的账户上，最后由预算单位根据实际需要，将资金支付到商品或劳务提供者账户。一笔资金由主管部门申请到最终到达商品和劳务提供者账户，中间间隔的时间很长。多重账户、层层下拨资金的做法，客观上造成了拨款渠道不畅，周转环节多，延缓了财政资金划拨速度，资金效率难以提高。同时很多支出单位在商业银行设立很多账户，这使得支出单位的资金运动从一个银行账户到另一个银行账户，使国库资金滞留在银行结算环节，大大降低了国库资金的使用效率。

6. 国库资金监督机制不健全

在我国传统的分散型收支制度下，国库管理部门与国库出纳部门不分、国库人员的监督意识不强、财政部门和行政事业单位多头开户、财政拨款后就不再监督国库资金使用的"以拨定支"、专业的内部及外部监督人员和机构缺乏等原因，造成对国库资金收支的监督不力，无法用预算约束国库资金支出的现象，财政资金使用过程脱离监督。在支出预算执行过程中，财政部门根据各级预算单位的申请，将款项拨给各个用款单位在商业银行的存款账户上，至于用款单位什么时间使用资金、如何使用资金，财政部门难以实行事前监督和控制，只能依赖各级预算单位的财务报告进行事后审查监督。而且预算单位往往是多头开户、重复开户，致使财政资金管理分散，支出过程脱离财政监督，容易产生截留、挪用财政资金的问题，甚至滋生腐败现象，不利于对资金的有效管理，不利于依法理财、依法行政。

（二）国库集中收付制度的发展脉络

构建科学有序的国库集中收付制度，是对国库分级分散收付制度的根本性变革，也是我国财政管理制度一项重大的、最具本质性的改革。这项制度的构建经历了一个从无到有，从幼稚到成熟的科学发展之路，构建的主要历程如表 5-1 所示。

表 5-1　　　　　　　　国库集中收付制度改革主要历程

时间	主要内容		改革成效
改革初始阶段（2000年）		2000年6月，财政部国库司成立	使我国国库管理模式与国际通行做法正式接轨，为我国推行国库集中收付制度改革奠定了坚实的基础
	中央层面	2000年10月，中央财政对山东、湖北等省的44个中央直属粮库建设资金实行财政直接支付	迈出改革第一步，改革初战告捷，并取得预想的效果
	地方层面	地方财政开始改革，主要内容包括：实行财政供养人员工资统一发放、对基本建设投资、政府采购支出等大额支出实行财政直接支付等	改革初显成效，尤其是工资统一发放解决了长期以来拖欠财政供养人员工资问题
改革拉开序幕（2001～2002年）	中央层面	2001年2月28日，国务院第95次总理办公会议上通过《财政国库管理制度改革方案》	指明了改革的内容、范围、推进时间表，使得改革有章可循

续表

时间	主要内容		改革成效
改革拉开序幕（2001~2002年）	中央层面	2001年，选择了水利部、科技部、财政部、法制办、中国科学院、国家自然科学基金会6家中央部门作为首批国库集中支付改革试点单位	改革拉开序幕，传统的分散支付形式得到根本性的改变
		2001年8月30日，第一笔财政直接支付资金，成功地从中央国库直接支付到远在新疆的收款人	
	地方层面	安徽、四川两省率先于2001年在省本级进行试点，成为第一批"吃螃蟹"的省份	为地方国库集中收付制度改革奠定了基础
	2002年6月，财政部、中国人民银行发布了《预算外资金收入收缴管理制度改革方案》		推动了收入收缴改革工作的进行
	2002年，开发了中央非税收入收缴管理系统		大大强化了预算执行事中监控，实现了财政监督机制的重大变革
改革全面推行（2003~2005年）	经财政部党组批准，国库司和国库支付中心两个机构进行整合		极大地优化了支付流程，减少了交叉和重复劳动，简化了工作程序，大大方便了预算单位用款
改革发展深化阶段（2006~2007年）	2006年，经国务院批准，我国开始实施中央国库现金管理		提高了财政资金的使用效益
	2006年，财政部率先对农村义务教育中央专项资金实行国库集中支付改革，开始对中央专项转移支付资金实行国库集中支付改革试点		为全面建立政府间专项转移支付资金的新型支付管理机制打下了良好的基础
	2007年6月，财政部、国家税务总局、中国人民银行联合发布横向联网实施方案和管理暂行办法，全面启动财税库银税收收入电子缴库横向联网工作		实现了税款征缴电子化操作，使纳税人享受安全、便捷、高效的缴税服务。同时，电子缴库数据一次录入，有利于财政部门对预算执行情况和宏观经济形势做出更及时的分析和判断
	2007年7月，财政部、中国人民银行联合发布了《中央预算单位公务卡管理暂行办法》，正式启动中央预算单位公务卡改革		丰富了支付结算工具，避免了预借、携带现金和报销时多退少补等工作带来的麻烦，大大减少了现金使用，方便了预算单位用款
改革不断升华（2008年至今）	国库集中收付制度改革在中央和地方继续推进		改革面已覆盖中央所有部门、36个省份的本级、320多个地市、2100多个县（区），改革的资金范围已涵盖一般预算资金、政府性基金、国有资本经营预算支出资金

1. 设立机构，建章立制

（1）财政国库部门成立。为适应社会主义市场经济发展需要和建立公共财政框架体系要求，克服传统分级分散国库收付制度的弊端，2000年6月，财政部国库司成立，标志着我国国库管理模式与国际通行做法正式接轨，为我国推行国库集中收付制度改革奠定了坚实的基础。

（2）规范性文件出台。2001年2月28日，财政部研究起草的《财政国库管理制度改革方案》在国务院第95次总理办公会议上原则通过，明确指出，建立以国库单一账户体系为基础、资金缴拨以国库集中收付为主要形式的财政国库管理制度，有利于规范财政收支行为，加强财政收支管理监督，提高财政资金的使用效率，从制度上防范腐败现象的发生。

（3）试点直接支付。2001年8月30日，具有划时代意义的第一笔财政直接支付资金，成功地从中央国库直接支付到远在新疆的收款人，正式拉开了改革的序幕，标志着传统的资金层层转拨方式发生了根本性改变。在地方，安徽、四川两省按照改革方案要求，率先于2001年在省本级进行试点，成为第一批"吃螃蟹"的省份。

2. 收入收缴改革

鉴于我国非税收入在财政收入中占有相当大的比重，且收缴管理很不规范，尤其是预算外资金收缴过程中存在问题较多。2002年6月，财政部、中国人民银行发布了《预算外资金收入收缴管理制度改革方案》。《方案》明确，撤销主管部门和执收单位收入过渡性账户，为执收单位设立非税收入财政汇缴专户，该汇缴专户实行日终零余额管理，所有缴入汇缴专户的非税收入当日即上缴中央财政。

3. 电子化操作改革

2001年，财政部开发了中央集中支付系统，实现了财政资金支付的网上申报、自动化审核、记账以及支付信息的及时反馈。2002年，开发了中央非税收入收缴管理系统，实现了中央非税收入项目管理、票据控制及信息传递的电子化。

4. 精简机构，改善流程

针对工作运转中出现的问题，经财政部党组批准，国库司和国库支付中心两个机构进行整合，对外统称国库司，按一套人马确定工作职能、安排部署工作。这是一个对改革全面推进起着关键作用的决策。在业务流程和机构职能确定之后，财政部对原有的国库管理信息系统也进行了整合。将原来的国库支付审核网、改革试点网与支付系统三个独立系统整合为一个系统，建立起规范统一的国库总账系统，实现了财政资金收支一本账管理，为优化业务流程提供了强有力的技术保障。

5. 改革深化

（1）国库现金市场化运作。面对快速增长的财政收入，提高财政资金的收益，财政部开展了国库现金进行市场化运作。2006年，经国务院批准，我国开始实施中央国库现金管理，当年仅通过投放3个月商业银行定期存款200亿元，就实现净收益近1亿元，加上买回国债操作，共获取净收益（或减少支出）1亿多元。

（2）对中央转移支付资金的改革。2006年，我国开始对农村义务教育中央专项资金实行国库集中支付改革。改革后，中央专项资金从中央财政拨到收款人或学校，整个过程仅需几个工作日便可完成，中央财政对整个资金支付过程可实时动态监控，对发现的违规问题及时做出处理，及时掌握专项转移支付资金预算分解下达、配套资金到位等情况。

（3）公务卡改革。为解决现金支付管理的"盲区"，财政部积极研究相关政策制度及各方面的成功实践经验，形成了推行公务卡改革的基本思路。2007年7月，财政部、中国人民银行联合发布了《中央预算单位公务卡管理暂行办法》，正式启动中央预算单位公务卡改革。

（三）国库集中收付制度深化改革之路

1. 国库集中收付制度的现状

我国国库集中收付制度改革的指导思想是遵循"以现代化信息技术为支

撑，以财政资金进入国库单一账户体系为基本模式，以预算指标、用款计划为主要控制机制，以国库集中支付为核心，以授权支出为突破"的原则，逐步建立并完善以国库单一账户体系为基础、以国库集中收付作为资金缴拨主要形式的财政国库管理制度。

我国国库集中收付改革的主要内容包括集中收缴改革和集中支付改革两个方面。国库集中支付制度改变了原来将国库资金直接拨付给预算单位的办法，改为将国库资金直接拨付给商品或劳务的提供者。

经过十多年的改革实践，以制度建设、管理创新为重点，以服务财政宏观调控为导向，国库集中收付制度改革不断深化，对于增强财政资金运行的安全性、规范性、有效性发挥了重要作用，有力地促进公共财政体系的建立健全和国家各项经济政策的顺利实施，对从源头治理腐败问题也起到积极作用。[1]

（1）加强财政资金的管理。传统的国库管理方式是通过分散收付的管理制度层层划拨资金，经过的预算单位和划拨环节较多，这样财政资金容易沉淀在预算单位的账户中，不能及时到达用款单位。实行国库集中收付制度后，所有的财政资金都集中在国库，只有发生实际支出时才由国库直接进行支付，这样从根本上解决了财政资金多环节拨付、多头管理、多头存放的弊端，有利于财政部门对财政资金进行统一调度和管理，也能有效防止财政资金运用过程中发生的资金"跑、冒、滴、漏"问题，减少了财政资金闲置，降低了财政资金运行成本，提高了财政资金使用效益。

（2）提高预算执行透明度。全面推进国库集中收付制度改革是加强财政信息公开透明的必然要求。国库集中收付制度关系着财政政策实施的效率和效果。只有财政收入及时收缴入库，国家才能有效掌握财政资源，合理安排财政支出；也只有财政支出及时支付到位，财政政策才能真正落实下去，从而实现国家经济调节目标。因此，及时、准确、完整的资金收付信息是国家

---

[1] 马海涛. 新预算法与我国国库集中收付制度改革［J］. 中国财政，2015（1）.

制定宏观调控政策的重要参考依据，是国家宏观职能良好发挥的重要保障。建立完善的国库集中收付制度，相关部门可以通过电子化方式直接从信息系统中获得相关财政信息，有效保证财政收支信息反馈的及时性、真实性、准确性和完整性。

(3) 从源头上治理腐败问题。反腐倡廉是政府工作的重点之一，打击腐败的关键就是要建立预防机制，从源头上控制腐败行为的发生。国库集中收付制度在推行之初，对于从源头上治理腐败的功能就被寄予厚望。实行国库集中收付制度，改变了过去由预算单位自行进行财政资金支付的方式，所有财政资金不再预拨到预算单位，在预算执行前就对其进行审核，这样从机制上能够保证财政收入及时、足额地缴入国库或财政专户。同时，建立对预算单位进行事前审核、事中监控、事后评价的全面监控体系，是健全完善惩治和预防腐败体系的重要举措。

2. 国库集中收付制度存在的问题

在国库集中收付制度取得大进展和显著成效的同时，我国的国库集中收付制度也面临着很多亟待解决的问题。

(1) 相关法律法规不完善。国库集中收付制度改革要求国库加强对资金的监管、预测和分析，但目前的法律法规及管理办法并未真正为国库的资金监管提供确切的依据。《财政总预算会计制度》《国家金库条例》等规章制度具有明显的滞后性，没有适应国库集中收付制度的发展，影响了国库职能的有效发挥。

(2) 集中收付制度的覆盖面不足。国库集中收付改革在具体实践过程中，由于经济实力差异、控制力等各种因素，中央层面的推进速度和完善程度要优于地方。从预算单位的覆盖程度来看，还存在着一些单位部门尚未实施国库集中支付制度或是单位的某些收支项目没有纳入到国库集中制度范围中，这样会导致国库资金运用的随意性。因此，规范地方国库现金管理，推进地方尤其是乡镇的国库集中收付制度改革，还有很多工作要做。

(3) 国库现金管理工具有待完善。在实施国库集中收付制度之后，加强国库现金的市场化操作实践，提升国库资金的效益，还有许多工作要做。例如，在国库现金管理的操作程序上，如何进一步明确财政部与中国人民银行的职责；如何建立完善的风险防范机制，在商业银行发生流动性危机或违约情况下保障国库资金的安全性；如何丰富国库现金管理的操作方式等。

除了以上列出的这几点以外，我国国库集中收付制度还存在例如预算配套改革措施不完善、会计核算制度不完全匹配、信息系统建设不健全等问题，还需要在今后进一步完善。

3. 国库集中收付制度的改革发展

（1）进一步完善国库现金管理。国库现金管理是我国现代国库制度建设的重要组成部分，在税收收入集中入库高峰期更会加剧金融市场的流动性紧张程度，而且客观上会对央行货币政策造成冲击。将国库现金存放于商业银行可以熨平预算政策对货币政策的冲击，提高国库资金的使用效率，适当降低发债成本。因此，各地方要彻底清理不符合规定的财政专户，在确保库款安全的基础上，遵循安全性、流动性和收益性相结合的原则，积极探索建立适合本地实际情况的国库现金管理模式。

（2）加强非税收入收缴管理。所有的省、地市、县级非税收入执收单位，尤其是具备条件的乡镇级非税收入执收单位都要推进非税收入收缴管理改革，将包括行政事业性收费、罚没收入、国有资本经营收益、彩票公益金、以政府名义接受的捐赠收入等所有非税收入都纳入管理范围，使国库集中收付制度改革真正做到"横向到边、纵向到底"。在深化非税收入收缴管理制度过程中，应该按照统一规范、运行高效、监督有力的原则，建立健全统一的收缴管理体系。要通过财政部门、税收部门和中国人民银行的网络技术支撑，利用现代信息技术手段，推进财税库银收入电子缴库横向联网，不断优化非税收入收缴流程，更好满足缴款人和执收单位的实际需求。同时，要不断完善财政税收收入信息反馈机制，促进缴库明细信息和纳税单位信息的明晰化和透明化，确保财政部门、主管部门及执收单位全面、准确、及时地掌握收缴信息，有效提升财政对国库资金的预测分析和预算管理水平。

(3) 改革政府预算会计核算制度。政府预算会计是对政府财政预算资金运行过程和结果进行系统、连续地核算与监督的专业会计。鉴于我国现行政府预算会计存在的问题，以及推进国库集中支付制度改革之后预算资金上缴、拨付渠道和程序发生的重大变化，为确保国库集中收付机构的高效运转，必然要求加强会计管理，建立与之相适应的政府会计核算体系，实现有效的内部会计控制。

　　(4) 加快推进公务卡制度改革。公务卡是将财政财务管理的有关规范与银行卡结算方式相结合所形成的一种新型财政财务管理工具和手段，是指预算单位工作人员持有的主要用于日常公务支出和财务报销业务的信用卡。公务卡是现代化的支付结算工具，具有使用简便、收支状况详细记录的优点。公务卡制度改革是国库集中支付制度改革的重要组成部分，但是，目前在改革推进过程中还存在着如使用率不高、公务消费与私人消费界限不明确等问题。应进一步扩大公务卡制度的实施范围，尤其是地方财政部门要积极研究制定并扩大公务卡结算目录所涵盖的内容，对于预算单位的差旅费、招待费和会议费等公务支出，具备刷卡条件的，要统一使用公务卡进行结算，切实提高公务卡的使用率。同时，要加强对公务卡的管理，加强信息技术建设，做到公务卡制度与国库单一账户体系的有机衔接，通过国库监控体系实现对预算单位公务卡消费信息的动态监控，提高预算单位资金使用的透明度，防止出现用公务卡进行私人消费的情况，解决财务报销过程中的制度漏洞。

　　(5) 加强信息系统建设，健全国库动态监控系统。国库动态监控系统是财政部门通过一定方式与代理银行联网，并利用代理银行的网络系统将财政资金支付信息实时传输到财政部门终端的综合计算机网络系统，系统按照确定的设计实施智能化监控。通过国库动态监控系统，可以对财政资金支付活动进行全过程的动态实时监控，预算单位的所有支付行为一经发生，就能反映在监控系统中，为有效规范预算执行提供了有力的技术支撑。同时，国库动态监控系统还可以设定相关的预警指标，对涉嫌违规的财政资金支付活动，如不符合规定的零余额账户资金横向划拨、超额提取备用金等行为，予以自动报警，便于及早发现问题及时进行处理。

按照国库管理改革的发展要求，必须要不断推进国库管理信息系统建设，进一步提高财政国库现代化信息管理水平。要实现国库、银行、预算单位之间信息传输的快速、安全、高效，必须要及时升级改造相关硬件软件设施，并在此基础上，尽快实现国库支付系统信息化软件的开发和各部门之间的联网。推进财政、央行、税务、国库之间的横向联网，实现财税库银的信息共享是我国进行财税体制改革、发展国库业务、实现国库职能的迫切要求。因此，要推进财政国库管理系统的一体化、标准化建设，保证国库集中收付改革的信息化建设真正实现。

第三节 规范支出执行的制度保障：规范化的政府采购

一、政府采购制度概述

（一）政府采购制度的科学内涵

政府采购是指各级政府及其他公共部门为了开展日常政务活动和为公众提供公共服务的需要，在财政的监督下，以法定的方式和方法从国内外市场上购买所需商品、工程及服务的一种经济行为。政府采购不仅是指具体的采购过程，而且也是采购政策、采购程序及采购管理的总称。

（二）政府采购的特点

我国政府采购有如下几个特点：

（1）采购主体的特殊性。政府采购的主体是使用财政性资金采购依法制定的集中采购目录以内的或者采购限额以上的货物、工程和服务的国家机关、事业单位和团体组织，也就是说政府采购主体是公共部门。《中华人民共和国政府采购法》（以下简称《政府采购法》）中称采购人。

（2）采购对象的广泛性。政府采购的对象从办公用品到军火武器，涉及货物（包括原材料、燃料、设备、产品等）、工程（包括建筑物和构筑物的新建、改建、扩建、装修、拆除、修缮等）和服务，无所不包，没有一个私营采购组织有如此宽泛的采购对象。

（3）采购资金的公共性。政府采购的资金来源是公共资金，即财政拨款和需要由财政偿还的公共借款。而这些资金的最终来源是纳税人的税收、政府债务收入和政府公共服务收费。而私人采购的资金来源是私有资金。这是政府采购的根本特点。

（4）采购活动的非营利性。政府采购的目的是满足公共需要，以有限的财政资金向公众提供最优质的公共产品和服务，不是为了获利。

（5）采购数量的规模性。在很多国家，政府采购在国民生产总值和财政支出中都占相当大的比重，政府采购金额占欧盟成员国 GDP 的 15% 左右，政府采购支出约占美国联邦预算支出的 30%。[①]

（6）采购依据的政策性。政府采购的主要目的是为了实现政府职能，提供社会公共产品和服务，因此，采购代理人在采购时不能体现个人偏好，必须遵循国家政策的要求，包括最大限度节约支出，购买本国产品等。

（7）采购程序的规范性。政府采购一般具有较大的透明度，采购程序、采购过程等都是公开的，政府采购人员及整个采购活动都要受财政、审计、社会的全方位监督。

（三）构建规范支出执行的政府采购制度的意义

1. 完善财政支出的宏观调控功能，加强财政支出管理

（1）改变财政支出宏观调控功能缺位问题。财政支出的宏观调控功能是否健全和完善，直接影响国民经济和社会发展目标落实情况及资源配置效果。

---

① 马海涛. 政府预算管理学 [M]. 上海：复旦大学出版社，2003.

在计划经济时期,有限的财政资源和社会物质产品,都是通过计划进行配置。在这种体制下,计划是实现政府宏观调控目标的主要方式,财政支出主要是为国民经济和社会发展计划提供资金保障。各行政事业单位完全依靠财政资金维护日常政务活动,政府依据国家确定的投资、产业发展计划,兴办公共事业,兴建国营企业或者为国营企业的生产和经营活动提供资金。改革开放后,随着经济体制改革的逐步深入,计划管理作用不断弱化,市场在资源配置中开始发挥主导性作用,企业所有制出现了多元化。在这种形势下,财政支出的功能仍然停留在提供资金保障上,财政支出的使用缺乏整体的政策目标,财政收入虽然每年大幅度增长,但仍难以满足支出需求,财政保障功能显得力不从心。与此同时,财政支出的使用与政府的政策目标衔接不够,在支持国内企业发展等方面没有发挥出应有的调控功能,经济效益和社会效益不高。

(2)改变"重预算、轻管理"的局面。在市场经济国家,为了有效地加强财政支出管理,将财政支出划分为转移支出和购买支出,并分别制定管理办法,建立各自运行机制。其中转移性支出实行财政转移支付制度,建立科学的分配和管理制度;采购支出实行政府采购制度,规范采购行为,提高财政资金的使用效益。

采购支出的执行方式是政府采购,由各行政事业单位依据政府采购制度,通过采购行为将货币转化为实物或者服务,从而实现预算规定用途,落实国民经济和社会发展计划。简单地说,采购支出与政府采购的关系是,只有预算中安排了采购支出,行政事业单位才能开展采购活动;政府采购是采购支出使用的表现形式,但必须按照规定用途开展采购活动。长期以来,我国对财政支出的管理重点放在支出分配上,对其使用管理重视不够,尤其是忽视了对政府采购的管理,割裂了预算分配与支出使用过程、货币与实物之间的有机联系,顾此失彼,导致资金使用效益低下。

(3)提高财政资金的使用效益。随着经济体制改革的深化,财政压力日益增大,财政赤字和债务规模呈快速增长之势。要缓解财政收支矛盾,增收节支是最基本方式，但还远远不够，必须注重支出的使用效益。否则，收入增长再快，也满足不了支出需要。传统的支出管理方式是粗放式的，往往是花了钱办不好事，要办好了事还得再花钱，导致资金严重浪费。根据西方国家经验，实行政府采购制度，促使了采购资金按预算用途使用，节约了项目资金，资金节约率一般在10%左右，是提高财政资金使用效益的有效方式。我国也要借鉴这种做法，在财政支出实施过程中引入竞争机制，获得政府采购的规模效益，用节约的资金减少赤字或偿还债务或增加采购项目，减轻财政负担。

2. 提高财政支出透明度，促进廉政建设

改革开放以来，反腐倡廉一直是我党在新时期加强党的建设的一项极其重要任务。造成腐败的原因是多方面的，其中，财政支出透明度不够是一个重要因素。在采购支出领域，由于对支出使用过程缺乏必要规范和透明度，在具体采购活动中，存在大量暗箱操作行为，对供应商及其商品或者服务选择、价格谈判等，往往是个人因素起决定作用，贪污、受贿、损公肥私现象比较普遍。一些部门和系统利用管理优势，搞不公平竞争，牟取团体利益。其结果是，质次价高的采购现象时有发生，浪费了有限的财政资源，容易滋生腐败现象，损害了党和政府的形象。

政府采购被誉为"阳光下的交易"，其核心是公开竞争，将竞争机制引入财政支出使用中，按照公开、公正和公平原则开展采购活动。在这种制度下，支出安排要向社会公众公开，供应商都能通过统一途径掌握财政安排的商业机会；政府采购活动要按照法定方式和程序进行，全面约束采购行为；财政监督强化，从事前、事中和事后全方位进行监督。因此，建立政府采购制度，提高政府采购活动的透明度，是我国新时期从源头上预防和治理腐败的必然要求。

3. 促进预算支出管理方式的转变

我国建立规范的政府采购制度以后，传统的政府采购将变化，总体上看改变了政府预算供给及管理方式。传统上财政对政府部门、公共事业单位及

其他方面的公共支出，一般采用货币供给方式，表现为满足政府各部门履行职能需要的资金，财政部门直接拨款到各预算单位，而各个预算单位履行职责所需的产品和服务，都由各单位自己采购。但是政府采购制度建立以后，明确规定各单位需要的有些产品将被纳入政府集中采购目录，或者一次采购金额超过政府采购制度规定的限额标准，必须通过事先编制政府采购预算，由政府采购管理部门统一计划，实行集中采购，并由财政部门直接向供应商供应货款。因此，政府采购制度的建立基本上改变了传统的财政部门只供给货币资金，不管理采购事物的状态，将财政支出管理直接延伸到了政府采购领域。这一转变具体表现在：

（1）集中采购和集中管理。即由分散采购、分散管理转变为适当集中采购、集中管理。传统的政府采购主要分散在各个不同的部门中，而每一个部门的采购又由部门内部若干个科室分别掌握。由于采购十分分散，采购的管理也同样处于分散状态。分散的采购和分散的管理，使采购中经常暴露监督管理困难、大量财政资源流失问题。正是基于此，新的政府采购制度，强调对一些特殊产品和大宗数额的采购实行集中采购。集中采购便于政府集中管理，更有利于社会各方面的集中监督。

（2）批量和规模采购。即由零星采购转变为批量、规模采购。传统的政府采购由于主要是分散进行的，不能形成批量采购，也就不能有效地提高政府采购效率。而集中采购制度建立以后，政府采购的批量就会随之扩大，采购批量扩大符合市场批量法则，其结果必然是大大提高政府采购的规模效益。

（3）范围广泛的采购。即由有限范围的采购转变为广泛范围的采购。传统的分散政府采购由于规模较小，不可能在很大空间范围内开展采购业务，也就不可能在更广范围内优选政府各单位所需要的工程、货物和服务。政府采购制度建立以后，对于集中采购的招标采购部分，国家规定必须在制定的媒体上发布招标公告，从而不仅可以将采购范围扩大到全国，同时还可以吸引任何有兴趣的国外供应商来参与本国的政府采购竞争，增强采购项目的竞争性。

(4)有竞争的采购。即由"一"对"一"的无竞争采购转变为"一"对"众"的竞争采购。传统的政府采购一般不采用招标等竞争采购方式,通常是政府部门直接对某一家供应商进行采购。而建立政府采购制度后,规定了大宗产品和服务采购的程序和方法,其中极为重要的内容就是发布采购公告,吸引大量的供应商参与对政府的销售竞争,从而使政府采购充分运用市场竞争法则。

(5)公开、公正、透明的采购。即由私下采购转变为公开、公正、透明的采购。传统政府采购主要是由各单位自己进行,信息不公开、采购过程不透明。结果常常会出现因暗箱操作而带来的种种问题。建立政府采购制度,要求政府采购公开信息、公开采购结果和采购记录,从而使政府采购走上"阳光"大道。

(6)内行和专家参与采购。即由外行采购转变为内行采购、专家采购。由于传统的政府采购大多是由各单位自己进行的零星分散购买,而单位从事这项业务的相关人员对某些工程、产品和服务,特别是一些现代化产品并不熟悉。因此采购的工程、产品和服务常常会存在这样或那样的问题。而实现政府采购规范化以后,因有专门或专业的采购人员专职负责采购,所以对产品、工程和服务的性能、质量、价格及售后服务有更深入、更全面地了解,使采购行为更能符合政府采购的要求。

(7)按法定程序和方式进行采购。即由无序的采购转变为按法定程序和方式进行的采购。传统的政府采购基本上处于无序的状态,各单位自行采购,没有法定程序,也没有统一规定采购方式,因此,采购随意性极大。政府采购制度化以后,政府各相关单位的采购将以法律为依据,按法定的程序和方法进行,使政府采购真正走上有序发展的轨道。

二、规范的政府采购制度框架

2014年12月31日国务院第75次常务会议审议通过了《中华人民共和国政府采购法实施条例》(以下简称《实施条例》),该《实施条例》与之前实行的《中华人民共和国政府采购法》共同为构建科学规范的政府采购制度奠定了法律基础。目前我国所实施的政府采购制度包括以下几个方面的内容：

（一）政府采购的基本方式

参考国际上的通行做法，政府采购的基本方式按照是否具备招标性质可分为两大类：招标采购和非招标采购。

1. 招标采购

招标采购是指通过招标的方式，邀请所有的或一定范围的潜在的供应商参加投标，采购人或采购代理机构通过某种事先确定并公布的标准从所有投标中评选出中标供应商，并与之签订合同的一种采购方式。达到一定金额以上的采购项目一般要求采用招标性采购方式。根据在招标过程中对供应商的选择范围不同，招标采购又有以下几种分类：

（1）按照招标公开的程度可分为公开招标采购、选择性招标采购和限制性招标采购。公开招标采购是指通过公开程序，邀请所有有兴趣的供应商参加投标；选择性招标采购是指通过公开程序，邀请供应商提供资格文件，只有通过资格审查的供应商才能参加后续招标，或者通过公开程序，确定特定采购项目在一定期限内的候选供应商，作为后续采购活动的邀请对象；限制性招标采购是指预先不通过刊登公告程序，直接邀请一家或两家以上的供应商参加投标。

（2）按投标人的范围可分为国际竞争性招标采购、国内竞争性招标采购、国际限制性招标采购和国内限制性招标采购。前两种分别指在国际和国内范围内通过公布招标公告邀请所有符合要求的供应商参加竞标；后两种则不发布公告，直接邀请国内外供应商参加。

2. 非招标采购

非招标采购是指除了招标采购方式以外的采购方式。非招标采购方法很多，主要有单一来源采购、竞争性谈判采购、国内或国外询价采购等。

（1）单一来源采购，即直接采购、无竞争采购，指达到了竞争性招标采购的金额标准，但所购商品的来源渠道单一，或属专利、首次制造、合同追加、原有项目的后续扩充等特殊情况，只能由一家供应商供货。

（2）竞争性谈判采购是指采购主体通过与多家供应商谈判，最后决定中标者的方法。适用于紧急情况（如招标后没有供应商投标等特殊情况）或涉及高科技应用产品和服务的采购。

（3）国内或国外询价采购，也称货比三家，指采购单位向国内或国外有关供应商发出询价单，在其报价的基础上进行比较确定中标者的采购方法。采购的货物规格、标准统一，现货货源充足且价格变化幅度小的政府采购项目，可采用询价方式采购。

此外，按采购规模分类，可分为小额采购、批量采购和大额采购；按招标阶段分类，可分为单阶段招标采购和两阶段招标采购等。

我国《政府采购法》规定，政府采购实行集中采购和分散采购相结合。纳入集中采购目录或在采购限额标准以上的政府采购项目实行集中采购。政府采购的主要方式采用公开招标、邀请招标、竞争性谈判、单一来源采购、询价采购等，其中主要的采购方式是公开招标。

《实施条例》对于采购方式进行了补充说明。其中包括：一是对采用公开招标以外的方式做出了明确的规定；二是对批量采购项目进行了说明；三是关于采取竞争性谈判方式采购中，采用招标所需时间不能满足用户紧急需要和不能事先计算出价格总额的情况进行了详细说明；四是关于采用单一来源方式采购中，只能从唯一供应商处采购的情形做了详细说明；五是对于以化整为零方式规避公开招标的行为进行了明确的说明。

（二）政府采购的一般程序

政府采购程序是指一个政府采购项目从一开始确定立项采购直至采购活动结束的整体运作过程。采购方式不同，采购程序也不完全一样。一般来说，政府采购程序主要包括以下几个阶段：

1. 确定采购需求

一定规模的采购需求由各采购人在编制部门预算时以政府采购预算的形式提出，报财政部门汇总，经预算审批程序并列入年度采购计划内才能执行。财政部门在审查各采购主体的采购需求时，既要考虑采购预算的限额，同时还要考虑各采购主体的采购需求的合理性，包括整体布局、产品原产地、采购项目的社会效益等，从源头上控制盲目采购、重复采购等问题。确定采购需求是整个采购过程中的一个非常关键的环节。

2. 预测采购风险

采购风险是指采购过程中可能出现的一些意外情况，包括支出增加、推迟交货、供应商的交货是否符合采购主体的要求等。这些情况都会影响采购预期目标的实现，因此，要在事先做好防范准备。

3. 选择采购方式

采购方式很多，恰当的采购方式可以节约采购时间和采购成本。我国《政府采购法》明确规定公开招标应作为政府采购的主要方式。

4. 资格审查

即对供应商的资格进行审查，只有合格的供应商才能参加政府采购竞标活动。供应商参加政府采购活动应当具备以下条件：（1）具有独立承担民事责任的能力；（2）具有良好的商业信誉和健全的财务会计制度；（3）具有履行合同所必需的设备和专业技术能力；（4）有依法缴纳税收和社会保障资金的良好记录；（5）参加政府采购活动前三年，在经营活动中没有重大违法记录；（6）法律、行政法规规定的其他条件。

5. 执行采购方式

一旦确定了采购方式，就必须按照已定采购方式的程序和要求操作，采购主体不得在执行过程中自行改变采购方式，若改变必须报有关部门批准，同时告知供应商。

6. 签订并履行采购合同

确定采购方式后就要严格按照既定的程序和要求操作，与供应商签订采购合同。被授予合同的供应商必须是合格的,即具有政府供货资格的供应商,要按照事先公布的评审标准对其进行资格审查。供应商签订合同时必须按照标准缴纳一定数额的履约保证金,作为对履约合同规定义务的必要保证。合同签订后,双方就要履行采购合同规定的权利和义务。

7. 采购验收和效果评估

在采购合同执行过程中或执行完毕后,采购主体以及有关管理部门、监督部门对采购项目的运行情况、效果进行评估,检验项目运行效果是否达到了预期目的,并判断采购主体的决策、管理能力以及供应商的履约能力,为以后办理政府采购业务积累相关信息。

三、规范有序的政府采购制度构建之路

(一) 我国政府采购制度的发展历程

与我国社会主义市场经济体制的建立相适应,我国政府采购制度构建于20世纪90年代中期,与国外多年的政府采购历史相比,我国政府采购事业只有十几年的历史。尽管我国政府采购发展只有短短十几年的时间,但是由于具有后发优势,发展步伐较快,按照这一时期的目标、重点、特征,可将我国政府采购发展划分为三个阶段,如表5-2所示。

表5-2 政府采购制度主要发展历程

时间	主要内容		成效
试点阶段 (1996~1998年)	上海市财政局按照国际政府采购规则,对上海市胸科医院采购双探头装置实行政府采购		标志着我国政府采购制度开始实行,此次试点彰显了政府采购制度的突出优势,节省了较大一笔采购费用
	中央层面	卫生部在中央单位率先开展了政府采购试点工作	政府采购节支效果明显
	地方层面	1998年10月,深圳市出台了《深圳特区政府采购条例》	

续表

时间	主要内容	成效
试点扩大阶段（1998~2003年）	2000年6月，财政部组建国库司，并在其下设立政府采购处，同时各地方也设立相应政府采购管理部门	进一步扩大了政府采购的规模和范围，推进了政府采购制度的规范化建设
	楼继伟主编的《政府采购》一书出版	标志着我国首部政府采购专著问世
	财政部陆续颁布了《政府采购管理暂行办法》《政府采购招投标管理暂行办法》《政府采购合同监督管理暂行办法》《政府采购品目分类表》《政府采购信息公告管理暂行办法》等一系列规章制度	使得政府采购工作有法可依，标志着我国政府采购工作的改革已经初步形成体系
	采购机构建立：各级财政部门成立集中采购机构	提高了政府采购工作的操作规范性
	采购方式确立：政府采购协议供货制度确立并推广	节约招标成本同时扩大公开招标占全部政府采购的比重
	2003年《政府采购法》颁布实施	保障了政府采购工作的规范性，加强了政府采购的宏观调控作用
国际化与规范化阶段（2003年至今）	政府采购范围逐步扩大，已经由单纯的货物类采购扩大到工程类采购和服务类采购	政府采购社会效益和经济效益日益显现
	财政部制定了《政府采购货物和服务招标投标管理办法》等30多个规章制度	初步建立了以《政府采购法》为统领的政府采购法律支付体系
	从2004年开始，财政部先后在扶持采购节能产品、环境标志产品、自主创新产品和保护国家信息安全产品等领域出台了政府采购制度	取得了明显的效果
	我国政府于2007年12月28日正式提交了加入GPA申请和初步出价清单，标志着政府采购走向国际	政府采购工作逐步与国际接轨
	2014年12月31日国务院第75次常务会议通过《中华人民共和国政府采购法实施条例》，政府采购制度逐步规范化	为进一步规范政府采购工作提供法律依据

1. 试点实行，逐步发展

（1）试点实行。我国政府采购制度改革试点始于1996年，始作俑者是上海市财政局，当年上海市财政局对上海市胸科医院购置医疗设备，运用国际政府采购规则实施招标，通过招标节省了一大笔外汇，初步显示了招标带来的好处。

（2）逐步发展。第一，规范性文件出台。1998年国务院进行了规模、力度空前的政府机构改革，有的政府职能被削弱，有的政府机构被撤并。但是，在此背景下，国务院却赋予财政部一项新的职能，即"拟定和执行政府采购政策"，这标志着在全国范围内推广政府采购制度，已经具备了法定的职能基础。财政部在起草《政府采购法》的同时，为了尽快使我国政府采购工作有章可循，于1999年及时颁布了《政府采购暂行办法》，为全国推行政府采购明确了框架。

第二，采购机构建立。在组织机构方面，各地除了明确在财政部门设立政府采购管理机构外，先后设置了政府采购的组织实施机构即集中采购机构，并且大多数设置在财政部门。2000年，财政部进一步明确国库司负责全国政府采购工作，并专门设立了政府采购处具体负责。与此同时，财政部推行的部门预算改革、国库集中支付改革等财政支出改革进展较快，也深化了政府采购制度改革，编制政府采购预算、政府采购资金国库直接支付纳入议事日程。

第三，采购方式确立。在探索政府采购的方式上，确立并推广了政府采购协议供货制度。该制度规定：由政府采购管理部门对供应商进行监管，这样既能节约招标成本，又能扩大公开招标占全部政府采购的比重，因此政府采购协议供货制度在全国范围迅速得到了推广。

2. 依法推进

我国《政府采购法》于2002年6月29日出台，自2003年1月1日起正式实行，这是我国财政体制改革和财政法制建设的一件大事，是政府采购法制建设所取得的重要成果。《政府采购法》确立一个较长时期内我国推行政府采购制度的基本框架，如规定了政府采购应遵循三公和诚信原则，采购方式以公开招标为主。针对推行政府采购制度初期各地普遍存在的管采不分的状况，该法明确规定应实行管采分离，为各地政府采购组织机构的规范化建设提供了法律依据。《政府采购法》正式实施之后，财政部以部门令的形式陆续颁布了《政府采购信息公告管理办法》等部门规章40多项，这标志着我国政府采购法律制度框架初步形成。

3. 国际化与规范化

（1）国际化阶段。2006年4月举行的第17届中美商贸联委会上，我国政府承诺，将于2007年底前启动加入世界贸易组织《政府采购协议》（WTO – GPA）谈判，随机组建了由23个部门参加的GPA研究工作组，研究GPA具体规则、GPA成员出价规律，评估我国产业状况，研究出价原则和基本思路。同时，我国政府于2007年12月28日正式提交了加入GPA申请和初步出价清单。

2008年1月中国政府向WTO递交了加入WTO – GPA申请书。财政部已于2013年11月初成立了GPA谈判工作领导小组，积极开展加入WTO – GPA谈判应对工作，按照国务院的统一部署，继续积极稳妥开展GPA谈判。

（2）规范化阶段。为了贯彻落实党的十八大、十八届三中全会、四中全会的重要精神，进一步深化改革，同时为了更好地落实《政府采购法》，2014年12月31日国务院第75次常务会议通过《中华人民共和国政府采购法实施条例》，自2015年3月1日起施行。《实施条例》的出台对于进一步促进政府采购的规范化、法制化，构建规范透明、公平竞争、监督到位、严格问责的政府采购工作机制具有十分重要的意义。

（二）政府采购制度的深化改革之路

我国政府采购制度经过多年的发展，经历了从无到有，从幼稚到成熟的发展阶段，其对促进国民经济健康、稳定地发展，发挥了重要的作用。然而，毕竟我国实施政府采购制度时间不久，政府采购活动过程中也出现了一些问题，基于此，进一步完善相关制度，对于构建科学有序的政府采购制度，具有十分重要的意义。

1. 准确把握政府采购管理改革与发展的总体思路

要深入贯彻党的十八大，十八届三中、四中、五中、六中全会精神，围绕落实"四个全面"战略布局，遵循建立现代财政制度要求，进一步深化政府采购制度改革，努力构建有利于结果导向的政府采购法律制度、政策体系、执行机制、监管模式，进一步推动政府采购管理从程序导向型向结果导向型的重大变革，进一步推进市场开放谈判，在加入GPA的道路上迈出新的步伐。为确保政府采购管理改革与发展的总体思路顺利落实，要重点把握好以下几个方面：

（1）构建相关法律制度体系，注重完善采购管理链条。以《政府采购法》及其《实施条例》为核心的政府采购法律制度体系，是政府采购制度改革的基础。政府采购制度建设的核心任务是，围绕《实施条例》，完善操作层面的制度，落实条例强化采购需求管理、加强履约验收等创新举措，尽快形成有利于公平竞争、规范管理和结果导向的制度体系。

一是加强采购需求管理。科学合理的采购需求既是采购活动的起点，也是保证采购结果满意度的前提。要研究制定相关管理办法，落实采购人的需求责任，引导采购人加强需求管理，进一步强化"先确定需求后竞争报价"的公平交易规则，推动实现"物有所值"的采购目标。

二是加强采购结果管理。建立采购履约验收和结果评价机制，是实现采购闭环管理的重要步骤。要进一步完善采购结果管理的制度建设，规范采购履约验收行为，加强采购评价结果的利用，对采购预算、采购需求及采购评审形成有效反馈，为政府采购信用体系建设提供支撑。

三是突出问题导向。根据改革实践需要，加快制定电子采购、涉密采购、代理机构管理、监督检查等急需的管理制度，研究完善政府购买服务、PPP采购等相关制度，加强针对性、指导性和可操作性，更好地解决实践中出现的问题。

（2）完善政府采购政策体系，更加注重政策实施效果。政府采购对特定对象的扶持，是为了实现一定的经济社会发展目标，以及更高层次的社会公平正义，为此牺牲局部公平是实现采购物有所值目标的应有之义，也是国际通行的做法。面对新常态下速度变化、结构优化、动力转换三大特点，按照"十三五"规划建议提出的五大发展理念，需要进一步研究政府采购层面的落实政策，增强针对性，精准发力，定向调控。

一是进一步明确政策支持重点。统筹经济社会和改革发展目标，完善政策顶层设计。着力健全优先使用创新产品、绿色产品的政府采购政策，进一步推动政府采购产业扶持政策在"双创"、科技创新、绿色低碳发展等领域发挥更大作用。制定政府采购支持云计算、大数据、"互联网+"及信息安全等相关政策，促进新技术、新产业、新业态蓬勃发展。针对保障和改善民生、扩大就业、促进残疾人就业、扶持少数民族企业等领域，研究完善政府采购政策措施。完善政府购买服务采购支持政策，培育和发展社会组织，推动事业单位和行业商会协会相关改革。

二是进一步丰富政策支持手段。创新调控手段及政策工具，增强政策实效性，使采购政策可执行、可预期、可评价。将采购政策支持措施的着力点从评审环节向采购需求制定、采购方式选择等前端延伸，加大采购需求标准、非招标采购方式等政策手段的应用。

三是进一步强化政策管理。明确和落实采购单位主体责任，增强采购单位执行采购政策的自觉性和主动性。加大政策实施检查与考核力度，注意利用内控机制、信息系统控制、大数据分析等手段，推动各项采购政策落到实处，促进政策的红包转化为发展的红利。

（3）完善政府采购执行机制，更加注重采购结果绩效。一是建立规范、高效、透明的采购执行机制。以内控制度建设和信息公开为抓手，推动采购活动更加规范高效透明。建立健全政府采购内控管理机制，对政府采购活动中的风险事项进行事前防范、事中控制和事后监督，推进政府采购优化流程、规范操作、高效执行。加强政府采购信息管理，落实好采购项目预算公开、采购文件公开、合同公开、政府采购预算安排及执行总体情况公开等新的信息公开要求，推动采购活动的全流程公开，以公开促规范，为政府采购工作释疑增信。

二是坚持抓大放小和成本效益原则，加强专业化和信息化，提高采购活动绩效。强化有利于提高效率的制度保障，调整规范政府采购的限额标准和公开招标数额标准，现行标准过低的要适当提高。正确处理集中与分散的关系，统筹考虑采购规模、采购项目特点和采购代理机构发展现状等因素，合理确定集中采购目录。指导采购人加强采购活动的计划性，及时做好采购需求等准备工作，保证采购活动执行顺畅。推动代理机构走专业化的发展道路，强化需求代理、合同拟定等专业能力，以专业化提升采购绩效。在政府采购活动中落实"互联网+"行动计划，增强信息化手段在政府采购活动中的应用，积极推行电子化采购，大力发展政府采购电子卖场。

（4）创新政府采购监督模式，更加注重采购放管结合。深入推进简政放权放管结合，寓监管于服务之中，是实现政府采购结果导向的重要机制保障。放管结合，既要放得开，又要管得住。

一是认真落实简政放权要求，进一步简化优化程序性审核流程，为采购单位提供高效服务。各级财政部门不得以任何形式对代理机构执业进行变相行政审批，不再对采购计划进行审批。放宽专家选择来源，通过制度调整将从专家库外选择专家的管理权限下放给主管预算单位。采购方式变更、进口产品等审批审核事项要实行限时办结制度，并尽可能简化申报要求，积极探索采用一揽子审批、"统一论证、集中批复"等方式提高工作效率。

二是着眼监管效果，积极改进监管方式，创新监管手段。要探索建立常态化监督检查机制，把监督检查作为政府采购监管工作的重要一环，制定和落实检查计划。按照"宽进严管"的要求，重点加强对代理机构执业情况的检查，根据工作需要适时开展政府采购信息公开、采购政策执行情况等专项检查。创新检查方法，建立"双随机"抽查机制，科学确定抽查对象，合理确定随机抽查比例和频次，保证抽查覆盖面及均衡性。探索通过向律师事务所等社会组织购买检查服务，解决现有监管力量不足的问题，逐步培养社会化的专业检查力量。

三是认真做好政府采购投诉举报处理工作，依法查处采购活动中的违法违规行为。加强与审计部门的协作，明确各自监管和检查的重点，形成监管合力。加强采购活动中供应商、采购代理机构和评审专家的信用信息记录，实现与社会信用体系的信息共享，推动建立守信激励失信惩戒的工作机制。

2. 着力抓好重点工作任务的落实

（1）根据《政府采购法》及其《实施条例》，加强相关配套制度建设。《实施条例》的制定实施，是政府采购法制建设进程中具有里程碑意义的一件大事，标志着我国加快建立全面规范、公开透明的政府采购制度迈出了更加坚实的一步。认真贯彻落实《实施条例》有关要求，是当前政府采购工作的一项重要任务。《实施条例》进一步健全了政府采购法规体系，为政府采购制度建设确立了工作目标。要按照《实施条例》的要求，对政府采购各项法规制度抓紧进行清理修订、细化补充、填补制度空白，夯实政府采购制度基础。

（2）着力加强政府采购内控建设。建立和实施政府采购内部控制机制，是十八届四中全会的明确要求，对政府采购各相关主体落实党风廉政主体责任、提升管理水平、推进依法采购具有重要意义。要高度重视政府采购内控建设，抓紧制定政府采购内控建设指导意见。

一是明确防控重点。要督促采购人和代理机构，对政府采购执行的全部流程和环节进行梳理细化，加强风险识别和分析，全面查摆、不留死角。在全面梳理的基础上，重点针对政府采购活动中多发、易发的违法违规问题，紧紧抓住需求和评审规则制定、开标评标及评审、合同订立及履约验收、信息公开等关键环节，严控各类风险。

二是强化内控措施。要指导采购人和代理机构，综合运用不相容岗位或职责分离、授权控制、流程控制、信息系统控制等常规内控方法，探索建立单位内部采购归口管理、重大采购事项内部会商、专家咨询和公众参与等行业特色内控机制，提升内控管理水平。

三是加强监督问责。要将内控机制建设任务分解细化，并制定任务分工和工作计划，督促采购人和代理机构严格落实。要将内控机制建设及任务落实情况作为政府采购监督检查及工作考核的重点内容,定期进行检查并通报有关情况,确保内控建设工作落实到位。

(3)着力推进政府采购信息化建设。从政府采购改革实践来看,政府采购信息化建设已明显落后于财政信息化建设的整体发展,也是政府采购工作的短板和薄弱环节,严重制约了改革推进、效能提升和监管创新。推进信息化建设、夯实政府采购技术支撑,是新时期推动政府采购管理改革与发展、创新采购监管手段的重要基础性工作。各级财政部门要将政府采购信息化建设工作纳入财政信息化建设的总体部署,统一规划、整体安排、协调推进。

一是进一步加强政府采购信息化规划研究、组织实施、人员投入和经费保障,推动政府采购信息化建设换挡提速、弯道超车。

二是加快政府采购管理交易系统实施推广,实现政府采购监督管理与执行交易各环节协调联动、闭环运行,逐步推动所有政府采购项目纳入系统管理,加强政府采购信息资源开放共享和大数据分析。

三是大力加强中国政府采购网建设,实现采购信息服务"一站式"聚合,开辟微博、微信、客户端等新媒体信息服务渠道,进一步提升政府采购的传播力、影响力、公信力。

四是完善政府采购电子交易平台建设标准,进一步加强政府采购管理交易系统与部门预算、国库集中支付、资产管理等信息系统的衔接贯通,不断提高财政支出综合监管水平。

(4)着力推进公共资源交易平台整合工作。整合建立统一的公共资源交易平台,是国务院推进政府职能转变、促进公共资源阳光交易、防止公共资源交易碎片化的重要举措。要落实国务院办公厅《整合建立统一的公共资源交易平台工作方案》,财政部制发了相关工作通知。各地财政部门要认真学习领会国办文件和财政部相关通知的精神,落实好相关工作要求。

一是加强部门协调,积极参与制定本地区公共资源交易平台整合的具体实施方案,以整合共享资源、统一制度规则、创新体制机制为重点,坚持公共资源交易平台的公共服务职能定位及以电子化平台为主的转变方向,推进公共资源交易法制化、规范化、透明化。

二是以公共资源交易平台整合为契机，按照有关职能分工，统一政府采购交易规则体系，完善政府采购管理交易系统技术标准，推进政府采购管理交易系统、场所、评审专家等资源整合，实现与公共资源交易平台的信息共享，努力做到"网下无交易，网上全公开"。

三是依法加强政府采购监督管理，严格履行法定监管职责，对政府采购活动中违法设置审批事项、以备案名义变相实施审批、干预交易主体自主权等违法违规行为坚决予以纠正。

第四节 规范预算执行的制度基础：政府会计与财务报告

政府会计作为确认、计量、记录和报告预算及其执行情况的会计，是一个收集和传达政府财政状况信息的制度，是政府预算信息的神经系统，信息疏通则政府财务运作自如，信息堵塞则使政府运转有瘫痪之险。如果政府不能对财政收支规模、类型和资金流向及流量做出明确记录，那么财政资金使用的合规性，财政资金使用的效率、效果和效益就难以有效衡量。政府会计在规范政府和行政事业单位合规高效使用纳税人资金，提高财政透明度等方面，均发挥着重要的技术支撑作用。

一、政府会计的内涵与构成

（一）政府会计的内涵

根据国际会计准则委员会的规定，政府会计是指用于确认、计量、记录和报告政府和事业单位财务收支活动及其受托责任的履行情况的会计体系。

由于各个国家的政治经济体制和管理体制不同，政府会计的内涵也有一定差别。按照国内学界相关学者的观点，政府会计是一门用于确认、计量、记录政府受人民委托管理国家公共事务和国家资源、国有资产的情况，报告政府公共财务资源管理的业绩及履行受托责任情况的专门会计。

(二) 政府会计的构成

1. 政府预算会计和政府财务会计

按照《政府会计准则——基本准则》（中华人民共和国财政部令第78号）的规定，政府会计由政府预算会计和政府财务会计构成，政府预算会计实行收付实现制，政府财务会计实行权责发生制。在政府会计体系中，政府预算会计和政府财务会计互有分工，又相互补充。政府预算会计主要反映和监督预算收支执行情况的专业会计，是以收付实现制为基础对政府会计主体预算执行过程中发生的全部收入和全部支出进行会计核算。政府财务会计主要反映和监督政府会计主体财务状况、运行情况和现金流量等的专业会计，是以权责发生制为基础对政府会计主体发生的各项经济业务或者事项进行会计核算。

2. 总预算会计与单位预算会计

按照会计主体的不同，政府会计体系由财政总预算会计、单位预算会计（行政单位、事业单位）和参与预算执行的国库会计、收入征解会计等构成。总预算会计是反映、监督政府预算执行和财政周转金等各项财政性资金活动的专业会计，会计主体是各级政府，由各级政府财政部门代为核算。总预算会计的主要职责是进行会计核算，反映预算执行，实行会计监督，参与预算管理，合理调度资金。按照我国《中华人民共和国宪法》和《预算法》的规定，我国由五级政府构成，国家实行一级政府一级预算，设立中央，省、自治区、直辖市，设区的市、自治州，县、自治县、不设区的市、市辖区，乡、民族乡、镇五级预算。相应总预算会计也由中央、省级、地市级、县级、乡镇级五级总预算会计构成（见图5-1）。

总预算会计的基本任务包括：(1)处理总预算会计的日常核算事务。办

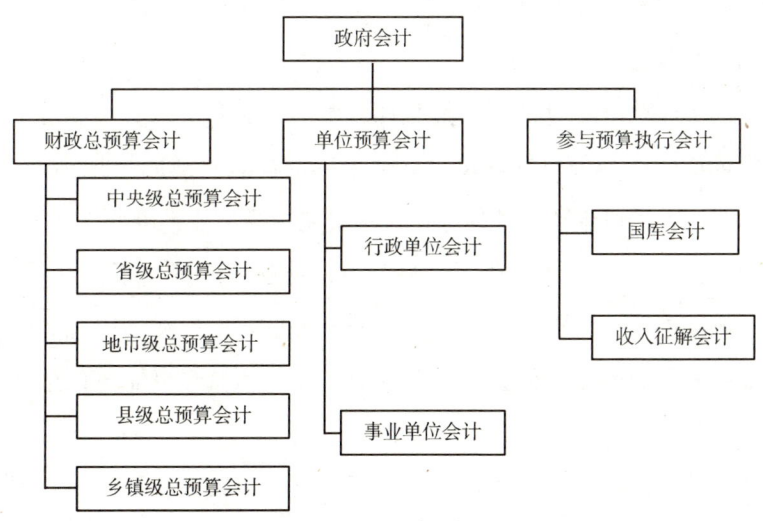

图5-1 中国现行政府会计制度体系

理财政各项收支、资金调拨及往来款项的会计核算工作；及时组织年度政府决算、行政事业单位预算的编审和汇总工作，进行上下级财政之间的年终结算工作。(2) 调度财政资金。根据财政收支的特点，妥善解决财政资金库存和用款单位需求的矛盾，在保证按计划及时供应资金的基础上，合理调度资金，提高资金使用效益。(3) 实行会计监督，参与预算管理。通过会计核算和反映，提出预算执行情况分析，并对总预算、部门预算和单位预算的执行实施会计监督。(4) 协调参与预算执行的国库会计、收入征解会计等之间的业务关系，共同做好预算执行的核算、反映和监督工作。

单位预算会计是指执行单位预算，办理单位预算收支的专业会计。按单位的性质不同，具体又分为行政单位会计和事业单位会计。由于单位预算是同级总预算的组成部分，因此，行政单位预算会计和事业单位预算会计是同级总预算会计的分支和组成部分。

行政单位是指进行国家行政管理、组织经济建设和文化建设、维护社会公共秩序的单位，主要包括国家权力机关、行政机关、司法机关、检察机关，以及实行预算管理的其他机关、政党组织等。行政单位从事行政公务活动的资金，来源于国家预算资金。行政单位会计用于核算、反映和监督行政单位资金运动的专业会计。

我国的事业单位一般是指不具有社会生产职能和国家管理职能，从事非物质财富创造或社会公益性活动，并通过其活动直接或间接地为社会发展、生产建设和改善人民生活服务的单位。主要包括经济建设事业，文教、科学、卫生事业、社会福利救济事业等。事业单位从事各项社会事业活动的资金，一部分来源于国家预算资金，另一部分来源于事业单位在国家规定的范围内取得的业务收入。事业单位会计用于核算、反映和监督事业单位全部资金运动的专业会计。

在预算资金的收缴、拨付过程中，还涉及人民银行和税务部门等相关机构，因此，还需要国库会计和收入征解会计的核算支撑。国库会计是运用银行会计核算方法，对预算收入、支出、退付、划拨、清算等资金运动进行真实、准确、及时、全面地确认、计量、记录和报告，确保国库资金的安全与完整，促进预算的顺利执行。在整个会计体系中，国库会计兼具预算会计和银行会计的双重属性。收入征解会计也称作税务会计，是国家预算会计的组成部分，是税务机关核算税收收入，反映和监督税款的征收、解缴、入库和提退情况的税务资金运动的专业会计，体现了税务机关和国家金库的关系，是属于国家政府会计范畴的一门专业会计。

二、政府会计要素

政府会计由政府预算会计和财务会计构成，因此，政府会计要素由预算收入、预算支出和预算结余3个预算会计要素，以及资产、负债、净资产、收入和费用5个财务会计要素构成。

（一）政府预算会计要素

1. 预算收入

预算收入是指政府会计主体在预算年度内依法取得的并纳入预算管理的

现金流入。预算收入一般在实际收到时予以确认,以实际收到的金额计量。

2. 预算支出

预算支出是指政府会计主体在预算年度内依法发生并纳入预算管理的现金流出。预算支出一般在实际支付时予以确认,以实际支付的金额计量。

3. 预算结余

预算结余是指政府会计主体预算年度内预算收入扣除预算支出后的资金余额,以及历年滚存的资金余额。预算结余包括结余资金和结转资金。结余资金是指年度预算执行终了,预算收入实际完成数扣除预算支出和结转资金后剩余的资金。结转资金是指预算安排项目的支出年终尚未执行完毕或者因故未执行,且下年需要按原用途继续使用的资金。

(二) 政府财务会计要素

1. 资产

资产是指政府会计主体过去的经济业务或者事项形成的,由政府会计主体控制的,预期能够产生服务潜力或者带来经济利益流入的经济资源。服务潜力是指政府会计主体利用资产提供公共产品和服务以履行政府职能的潜在能力。经济利益流入表现为现金及现金等价物的流入,或者现金及现金等价物流出的减少。

2. 负债

负债是指政府会计主体过去的经济业务或者事项形成的,预期会导致经济资源流出政府会计主体的现时义务。现时义务是指政府会计主体在现行条件下已承担的义务。未来发生的经济业务或者事项形成的义务不属于现时义务,不应当确认为负债。

3. 净资产

净资产是指政府会计主体资产扣除负债后的净额。

4. 收入

收入是指报告期内导致政府会计主体净资产增加的、含有服务潜力或者经济利益的经济资源的流入。收入的确认应当同时满足以下条件：（1）与收入相关的含有服务潜力或者经济利益的经济资源很可能流入政府会计主体；（2）含有服务潜力或者经济利益的经济资源流入会导致政府会计主体资产增加或者负债减少。

5. 费用

费用是指报告期内导致政府会计主体净资产减少的、含有服务潜力或者经济利益的经济资源的流出。费用的确认应当同时满足以下条件：（1）与费用相关的含有服务潜力或者经济利益的经济资源很可能流出政府会计主体；（2）含有服务潜力或者经济利益的经济资源流出会导致政府会计主体资产减少或者负债增加；（3）流出金额能够可靠地计量。

三、政府会计的确认基础和计量

（一）政府预算会计确认基础

政府预算会计是指以收付实现制为基础对政府会计主体预算执行过程中发生的全部收入和全部支出进行会计核算，主要反映和监督预算收支执行情况的会计。

收付实现制，是指以现金的实际收付为标志来确定本期收入和支出的会计核算基础。凡在当期实际收到的现金收入和支出，均应作为当期的收入和支出；凡是不属于当期的现金收入和支出，均不应当作为当期的收入和支出。按照《行政单位会计制度》的规定，行政单位会计实行收付实现制。假定某行政单位于2016年7月出租一台设备，租期半年，但到2017年1月才收到租金。按收付实现制，这笔租金收入应记入2017年1月会计期间，而不管赚取收入的活动是在什么时候完成的。由于收付实现制未收取现金的收入和未支付现金的费用，均不列入当期损益，也不入账，所以不能公正地反映会计主体各期的经营成果。而行政单位不以追求营利为主要目标，所以行政单位会计基础是收付实现制。

(二) 政府财务会计确认基础

政府财务会计是指以权责发生制为基础对政府会计主体发生的各项经济业务或者事项进行会计核算,主要反映和监督政府会计主体财务状况、运行情况和现金流量等的会计。

权责发生制,是指以取得收取款项的权利或支付款项的义务为标志来确定本期收入和费用的会计核算基础。凡是当期已经实现的收入和已经发生的或应当负担的费用,无论款项是否收付,都应当作为当期的收入和费用;凡是不属于当期的收入和费用,即使款项已在当期收付,也不应当作为当期的收入和费用。假定某会计主体于2016年7月出租一台设备,租期半年,但到2017年1月才收到租金。按权责实现制,这笔租金收入应记入2016年7~12月的会计期间,而不是记入到2017年1月会计期间。权责发生制是我国企业会计确认、计量和报告的基础,事业单位的经营性业务的会计确认基础也可以采取权责发生制。

(三) 政府会计的计量

1. 政府资产的计量属性

政府资产的计量属性主要包括历史成本、重置成本、现值、公允价值和名义金额。

(1) 历史成本法。亦称原始成本原则或实际成本原则,是指对会计要素的记录,应以经济业务发生时的取得成本为标准进行计量计价。按照会计要素的这一计量要求,资产的取得、耗费和转换都应按照取得资产时的实际支出进行计量计价和记录。

(2) 重置成本法。就是在现实条件下重新购置或建造一个全新状态的评估对象,所需的全部成本减去评估对象的实体性陈旧贬值、功能性陈旧贬值和经济性陈旧贬值后的差额,以其作为评估对象现实价值的一种评估方法。

资产的实体性陈旧贬值指由于资产在使用过程中磨损和自然损耗所造成的资产贬值,它属于有形损耗;资产的功能性陈旧贬值是指资产由于技术相对落后、设备功能陈旧所造成的贬值;资产的经济性陈旧贬值是指资产本身的外部影响造成的价值损失,主要表现为运营中的设备利用率下降,甚至闲置,并由此引起设备的运营收益减少。经济性贬值可分为以下几类:一是生产能力相对过剩引起的经济性贬值;二是生产要素提价,产品售价没有提高引起的经济性贬值;三是缩短资产的使用寿命引起的经济性贬值。

(3) 现值法。它是西方长期投资决策的流行方法,即可以用它来评判一个项目可行与否,又可以用它在两个以上可行方案中评判出较优者。把对比的各方案,在其整个经营期内不同时期的费用和收益,按一定的报酬率,利用年金现值系数转化成"n=0"时的现值之和,在等值的现值基础上比较方案的优劣,这种方法叫现值法。

(4) 公允价值法。公允价值亦称公允市价、公允价格,是无关联的双方在公平交易的条件下一项资产可以被买卖或者一项负债可以被清偿的成交价格。在公允价值计量下,资产和负债按照在公平交易中,熟悉情况的交易双方自愿进行资产交换或者债务清偿的金额计量。

(5) 名义金额法。名义金额是在公允价值无法确定,这个经济事项又确实存在,给资产一个金额,通常是人民币1元,让资产在账上有体现,不然会出现疏漏,带来资产流失。

政府会计主体在对资产进行计量时,一般应当采用历史成本法。采用重置成本、现值、公允价值计量的,应当保证所确定的资产金额能够持续、可靠计量。在历史成本计量下,资产按照取得时支付的现金金额或者支付对价的公允价值计量。在重置成本计量下,资产按照现在购买相同或者相似资产所需支付的现金金额计量。在现值计量下,资产按照预计从其持续使用和最终处置中所产生的未来净现金流入量的折现金额计量。在公允价值计量下,资产按照市场参与者在计量日发生的有序交易中,出售资产所能收到的价格计量。无法采用上述计量属性的,采用名义金额(即人民币1元)计量。

2. 政府负债的计量属性

政府负债的计量属性主要包括历史成本、现值和公允价值。

政府会计主体在对负债进行计量时，一般应当采用历史成本。采用现值、公允价值计量的，应当保证所确定的负债金额能够持续、可靠计量。

（1）历史成本法。在历史成本计量下，负债按照因承担现时义务而实际收到的款项或者资产的金额，或者承担现时义务的合同金额，或者按照为偿还负债预期需要支付的现金计量。

（2）现值法。在现值计量下，负债按照预计期限内需要偿还的未来净现金流出量的折现金额计量。

（3）公允价值法。在公允价值计量下，负债按照市场参与者在计量日发生的有序交易中，转移负债所需支付的价格计量。

四、政府会计的功能

（一）监控预算执行过程的合规性

从预算会计系统中产生的关于拨款和拨款使用情况的信息，是政府财政、国库等核心部门与为数众多的支出机构实施有效监控预算执行过程，确保预算执行合规性的前提条件。在任何国家，支出机构和核心部门都需要了解预算执行过程的实际收入、支出去向与数额、收支进度等重要信息，并将这些信息与预算数据进行对比，寻找差异信息、分析差异的性质、导致差异的原因等，以便及时采取相应的调控措施，确保预算得以正确执行。

（二）提高政府财政透明度

按照国际货币基金组织《财政透明度手册》的界定，财政透明度是指"政府向公众公开政府结构和职能、财政政策目标、公共部门账户和财政预测等信息的程度"①。其中核算与报告政府资产与负债是实现财政透明度的核心。政府会计系统通过核算与披露政府资产、负债与净资产等相关信息，为公众及相关群体全面理解政府可控资产总量与构成，以及负债、承诺以及应承担的社会义务的规模与结构等提供至关重要的基础性数据，据以正确评价政府的履责能力与持续性，提高财政透明度。

（三）评价政府绩效，解释政府公共受托责任

政府会计是帮助政府履行和解释政府公共受托责任的重要手段和途径。其中绩效性受托责任指政府履责所取得的业绩及与其所耗费公共资源之间的配比关系是否符合经济性、效率性和效果性的要求。政府会计系统核算与披露政府收入与取得代价配比，费用与部门、项目、服务间的投入与产出配比等相关信息，为公众及相关群体评价政府工作绩效、解释公共受托责任提供信息途径。

五、政府会计报告

会计报告是报告主体对一定会计期间财务活动乃至整个报告主体各项活动所进行的系统全面的总结和报告，是为满足外部使用者共同的信息需求而编制的。政府会计报告由政府决算报告和政府财务报告构成。

（一）政府决算报告

政府决算报告是综合反映政府会计主体年度预算收支执行结果的文件。政府决算报告的编制主要以收付实现制为基础，以预算会计核算生成的数据为准。政府决算报告包括决算报表和其他应当在决算报告中反映的相关信息和资料。

---

① IMF. Manual on Fiscal Transparency (2007). IMF Multimedia Services Division.

（二）政府财务报告

政府财务报告是反映政府会计主体某一特定日期的财务状况和某一会计期间的运行情况和现金流量等信息的文件。政府财务报告的编制主要以权责发生制为基础，以财务会计核算生成的数据为准。

政府财务报告包括政府综合财务报告和政府部门财务报告。政府综合财务报告是指由政府财政部门编制的，反映各级政府整体财务状况、运行情况和财政中长期可持续性的报告；政府部门财务报告是指政府各部门、各单位按规定编制的财务报告。

（三）政府综合财务报告

政府综合财务报告包括会计报表、报表附注、财政经济分析、政府财政财务管理情况等。会计报表主要包括资产负债表、收入费用表及当期盈余与预算结余差异表等。

1. 资产负债表

资产负债表重点反映政府整体年末财务状况。资产负债表应当按照资产、负债和净资产分类分项列示。其中，资产应当按照流动性分类分项列示，包括流动资产、非流动资产等；负债应当按照流动性分类分项列示，包括流动负债、非流动负债等。

2. 收入费用表

收入费用表重点反映政府整体年度运行情况。收入费用表应当按照收入、费用和盈余分类分项列示。

3. 当期盈余与预算结余差异表

当期盈余与预算结余差异表重点反映政府整体权责发生制基础当期盈余与现行会计制度下当期预算结余之间的差异。

4. 报表附注

报表附注重点对会计报表作进一步解释说明，一般应当按照下列顺序披露：(1) 报表的编制基础、遵循政府会计准则和会计制度的声明；(2) 报表涵盖的主体范围；(3) 重要会计政策和会计估计；(4) 报表中重要项目的明细资料和进一步说明，包括政府重要资产转让及其出售情况、重大投资、融资活动等；(5) 或有和承诺事项、资产负债表日后重大事项的说明；(6) 与政府履职和财务情况密切相关的经济业务或事项的说明，包括政府储备资产、公共基础设施、保障性住房、政府持有的企业的出资人权益等；(7) 需要说明的其他事项。

5. 政府财政经济分析

政府财政经济分析包括财务状况分析、运行情况分析、财政中长期可持续性分析等。政府财政财务管理情况，主要反映政府财政财务管理的政策要求、主要措施和取得成效等。其中：(1) 政府财务状况分析主要包括：资产方面，重点分析政府资产的构成及分布，对于货币资产、政府对外投资、政府储备资产、公共基础设施、保障性住房等重要项目，分析各资产比重变化趋势以及对于政府偿债能力和公共服务能力的影响。负债方面，重点分析政府债务规模大小、债务结构以及发展趋势。通过政府资产负债率、债务率等指标，分析政府当期及未来中长期债务风险情况。(2) 政府运行情况分析主要包括：收入方面，重点分析政府收入规模、结构及来源分布、重点收入项目的比重及变化趋势，特别是宏观经济运行、相关行业发展、税收政策、非税收入政策等对政府收入变动的影响。费用方面，重点按照经济分类分析政府费用规模及构成，特别是政府投融资情况对政府费用变动的影响。通过政府收入费用率等指标，分析政府运行效率。(3) 财政中长期可持续性分析主要包括：基于当前政府财政财务状况和运行情况，结合本地区经济形势、重点产业发展趋势、财政体制、财税政策、社会保障政策等，全面分析政府未来中长期收入支出变化趋势、预测财政收支缺口以及相关负债占GDP比重等。

（四）政府部门财务报告

政府部门财务报告是由各部门负责编制，合并本部门所属单位的财务报表,以资产负债表、收入费用表等财务报表为主要内容的反映本部门整体财务状况、运行情况和财政中长期可持续性的财务报告。部门财务报告保证报告信息的真实性、完整性及合规性,并接受审计部门审计。部门财务报告及其审计报告应报送本级政府财政部门,并按规定向社会公开。政府各部门利用财务报告反映的信息,加强对部门资产状况、债务风险、成本费用、预算执行情况的分析,促进预算管理、资产负债管理和绩效管理有机衔接。政府部门财务报告包括会计报表、报表附注、财务分析等。会计报表主要包括资产负债表、收入费用表及当期盈余与预算结余差异表等。

1. 资产负债表

资产负债表重点反映政府部门年末财务状况。资产负债表应当按照资产、负债和净资产分类分项列示。其中,资产应当按照流动性分类分项列示,包括流动资产、非流动资产等;负债应当按照流动性分类分项列示,包括流动负债、非流动负债等。

2. 收入费用表

收入费用表重点反映政府部门年度运行情况。收入费用表应当按照收入、费用和盈余分类分项列示。

3. 当期盈余与预算结余差异表

当期盈余与预算结余差异表重点反映政府部门权责发生制基础当期盈余与现行会计制度下当期预算结余之间的差异。

4. 报表附注

报表附注重点对财务报表作进一步解释说明,一般应当按照下列顺序披露:(1)报表的编制基础、遵循政府会计准则和会计制度的声明;(2)报表涵盖的主体范围;(3)重要会计政策和会计估计;(4)报表中重要项目的明细资料和进一步说明;(5)或有和承诺事项、资产负债表日后重大事项的说明;(6)部门及所属单位代表政府管理的有关经济业务或事项的说明,包括政府储备资产、公共基础设施、保障性住房等;(7)需要说明的其他事项。

5. 财务分析

政府部门财务分析主要包括资产负债状况分析、运行情况分析、相关指标变化情况及趋势分析等。

六、中国权责发生制政府综合财务报告改革方案

2014年《预算法》第九十七条规定："各级政府财政部门应当按年度编制以权责发生制为基础的政府综合财务报告,报告政府整体财务状况、运行情况和财政中长期可持续性,报本级人民代表大会常务委员会备案。"2014年12月31日,国务院批转财政部《权责发生制政府综合财务报告制度改革方案》(国发〔2014〕63号),为到2020年中国政府会计改革确定了明确的路线图和时间表。

(一) 权责发生制政府综合财务报告改革主要任务

1. 建立健全政府会计核算体系

推进财务会计与预算会计适度分离并相互衔接,在完善预算会计功能基础上,增强政府财务会计功能,夯实政府财务报告核算基础,为中长期财政发展、宏观调控和政府信用评级服务。

2. 建立健全政府财务报告体系

政府财务报告主要包括政府部门财务报告和政府综合财务报告。政府部门编制部门财务报告,反映本部门的财务状况和运行情况;财政部门编制政府综合财务报告,反映政府整体的财务状况、运行情况和财政中长期可持续性。

3. 建立健全政府财务报告审计和公开机制

政府综合财务报告和部门财务报告按规定接受审计。审计后的政府综合财务报告与审计报告依法报本级人民代表大会常务委员会备案,并按规定向社会公开。

4. 建立健全政府财务报告分析应用体系

以政府财务报告反映的信息为基础，采用科学方法，系统分析政府的财务状况、运行成本和财政中长期可持续发展水平。充分利用政府财务报告反映的信息，识别和管理财政风险，更好地加强政府预算、资产和绩效管理，并将政府财务状况作为评价政府受托责任履行情况的重要指标。

（二）权责发生制政府综合财务报告改革具体内容

1. 建立政府会计准则体系和政府财务报告制度框架体系

（1）制定政府会计基本准则和具体准则及应用指南。基本准则用于规范政府会计目标、政府会计主体、政府会计信息质量要求、政府会计核算基础，以及政府会计要素定义、确认和计量原则、列报要求等原则事项。基本准则指导具体准则的制定，并为政府会计实务问题提供处理原则。具体准则依据基本准则制定，用于规范政府发生的经济业务或事项的会计处理，详细规定经济业务或事项引起的会计要素变动的确认、计量、记录和报告。应用指南是对具体准则的实际应用作出的操作性规定。

（2）健全完善政府会计制度。政府会计科目设置实现预算会计和财务会计双重功能。预算会计科目准确完整反映政府预算收入、预算支出和预算结余等预算执行信息，财务会计科目全面准确反映政府的资产、负债、净资产、收入、费用等财务信息。条件成熟时，推行政府成本会计，规定政府运行成本归集和分摊方法等，反映政府向社会提供公共服务支出和机关运行成本等财务信息。

（3）制定政府财务报告编制办法和操作指南。政府财务报告编制办法对政府财务报告的主要内容、编制要求、报送流程、数据质量审查、职责分工等作出规定。政府财务报告编制操作指南应当对政府财务报告编制和财务信息分析的具体方法等作出规定。

（4）建立健全政府财务报告审计和公开制度。政府财务报告审计制度对审计的主体、对象、内容、权限、程序、法律责任等作出规定。政府财务报告公开制度对政府财务报告公开的主体、对象、内容、形式、程序、时间要求、法律责任等作出规定。

2. 编报政府部门财务报告

（1）清查核实资产负债。各部门、各单位按照统一要求有计划、有步骤清查核实固定资产、无形资产以及代表政府管理的储备物资、公共基础设施、企业国有资产、应收税款等资产，按规定界定产权归属、开展价值评估；分类清查核实部门负债情况。清查核实后的资产负债统一按规定进行核算和反映。

（2）编制政府部门财务报告。各单位在政府会计准则体系和政府财务报告制度框架体系内，按时编制以资产负债表、收入费用表等财务报表为主要内容的财务报告。各部门合并本部门所属单位的财务报表，编制部门财务报告。

（3）开展政府部门财务报告审计。部门财务报告保证报告信息的真实性、完整性及合规性，接受审计。

（4）报送并公开政府部门财务报告。部门财务报告及其审计报告报送本级政府财政部门，并按规定向社会公开。

（5）加强部门财务分析。各部门充分利用财务报告反映的信息，加强对资产状况、债务风险、成本费用、预算执行情况的分析，促进预算管理、资产负债管理和绩效管理有机衔接。

3. 编报政府综合财务报告

（1）清查核实财政直接管理的资产负债。财政部门清查核实代表政府持有的相关国际组织和企业的出资人权益；代表政府发行的国债、地方政府债券，举借的国际金融组织和外国政府贷款、其他政府债务以及或有债务。清查核实后的资产负债统一按规定进行核算和反映。

（2）编制政府综合财务报告。各级政府财政部门合并各部门和其他纳入合并范围主体的财务报表，编制以资产负债表、收入费用表等财务报表为主要内容的本级政府综合财务报告。县级以上政府财政部门要合并汇总本级政府综合财务报告和下级政府综合财务报告，编制本行政区政府综合财务报告。

（3）开展政府综合财务报告审计。政府综合财务报告保证报告信息的真实性、完整性及合规性，接受审计。

（4）报送并公开政府综合财务报告。政府综合财务报告及其审计报告，依法报送本级人民代表大会常务委员会备案，并按规定向社会公开。

（5）应用政府综合财务报告信息。政府综合财务报告中的相关信息可作为考核地方政府绩效、分析政府财务状况、开展地方政府信用评级、编制全国和地方资产负债表以及制定财政中长期规划和其他相关规划的重要依据。

回顾与总结：规范有序的现代预算制度主要反映在预算收入执行和支出执行的规范，包括预算收入的依法征收、依规征收和各单位按预算来使用纳税人资金，这就需要一套制度框架和技术体系来为预算的规范有序执行提供支撑。本章介绍了按照《预算法》对预算执行的规范，重点介绍了作为我国预算执行规范的制度基础的国库集中收付制度、政府采购制度的建立与改革以及政府会计制度改革。国库集中收付制度是一项涉及整个财政管理的基础性改革，是我国预算执行制度的一项重大创新。政府采购制度要求对于纳入政府采购目标和标准金额以上的采购需要，采购主体在财政的监督下，以法定的方式和方法从国内外市场上购买所需商品、工程及服务。通过政府会计体系，跟踪记录财政资金的运行过程，全面反映政府的财务受托责任。

第六章 约束严格的政府债务管理制度构建之路

本章导读：政府债务管理是政府围绕债务运行过程中所进行的决策、组织、规划、指导、监督和调节等一系列经济活动的总称。债务管理的基本目标是债务成本最小化和债务风险最小化，债务管理的最终目标包括经济增长、物价稳定、收入分配公平、资源有效配置和国际收支平衡。1994 年《中华人民共和国预算法》（以下简称《预算法》）不允许地方政府举借债务，2014 年修订的《预算法》中，对于地方必需的建设投资的部分资金，可以在国务院确定的限额内，通过发行地方政府债券举借债务的方式筹措。本章重点介绍在有条件放开地方政府举借债务权限的同时，如何构建约束严格、控制有力的地方政府债务管理制度，以实现"开前门、堵后门、筑围墙、防风险"。

第一节 政府债务管理概述

一、政府债务的内涵与形式

政府债务是以政府为债务主体，利用国家信用形式，通过贷款或发行债券等手段而形成的一种特殊的债权债务关系。在现代经济中,政府发行的债券不仅是政府的筹资工具,而且是落实财政政策和货币政策的重要手段。

政府债务主要是以政府债券的形式出现,政府债券有中央政府债券和地方政府债券之分。凡属中央政府发行的债券,一般称为国家公债,简称"国债",一般专指中央政府发行的债券。它是作为中央政府组织财政收入的形式而发行的,其收入列入中央政府预算（或由中央政府转贷地方）,作为中央政府调度使用的资金。凡属地方政府发行的债券,称为地方公债,简称"地方债"或"市政债券"。它是作为地方政府筹措财政收入的一种形式而发行的,其收入列入地方预算,由地方政府安排调度。

在我国,由于法律法规长期不允许地方政府发行债券,人们往往习惯于将公债统称为"国债",如1994年3月22日通过的《预算法》规定,中央预算中必需的建设投资的部分资金,可以通过举借国内和国外债务等方式筹措,但是借债应当有合理的规模和结构,地方各级预算按照量入为出、收支平衡的原则编制,不列赤字。除法律和国务院另有规定外,地方政府不得发行地方政府债券。2014年,我国对《预算法》进行修订,改变了以往地方政府不准发行债券的规定,使得地方债务收入成为有法可依的地方政府财政收入形式,规范了地方政府发行债券的做法。2014年修订的《预算法》规定,地方各级预算按照量入为出、收支平衡的原则编制,除另有规定外,不列赤字。经国务院批准的省、自治区、直辖市的预算中必需的建设投资的部分资金,可以在国务院确定的限额内,通过发行地方政府债券举借债务的方式筹措。举借债务的规模,由国务院报全国人民代表大会或者全国人民代表大会常务委员会批准。省、自治区、直辖市依照国务院下达的限额举借的债务,列入本级预算调整方案,报本级人民代表大会常务委员会批准。举借的债务应当有偿还计划和稳定的偿还资金来源,只能用于公益性资本支出,不得用于经常性支出。

二、政府债务管理的内涵

政府债务管理是政府围绕债务运行过程中所进行的决策、组织、规划、指导、监督和调节等一系列经济活动的总称。它以政府债券的发行、交易、市场运作和兑付过程中的经济关系及其协调方式为研究对象，同时也包括政府为控制债务的规模和构成，调整债券购买主体的结构、选择适当的债券期限结构和利率水平而采取的一系列措施。

在现代社会，债务管理主要是在债券市场中进行的。所谓债券市场，是指以政府债券为标的特而形成的各种关系的总和，既包括财政部根据中央财政资金需要发行债券时作为发债主体和应债主体之间的承购关系，也包括不同类型的投资者对已经发行的债券进行买卖的交易关系；前者形成政府债券的发行市场（一级市场），后者形成政府债券的流通市场（二级市场）。在政府债券市场中，凡是与举借政府债务有关的经济活动，都可以列入政府债务管理的范畴，并大体可以划分为三个层次：（1）凡属于政府是否发行债券、为何发行债券以及筹资用途的抉择，可归于第一个层次。（2）政府如何发行债券、向谁发行、发行数量、发行类型和发行条件的选择，以及同已经发行流通的存量债券相关的中央银行公开市场操作，可归入第二个层次。（3）凡属于中央银行为执行货币政策进行的以政府债券为交易对象的公开市场操作，可归入第三个层次。第一个层次的债务管理主要是作为弥补财政赤字的方式或财政收入的形式存在，更多地属于财政政策范围；第二个层次的活动则综合体现了政府债券的财政、货币双重职能，可以说是财政政策和货币政策的结合点；第三个层次，债券主要是作为央行公开市场业务的操作工作，更多地属于货币政策范畴。

三、政府债务管理的基本内容和目标

（一）政府债务管理的基本内容

依据对政府债务管理概念的狭义和广义理解，政府债务管理的内容主要包括：(1) 债务规模的管理与控制预测；(2) 债券发行规划，主要指种类、期限、应债主体、利率等条件的确定以及具体的发行方式；(3) 政府债券市场的管理，政府债券市场上对政府债券发行、流通交易的操作与运行的管理，主要指政府为债券市场稳定和流动性而采取的政策和措施，包括政府债券市场运行风险的监控；(4) 债务偿付管理，主要指债务还本付息管理工作；(5) 债务风险的管理与防范；(6) 债务管理与其他相关政策如财政政策、货币政策的协调；(7) 其他债务管理工作。

(二) 政府债务管理的目标

政府债务管理的目标包括基本目标与最终目标两个层次。通常意义上所说的债务管理的目标，是指使债务管理工作更为安全、高效所确定的行为准则和评价标准。根据世界各国特别是工业化国家的实践，政府债务管理的基本目标可归纳为：能够以理想的借款条件持续筹集所需资金，具体包括债务成本最小化和债务风险最小化两个层面。债务管理的最终目标包括经济增长、物价稳定、收入分配公平、资源有效配置和国际收支平衡，这与财政政策、货币政策的最终目标是一致的。

所谓债务成本最小化，即是指政府应在合理条件下尽可能提高债务管理效率，降低举债成本。将债务成本最小化作为债务管理的目标，是因为举债成本上升不仅会加重政府偿还债务的负担，还会造成社会福利损失。考虑到政府举债成本的变化会引起未来偿还债务税费的调整，这样债务成本的大小就与税收福利损失的程度密切相关。这里降低政府债务成本并不仅针对债券的发行环节，应与政府的所有举债活动都密切相关。总体而言，债务成本最小化应包括三个子目标：降低发行成本；提高政府债券发行、偿付及结构化调整的效率；降低债务的管理成本。

债务成本最小化并不意味着政府可以不择手段地降低举债成本，而应是以债务的成本能够充分反映特定券种所具有的收益风险特征为前提的。因此，为实现这一目标，要求政府能够在遵循市场机制的原则下制定最优的债券发行时机、发行对象、发行方式、偿还方式等成本要素方案,以此来最大限度地降低政府债券利息的风险溢价和管理费用,而这在市场不完善和信息不对称的市场环境下很难有效实现。因此,债务成本最小化目标只具有相对意义而无绝对标准,只要政府在遵循市场化的原则下尽可能地降低举债成本,即可认为实现了债务成本最小化。

所谓债务风险最小化,即是指政府应尽可能降低举债的风险,确保政府债务活动安全运行。一般而言,政府所面临的债务风险主要包括规模风险、利率风险和融资风险。债务的规模风险是指政府债务规模无限膨胀,巨大的利息负担将危害整个财政稳定和经济运行,严重时会导致财政危机和经济危机,影响经济持续发展。政府债务的利率风险是指因未来市场利率的变化而导致政府债务成本提高的可能性,如频繁发行短期债、增发浮动利率债和指数化债券等都会因未来市场利率提高而增加债务成本,进而增加政府债券的利率风险。政府债务的融资风险是指因市场行情变化而导致债券不能足额销售的可能性。具体包括两种:一是发行风险,是指因市场行情变化而导致债券不能足额销售的可能性;二是违约风险,由于政府债务大多是通过举借新债来偿还旧债的,一旦市场条件恶化致使政府无法如期筹集到资金,便可能导致偿债违约。一般而言,融资风险主要是指发行风险。如果将风险最小化目标进一步分解,它所包含的子目标应包括:保证债券足额发行;确保债券期限结构的均衡分布;建立一个高效、流动、稳定运行的债券市场;如期履行政府债券的偿付义务。

政府债券的发行必须以经济资源的有效配置为目的,所以政府债券的发行、购买、偿还债务资金的使用过程中,必须既考虑个体经济效率,又要考虑社会总体效率。债务管理作为政府宏观调控的一项政策工具和市场化的管理模式,需要注重协调社会效率和个体效率;一方面,充分满足投资者对政府债券投资安全性、收益性和流动性的要求;另一方面,通过债务管理,实现充分就业、经济增长、物价稳定、国际收支平衡、促进社会资源的有效配置等宏观经济目标。

四、债务适度规模管理

债务适度规模是指债券的数量状况。充分而有效地运用债券融资形式，并不意味着政府债券的发行或累计规模可以无效扩大，多多益善。因为它毕竟是一种信用形式，终将受到客观经济状况的制约。从这个意义上来说，债券的运用必须从客观经济状况出发，将政府债务的规模控制在合理的范围之内，即政府债务的规模必须"适度"。通常衡量政府债务规模可以采取绝对量指标，也可以采取相对量指标。

（一）债务适度规模的绝对量指标

从绝对量指标来看，债务的适度规模有三层含义：一是债务的发行规模，指政府在一个财政年度所发行的债务数额；二是债务的剩余规模，也称债务累积余额，指某一个时点政府已发行但未清偿的债务数额；三是债务的还本付息规模，指政府在一个财政年度的债务偿本付息支出额。

（二）债务适度规模的相对量指标

因为各个国家的经济发展水平不同，财政收支结构也不尽相同，判断债务是否适度仅仅看债务的绝对值是不够的，它不能反映一国的应债能力与债务负担，因此必须结合国际上经常采用的相对量指标和经验数据来考察政府债务的合理规模。与绝对量指标相比，相对量指标更具有普遍意义。国际上衡量债务适度规模的相对量指标主要有四个：债务依存度、债务负担率、借债率和偿债率。

1. 债务依存度

债务依存度是指一国当年的债务收入与财政支出的比例关系，它反映了财政支出中有多少是依靠发行债券来筹措资金的。其计算公式是：

$$债务依存度 = \frac{当年债务收入额}{当年财政支出额} \times 100\%$$

债务依存度的计算有两种口径：当分母为国家财政总支出时，称为"国家财政的债务依存度"；当分母为中央财政总支出时，称为"中央财政的债务依存度"。

债务依存度反映了一个国家的财政支出有多少是依靠发行债券来实现的。当政府债券的发行量过大、债务依存度过高时，表明财政支出过分依赖债务收入，财政处于脆弱的状态，并对财政的未来发展构成潜在的威胁。因为债务毕竟是一种有偿性的收入，国家财政支出主要还是应依赖于税收，债务收入只能作为一种补充性的收入。因此，债务规模的合理性可以根据这一指标来判断。国际上有一个公认的债务依存度控制线（或安全线），即国家财政的债务依存度是15%～20%，中央财政的债务依存度是25%～30%。如果债务依存度过高，则表明该国财政已处于脆弱状态，并有可能对未来的发展构成威胁。

2. 债务负担率

债务负担率衡量的是一定时期的债务累积额占同期国民生产总值的比重情况。可用公式表述为：

$$债务负担率 = \frac{当年债务余额}{当年 GDP} \times 100\%$$

这是衡量债务规模最为重要的一个指标，因为它是从国民经济的总体和全局，而不是仅从财政收支上来考察和把握债务的数量界限。根据世界各国的经验，发达国家的债务累积额最多不能超过当年 GDP 的45%，由于发达国家财政收入占国民生产总值的比重较高，一般为45%，所以，债务累积额大体上相当于当年的财政收入总额，这是公认的债务最高警戒线。而1991年欧盟各成员国之间签订的《马斯特里赫条约》中则明确规定，债务负担率的最高限为 GDP 的60%。

3. 借债率

借债率是指一个国家当年政府债券发行额与当年 GDP 的比率，可用如下公式表示：

$$借债率 = \frac{当年政府债券发行额}{当年 GDP} \times 100\%$$

该指标反映了当年债务增量 GDP 对当年债务增量的利用程度，反映当期的债务状况。指标越高，说明一国当年对债务的利用程度越高，但也说明国民的负担也越重。相反，如果该指标很低，则说明该国债务的利用不充分。西方发达国家的经验表明，该指标一般位于 3% ~ 10%，最高不得超过 10%。

4. 偿债率

偿债率是指一年的债务还本付息额与财政收入的比例关系。可用公式表述为：

$$偿债率 = \frac{当年债务还本付息额}{当年财政收入总额} \times 100\%$$

这一指标反映了一国政府当年所筹集的财政收入中有多大份额是用来偿还到期债务。该指标高，反映当年该国政府偿还债务支出较多，相反，指标低则反映当年应当偿还债务的支出较少。债务收入的有偿性，决定了政府债务规模必然要受到国家财政资金状况的制约，因此，要把债务规模控制在与财政收入适当的水平上。关于这一指标的数量界限，不少学者主张，我国的债务偿债率应控制在 8% ~ 10%。

以上四项指标中，债务负担率和借债率都是以 GDP 作为对比因素，着眼于整个国民经济大局，是从国民经济应债能力来考察政府债务规模的；而债务依存度和偿债率则是从财政收支的角度来考察政府债务规模，着眼于财政本身，是从财政的偿债能力来考察债务规模的。

除以上国际公认的四大指标外，还可以采取其他相对量指标来衡量政府债务规模，如债务余额占当年居民储蓄存款或居民储蓄存款余额的比例，这是从居民的储蓄水平来考察债务发行规模的重要指标。

第二节 地方政府债务管理

一、地方政府债务与地方政府债券

2014年以前，地方政府没有通过发行地方政府债券举借债务的权利，国债适度规模管理和国债余额管理，主要是针对中央政府债务的风险防范管理措施。2014年修订后的《预算法》给予省级政府发行地方政府债券举借债务的权利，因此，加强地方政府债务管理，建立地方政府债务风险预警指标体系，完善地方政府债务风险应急处置方案，成为地方政府债务管理的一项重要工作。

（一）地方政府债务

地方政府债务是指地方政府作为债务人承担的债务，它是在地方政府经常性财政收支不足的情况下，为满足地方经济与社会公益事业发展的需要，根据本地区社会经济发展状况和资金短缺程度，在承担还本付息责任的基础上，按照有关法律的规定向社会发行的债务。允许地方政府举借债务，是世界上绝大部分国家的通行做法。无论是联邦制国家还是单一制国家，在允许地方政府举借债务的同时，都建立了较为完善的地方政府债务管理体制和风险控制体系。

地方政府债务一般用于交通、通信、住宅、教育和环保等地方性公共设施的建设，所以在西方发达国家，地方政府债券也称市政债券。它是地方政府筹措地方建设资金的一种手段，也是政府债务体系的一个重要组成部分。

1994年颁发的《预算法》不允许地方政府举借债务。2014年修订的《预算法》第三十五条规定：经国务院批准的省、自治区、直辖市的公共预算中必需的建设投资的部分资金，可以在国务院确定的限额内，通过发行地方政府债券举借债务的方式筹措。举借债务的规模，由国务院报全国人民代表大会或者全国人民代表大会常务委员会批准。省、自治区、直辖市依照国务院下达的限额举借的债务,列入本级预算调整方案,报本级人民代表大会常务委员会批准。举借的债务应当有偿还计划和稳定的偿还资金来源,只能用于公益性资本支出,不得用于经常性支出。除前款规定外,地方政府及其所属部门、单位不得以任何方式举借债务。除法律另有规定外,地方政府及其所属部门、单位不得为任何单位和个人的债务以任何方式提供担保。国务院建立地方政府债务风险评估和预警机制、应急处置机制以及责任追究制度。国务院财政部门对地方政府实施债务监督。

(二) 地方政府债券

按照2014年修订的《预算法》关于地方政府债务管理的相关条款规定,地方政府债券是指地方政府根据信用原则、作为发债主体,在国务院批准的债务发行限额内,以承担还本付息责任为前提,依法筹集资金的债务凭证。就我国目前来说,地方政府举债只能采取发行地方政府债券的形式。地方政府债券分为一般债券和专项债券两种。

地方政府一般债券(以下简称"一般债券")是指省、自治区、直辖市政府(含经省级政府批准自办债券发行的计划单列市政府)为没有收益的公益性项目发行的、约定一定期限内主要以一般公共预算收入还本付息的政府债券。地方政府一般债券采用记账式固定利率附息形式。

地方政府专项债券(以下简称"专项债券")是指省、自治区、直辖市政府(含经省级政府批准自办债券发行的计划单列市政府)为有一定收益的公益性项目发行的、约定一定期限内以公益性项目对应的政府性基金或专项收入还本付息的政府债券。专项债券采用记账式固定利率附息形式。

二、地方政府债务规模控制和预算管理

(一) 地方政府债务限额管理

地方政府债务规模实行限额管理,地方政府举债不得突破批准的限额。

地方政府一般债务和专项债务规模纳入限额管理，由国务院确定并报全国人大或其常委会批准，分地区限额由财政部在全国人大或其常委会批准的地方政府债务规模内根据各地区债务风险、财力状况等因素测算并报国务院批准。对于根据地方政府债务限额管理规定，利用腾出的债务限额空间发行债券的，以及通过发行新的地方债偿还到期旧的地方债的，应当在置换债券发行规模上限内统筹考虑。

1. 合理确定地方政府债务总限额

对地方政府债务余额实行限额管理。年度地方政府债务限额等于上年地方政府债务限额加上当年新增债务限额（或减去当年调减债务限额），具体分为一般债务限额和专项债务限额。

地方政府债务总限额由国务院根据国家宏观经济形势等因素确定，并报全国人民代表大会批准。年度预算执行中，如出现下列特殊情况需要调整地方政府债务新增限额，由国务院提请全国人大常委会审批：当经济下行压力大、需要实施积极财政政策时，适当扩大当年新增债务限额；当经济形势好转、需要实施稳健财政政策或适度从紧财政政策时，适当削减当年新增债务限额或在上年债务限额基础上合理调减限额。

2. 逐级下达分地区地方政府债务限额

各省、自治区、直辖市政府债务限额，由财政部在全国人大或其常委会批准的总限额内，根据债务风险、财力状况等因素，并统筹考虑国家宏观调控政策、各地区建设投资需求等提出方案，报国务院批准后下达各省级财政部门。

省级财政部门依照财政部下达的限额，提出本地区政府债务安排建议，编制预算调整方案，经省级政府报本级人大常委会批准；根据债务风险、财力状况等因素并统筹本地区建设投资需求提出省本级及所属各市县当年政府债务限额，报省级政府批准后下达各市县级政府。市县级政府确需举借债务的，依照经批准的限额提出本地区当年政府债务举借和使用计划，列入预算调整方案，报本级人大常委会批准，报省级政府备案并由省级政府代为举借。

3. 严格按照限额举借地方政府债务

省级财政部门在批准的地方政府债务限额内，统筹考虑地方政府负有偿还责任的中央转贷外债情况，合理安排地方政府债券的品种、结构、期限和时点，做好政府债券的发行兑付工作。中央和省级财政部门每半年向本级人大有关专门委员会书面报告地方政府债券发行和兑付等情况。需要纳入政府债务的在建项目后续融资需求在确定每年新增地方政府债务限额时统筹考虑，依法通过发行地方政府债券举借。地方政府新发生或有债务，要严格限定在依法担保的外债转贷范围内，并根据担保合同依法承担相关责任。

（二）地方政府债务的预算管理

地方政府要将其所有政府债务纳入限额，并分类纳入预算管理。地方政府将一般债务收支纳入一般公共预算管理，一般债务通过发行一般债券解决，主要以一般公共预算收入偿还。将专项债务收支纳入政府性基金预算管理，专项债务通过发行专项债券解决，以对应的政府性基金或专项收入偿还。政府性基金或专项收入暂时难以实现，如收储土地未能按计划出让的，可先通过借新还旧周转，收入实现后即予归还。将政府与社会资本合作项目中的财政补贴等支出按性质纳入相应政府预算管理。

地方政府一般债务收入、安排的支出、还本付息、发行费用纳入一般公共预算管理。地方政府专项债务收入、安排的支出、还本付息、发行费用纳入政府性基金预算管理。省、自治区、直辖市政府为一般债券、专项债券的发行主体，具体发行工作由省级财政部门负责。市县级政府确需发行一般债券、专项债券的，应纳入本省、自治区、直辖市一般债券和专项债券规模内管理，由省级财政部门代办发行，并统一办理还本付息。经省级政府批准，计划单列市政府可以自行发行一般债券和专项债券。

地方政府一般债务收入应当用于公益性资本支出，不得用于经常性支出。一般债务应当有偿还计划和稳定的偿还资金来源。一般债务本金通过一般公共预算收入（包含调入预算稳定调节基金和其他预算资金）、发行一般债券等偿还。一般债务利息通过一般公共预算收入（包含调入预算稳定调节基金和其他预算资金）等偿还，不得通过发行一般债券偿还。

地方政府专项债务收入应当用于公益性资本支出，不得用于经常性支出。专项债务应当有偿还计划和稳定的偿还资金来源。专项债务本金通过对应的政府性基金收入、专项收入、发行专项债券等偿还。专项债务利息通过对应的政府性基金收入、专项收入偿还，不得通过发行专项债券偿还。专项债务收支应当按照对应的政府性基金收入、专项收入实现项目收支平衡，不同政府性基金科目之间不得调剂。执行中专项债务对应的政府性基金收入不足以偿还本金和利息的，可以从相应的公益性项目单位调入专项收入弥补。

三、地方政府债券发行管理

地方政府一般债券、专项债券的期限为1年、3年、5年、7年和10年。一般债券的发行期限由各地根据资金需求和债券市场状况等因素合理确定，但单一期限债券的发行规模不得超过一般债券当年发行规模的30%。专项债券的发行期限由各地综合考虑项目建设、运营、回收周期和债券市场状况等合理确定，但7年和10年期债券的合计发行规模不得超过专项债券全年发行规模的50%。一般债券和专项债券由各地按照市场化原则自发自还，遵循公开、公平、公正的原则，发行和偿还主体为地方政府。

地方政府按照有关规定开展一般债券和专项债券信用评级，择优选择信用评级机构，与信用评级机构签署信用评级协议，明确双方权利和义务。信用评级机构按照独立、客观、公正的原则开展信用评级工作，遵守信用评级规定与业务规范，及时发布信用评级报告。各地应及时披露一般债券基本信息、财政经济运行及债务情况等。对于专项债券，地方政府应当按照有关规定及时披露专项债券基本信息、财政经济运行及相关债务情况、募投项目及对应的政府性基金或专项收入情况、风险揭示以及对投资者做出购买决策有重大影响的其他信息。专项债券存续期内，各地应按有关规定持续披露募投项目情况、募集资金使用情况、对应的政府性基金或专项收入情况以及可能影响专项债券偿还能力的重大事项等。

地方政府债券发行需要组建一般债券、专项债券承销团,承销团成员应当是在中国境内依法成立的金融机构,具有债券承销业务资格,资本充足率、偿付能力或者净资本状况等指标达到监管标准。一般债券、专项债券发行利率采用承销、招标等方式确定。采用承销或招标方式的,发行利率在承销或招标日前1~5个工作日相同待偿期记账式国债的平均收益率之上确定。承销是指地方政府与主承销商商定债券承销利率(或利率区间),要求各承销商(包括主承销商)在规定时间报送债券承销额(或承销利率及承销额),按市场化原则确定债券发行利率及各承销商债券承销额的发债机制。招标是指地方政府通过财政部国债发行招投标系统或其他电子招标系统,要求各承销商在规定时间报送债券投标额及投标利率,按利率从低到高原则确定债券发行利率及各承销商债券中标额的发债机制。

地方政府应当在一般债券、专项债券发行定价结束后,通过中国债券信息网和本地区门户网站等媒体,及时公布债券发行结果。一般债券、专项债券应当在中央国债登记结算有限责任公司办理总登记托管,在国家规定的证券登记结算机构办理分登记托管。一般债券、专项债券发行结束后,符合条件的应按有关规定及时在全国银行间债券市场、证券交易所债券市场等上市交易。

四、地方政府债券风险防范管理

(一) 建立地方政府性债务风险预警机制

全面评估和预警地方政府债务风险,建立地方政府性债务风险预警机制,定期评估各地区政府性债务风险情况并作出预警,风险评估和预警结果应当及时通报有关部门和省级政府。地方各级政府要全面掌握资产负债、还本付息、财政运行等情况,加快建立政府综合财务报告制度,全面评估风险状况,跟踪风险变化,切实防范风险。中央和省级财政部门加强对地方政府债务的监督,根据债务率、新增债务率、偿债率、逾期债务率、或有债务代偿率等指标,及时分析和评估地方政府债务风险状况,对债务高风险地区进行风险预警。列入风险预警范围的债务高风险地区,要积极采取措施,逐步降低风险。债务风险相对较低的地区,要合理控制债务余额的规模和增长速度。此外,地方各级政府及其财政部门应当将政府及其部门与其他主体签署协议承诺用以后年度财政资金支付的事项,纳入监测范围,防范财政风险。地方各级政府应当定期排查风险隐患,防患于未然。

(二) 建立地方政府债务风险报告制度

地方各级政府建立地方政府性债务风险事件报告制度,发现问题及时报告,不得瞒报、迟报、漏报、谎报。设区的市级、县级政府(以下统称市县政府)预计无法按期足额支付到期政府债务本息的,应当提前2个月以上向上级或省级政府报告,并抄送上级或省级财政部门。地方政府或有债务的债务人预计无法按期足额支付或有债务本息的,应当提前1个月以上向本级主管部门和财政部门报告,经财政部门会同主管部门确认无力履行法定代偿责任或必要救助责任后,由本级政府向上级或省级政府报告,并抄送上级或省级财政部门。

发生突发或重大情况,县级政府可以直接向省级政府报告,并抄送省级财政部门。省级财政部门按报后应当立即将相关情况通报债务应急领导小组各成员单位,并抄送财政部驻本地区财政监察专员办事处。债务风险报告内容包括预计发生违约的地方政府性债务类别、债务人、债权人、期限、本息、原定偿还安排等基本信息,风险发生原因,事态发展趋势,可能造成的损失,已采取及拟采取的应对措施等。债务风险报告一般采取书面报告形式。紧急情况下可采取先电话报告、后书面报告的方式。

(三) 建立债务风险分级和应急处置机制

1. 债务风险分级制度

按照政府性债务风险事件的性质、影响范围和危害程度等情况，划分为 Ⅰ 级（特大）、Ⅱ 级（重大）、Ⅲ 级（较大）、Ⅳ 级（一般）四个等级。当政府性债务风险事件等级指标有交叉、难以判定级别时，按照较高一级处置，防止风险扩散；当政府性债务风险事件等级随时间推移有所上升时，按照升级后的级别处置。政府性债务风险事件监测主体为省级、设区的市级、县级政府。经济开发区管委会等县级以上政府派出机构的政府性债务风险事件按照行政隶属关系由所属政府负责监测。

专栏 6-1 地方政府债务风险分级事项

Ⅰ 级（特大）债务风险事件，是指出现下列情形之一：(1) 省级政府发行的地方政府债券到期本息兑付出现违约；(2) 省级或全省（区、市）15% 以上的市县政府无法偿还地方政府债务本息，或者因偿还政府债务本息导致无法保障必要的基本民生支出和政府有效运转支出；(3) 省级或全省（区、市）15% 以上的市县政府无法履行或有债务的法定代偿责任或必要救助责任，或者因履行上述责任导致无法保障必要的基本民生支出和政府有效运转支出；(4) 全省（区、市）地方政府债务本金违约金额占同期本地区政府债务应偿本金 10% 以上，或者利息违约金额占同期应付利息 10% 以上；(5) 省级政府需要认定为 Ⅰ 级债务风险事件的其他情形。

Ⅱ 级（重大）债务风险事件，是指出现下列情形之一：(1) 省级政府连续 3 次以上出现地方政府债券发行流标现象；(2) 全省（区、市）或设区的市级政府辖区内 10% 以上（未达到 15%）的市级或县级政府无法支付地方政府债务本息，或者因兑付政府债务本息导致无法保障必要的基本民生支出和政府有效运转支出；(3) 全省（区、市）或设区的市级政府辖区内 10% 以上

（未达到15%）的市级或县级政府无法履行或有债务的法定代偿责任或必要救助责任，或者因履行上述责任导致无法保障必要的基本民生支出和政府有效运转支出；（4）县级以上地方政府债务本金违约金额占同期本地区政府债务应偿本金5%以上（未达到10%），或者利息违约金额占同期应付利息5%以上（未达到10%）；（5）因到期政府债务违约，或者因政府无法履行或有债务的法定代偿责任或必要救助责任，造成重大群体性事件，影响极为恶劣；(6)县级以上地方政府需要认定为Ⅱ级债务风险事件的其他情形。

Ⅲ级（较大）债务风险事件，是指出现下列情形之一：(1)全省（区、市）或设区的市级政府辖区内2个以上但未达到10%的市级或县级政府无法支付地方政府债务本息，或者因兑付政府债务本息导致无法保障必要的基本民生支出和政府有效运转支出；(2)全省（区、市）或设区的市级政府辖区内2个以上但未达到10%的市级或县级政府无法履行或有债务的法定代偿责任或必要救助责任，或者因履行上述责任导致无法保障必要的基本民生支出和政府有效运转支出；(3)县级以上地方政府债务本金违约金额占同期本地区政府债务应偿本金1%以上（未达到5%），或者利息违约金额占同期应付利息1%以上（未达到5%）；(4)因到期政府债务违约，或者因政府无法履行或有债务的法定代偿责任或必要救助责任，造成较大群体性事件；(5)县级以上地方政府需要认定为Ⅲ级债务风险事件的其他情形。

Ⅳ级（一般）债务风险事件，是指出现下列情形之一：(1)单个市县政府本级偿还政府债务本息实质性违约，或因兑付政府债务本息导致无法保障必要的基本民生支出和政府有效运转支出；(2)单个市县政府本级无法履行或有债务的法定代偿责任或必要救助责任，或因履行上述责任导致无法保障必要的基本民生支出和政府有效运转支出；(3)因到期政府债务违约，或者因政府无法履行或有债务的法定代偿责任或必要救助责任，造成群体性事件；(4)县级以上地方政府需要认定为Ⅳ级债务风险事件的其他情形。

2. 债务风险应急处置机制

硬化预算约束，防范道德风险，地方政府对其举借的债务负有偿还责任，中央政府实行不救助原则。对因无力偿还政府债务本息或无力承担法定代偿责任等引发风险事件的，根据债务风险等级，相应及时实行分级响应和应急处置。各省、自治区、直辖市政府要对本地区地方政府债务风险防控负总责，建立债务风险化解激励约束机制，全面组织做好债务风险化解和应急处置工作。列入风险预警范围的地方各级政府要制定中长期债务风险化解规划和应急处置预案，在严格控制债务增量的同时，通过控制项目规模、减少支出、处置资产、引入社会资本等方式，多渠道筹集资金消化存量债务，逐步降低债务风险。

对于债务风险较高地区，实施地方财政重整计划。实施地方政府财政重整计划必须依法履行相关程序，保障必要的基本民生支出和政府有效运转支出，要注重与金融政策协调，加强与金融机构的沟通，不得因为偿还债务本息影响政府基本公共服务的提供。

专栏6-2 地方政府财政重整计划要点

（1）拓宽财源渠道。依法加强税收征管，加大清缴欠税欠费力度，确保应收尽收。落实国有资源有偿使用制度，增加政府资源性收入。除法律、行政法规和国务院规定的财税优惠政策之外，可以暂停其他财税优惠政策，待风险解除后再行恢复。

（2）优化支出结构。财政重整期内，除必要的基本民生支出和政府有效运转支出外，视债务风险事件等级，本级政府其他财政支出应当保持"零增长"或者大力压减。一是压缩基本建设支出。不得新批政府投资计划，不得新上政府投资项目；不得设立各类需要政府出资的投资基金等，已设立的应当制定分年退出计划并严格落实。二是压缩政府公用经费。实行公务出国（境）、培训、公务接待等项目"零支出"，大力压缩政府咨询、差旅、劳务等各项支出。三是控制人员福利开支。机关事业单位暂停新增人员，必要时采取核减机构编制、人员等措施；暂停地方自行出台的机关事业单位各项补贴政策，压减直至取消编制外聘用人员支出。四是清理各类对企事业单位的补助补贴。暂停或取消地方出台的各类奖励、对企业的政策性补贴和贴息、非基本民生类补贴等。五是调整过高支出标准，优先保障国家出台的教育、社保、医疗、卫生等重大支出政策，地方支出政策标准不得超过国家统一标准。六是暂停土地出让收入各项政策性计提。土地出让收入扣除成本性支出后应全部用于偿还债务。

（3）处置政府资产。指定机构统一接管政府及其部门拥有的各类经营性资产、行政事业单位资产、国有股权等，结合市场情况予以变现，多渠道筹集资金偿还债务。

（4）申请省级救助。采取上述措施后，风险地区财政收支仍难以平衡的，可以向省级政府申请临时救助，包括但不限于：代偿部分政府债务，加大财政转移支付力度，减免部分专项转移支付配套资金。待财政重整计划实施结束后，由省级政府自行决定是否收回相关资金。

（5）加强预算审查。实施财政重整计划以后，相关市县政府涉及财政总预算、部门预算、重点支出和重大投资项目、政府债务等事项，在依法报本级人民代表大会或其常委会审查批准的同时，必须报上级政府备案。上级政府对下级政府报送备案的预算调整方案要加强审核评估，认为有不适当之处需要撤销批准预算决议的，应当依法按程序提请本级人民代表大会常委会审议决定。

（6）改进财政管理。相关市县政府应当实施中期财政规划管理，妥善安排财政收支预算，严格做好与化解政府性债务风险政策措施的衔接。

（四）建立地方政府债务报告与问责机制

1. 完善债务报告和公开制度

完善地方政府性债务统计报告制度，加快建立权责发生制的政府综合财务报告制度，全面反映政府的资产负债情况。对于中央出台的重大政策措施如棚户区改造等形成的政府性债务，应当单独统计、单独核算、单独检查、单独考核。建立地方政府性债务公开制度，加强政府信用体系建设。各地区要定期向社会公开政府性债务及其项目建设情况，自觉接受社会监督。

2. 建立考核问责机制

把政府性债务作为一个硬指标纳入政绩考核。明确责任落实，各省、自治区、直辖市政府要对本地区地方政府性债务负责任。强化教育和考核，纠正不正确的政绩导向。对脱离实际过度举债、违法违规举债或担保、违规使用债务资金、恶意逃废债务等行为，要追究相关责任人责任。

地方政府举债要遵循市场化原则，强化市场约束。审计部门依法加强债务审计监督，财政部门加大对地方政府违规举债及债务风险的监控力度。将政府债务管理作为硬指标纳入政绩考核，强化对地方政府领导干部的考核。地方政府主要负责人要作为第一责任人，切实抓好本级政府债务风险防控等各项工作。对地方政府防范化解政府债务风险不力的，要进行约谈、通报，必要时可以责令其减少或暂停举借新债。对地方政府违法举债或担保的，责令改正，并按照《预算法》规定追究相关人员责任。

3. 强化债权人约束

金融机构等不得违法违规向地方政府提供融资，不得要求地方政府违法违规提供担保。金融机构等购买地方政府债券要符合监管规定，向属于政府或有债务举借主体的企业法人等提供融资要严格规范信贷管理，切实加强风险识别和风险管理。金融机构等违法违规提供政府性融资的，应自行承担相应损失，并按照商业银行法、银行业监督管理法等法律法规追究相关机构和人员的责任。

（五）妥善处理存量债务

1. 切实履行政府债务偿还责任

对甄别后纳入预算管理的地方政府存量债务，属于公益性项目债务的，由地方政府统筹安排包括债券资金在内的预算资金偿还，必要时可以处置政府资产；属于非公益性项目债务的，由举借债务的部门和单位通过压减预算支出等措施偿还，暂时难以压减的可用财政资金先行垫付，并在以后年度部门和单位预算中扣回。取消融资平台公司的政府融资职能，推动有经营收益和现金流的融资平台公司市场化转型改制，通过政府和社会资本合作（PPP）、政府购买服务等措施予以支持。

地方政府存量债务中通过银行贷款等非政府债券方式举借部分，通过3年左右的过渡期，由省级财政部门在限额内安排发行地方政府债券置换。为避免地方竞相发债对市场产生冲击，财政部根据债务到期、债务风险等情况予以组织协调，并继续会同人民银行、银监会等有关部门做好定向承销发行置换债券等工作。

2. 依法妥善处置或有债务

对政府负有担保责任或可能承担一定救助责任的或有债务，地方政府要依法妥善处置。对确需依法代偿的或有债务，地方政府要将代偿部分的资金纳入预算管理，并依法对原债务单位及有关责任方保留追索权；对因预算管理方式变化导致原偿债资金性质变化为财政资金、相应确需转化为政府债务的或有债务，在不突破限额的前提下，报经省级政府批准后转化为政府债务；对违法违规担保的或有债务，由政府、债务人与债权人共同协商，重新修订合同，明确责任，依法解除担保关系。地方政府通过政府和社会资本合作等方式减少政府债务余额腾出的限额空间，要优先用于解决上述或有债务代偿或转化问题。

五、地方政府债务置换管理

（一）地方政府债务置换内涵

地方政府债务置换是指在财政部甄别存量债务的基础上，把原来地方政府的短期、高息债务（包括银行贷款、BT、城投债、信托融资等）换成中长期、低成本的地方政府债券。

2014年《预算法》规定，地方政府举借债务应通过发行政府债券的方式。《国务院关于加强地方政府性债务管理的意见》（国发〔2014〕43号）规定，纳入预算管理的地方政府存量债务可以发行一定规模的地方政府债券置换。地方政府存量债务是新预算法实施之前形成的，发行地方政府债券置换存量债务，只是债务形式变化，不增加债务余额。以一定规模的政府债券置换部分债务，是规范预算管理的有效途径，有利于保障在建项目融资和资金链不断裂，处理好化解债务与稳增长的关系，还有利于优化债务结构，降低利息负担，缓解部分地方支出压力，也为地方腾出一部分资金用于加大其他支出创造条件。

发行地方政府债券置换存量债务，是规范地方政府债务管理的既定政策安排。2014年《预算法》规定，地方政府债务通过发行地方政府债券举借。在融资平台公司举债模式下，政府支付的企业举债成本，未能合理反映政府信用的市场价值，违背了"收益与风险相对等"的市场化原则，造成了公共财政资源浪费。发行地方政府债券置换存量债务，将使政府举债成本逐步回归合理水平，也有利于降低全社会融资成本。据测算，每发行1万亿元地方政府债券置换存量债务，可为地方每年节省利息支出500亿元左右。

专栏6-3 地方政府债务置换范围

2015年3月，经国务院批准，财政部下达了第一批1万亿元地方政府债券置换存量债务额度，置换范围是2013年政府性债务审计确定的，截至2013年6月30日的地方政府负有偿还责任的存量债务中，2015年到期需要偿还的部分。这部分债务已经审计确认并向全国人大常委会报告。在操作程序上，向地方下达债券额度前，财政部专门向全国人大有关机构进行了沟通报告，下达债券额度后，又及时向全国人大有关机构进行了报备。

2015年6月，经国务院批准，财政部下达了第二批1万亿元地方政府债券置换存量债务额度。第二批置换债券资金必须用于偿还审计确定的截至2013年6月30日政府负有偿还责任的债务中2015年到期的债务本金，地方政府已经安排其他资金偿还的，可以用于偿还审计确定的政府负有偿还责任的其他债务本金，优先置换高息债务，不得用于偿还应由企事业单位等自身收益偿还的债务，不得用于付息，不得用于经常性支出。

2015年8月，经国务院批准，财政部下达了第三批1.2万亿元地方政府债券置换存量债务额度。第三批置换债券的置换范围则主要是2013年6月底到2014年底的地方政府债务。

经过三批地方政府债务置换，2015年财政部向地方下达置换债券额度3.2万亿元，实现了对当年到期债务的全覆盖；被置换的存量债务平均成本从10%降至3.5%左右，预计将为地方每年节省利息2000亿元。

（二）地方政府债务置换发行与管理

1. 地方政府债务置换发行方式

对于地方政府存量债务中的银行贷款部分，地方财政部门应当与银行贷款对应债权人协商后，采用定向承销方式发行置换债券予以置换；对于地方政府存量债务中向信托、证券、保险等其他机构融资形成的债务，经各方协商一致，地方财政部门也应积极采用定向承销方式发行置换债券予以置换。

地方财政部门应当积极与存量债务债权人协商，尽早确定采用定向承销方式发行债券置换的存量债务范围，并加强负责债务预算管理与债券发行管理等内设机构之间的沟通协调。同时，应当与当地中国人民银行分支机构、银监局密切配合，共同推动定向承销工作顺利开展。相关金融机构应当按有关规定积极参与地方债定向承销工作。

地方财政部门应当合理设定债券发行时间。拟采用定向承销方式发行债券置换的存量债务，如在债券发行时尚未到期，地方财政部门应当提前与相关各方协商确定原债务结息时间、计息方法等，做好相关准备工作。

2. 强化地方政府偿债责任

采用公开发行方式发行的置换债券资金，只能用于偿还清理甄别确定的截至 2015 年 12 月 31 日地方政府债务的本金，以及清理甄别确定的截至 2014 年 12 月 31 日地方政府或有债务本金按照《财政部关于对地方政府债务实行限额管理的实施意见》（财预〔2015〕225 号）规定可以转化为地方政府债务的部分，对违规改变置换债券资金用途的行为，依法依规严肃处理。本级财政部门、存量债务债权人、债务人、有关主管部门应当共同签订协议，明确还款金额、还款时间及相关责任等，由地方各级财政部门按照财政国库管理制度有关规定、协议约定和偿债进度直接支付给债权人。地方各级财政部门应当提前与存量债务债权人、债务人等沟通协商，做好偿债相关准备工作，尤其是置换未到期存量债务的，必须提前与债权人协商一致。置换工作要及时组织执行，防止债券资金在国库中沉淀。

拟在 2016 年采用公开发行方式发行债券置换的存量债务，如在债券发行前到期，在严格保障财政支付需要的前提下，库款余额超过一个半月库款支付水平的地区，地方财政部门可以在债券发行之前在债券发行额内予以垫付。置换债券发行后，要及时将资金回补国库。

3. 加强信息公开建设

地方财政部门应当按照政府信息公开和债券市场监管有关规定，切实做好债券发行前信息披露、债券发行结果披露、债券存续期信息披露、重大事项披露、还本付息披露等相关工作。同时，应当逐步扩大地方债信息披露内容范围，在 2015 年财政部对地方债信息披露相关要求的基础上，结合实际情况更新有关信息，并增加披露以下内容：

一是披露本地区财政收支状况时，按照地方政府本级、全辖（不含省级政府辖区内单独发行地方债的计划单列市）口径同时公布近三年一般公共预算收支、政府性基金预算收支、国有资本经营预算收支。其中，2014 年数据按决算口径公布，2015 年数据在决算编制完成之前按预算口径公布，在决算编制完成之后按决算口径公布，2016 年数据按预算口径公布。

二是披露本地区地方政府债务状况时，公布经清理甄别确定的截至2014年底、2015年底的地方政府债务余额情况，以及2015年、2016年地方政府债务限额情况。

地方财政部门应当按规定及时披露相关信息，并对信息的真实性、准确性、完整性负责。

回顾与总结：政府债务管理是政府财政管理的重要组成部分，是政府围绕债务运行过程中所进行的决策、组织、规划、指导、监督和调节等一系列经济活动。政府债务管理的基本目标可归纳为：能够以理想的借款条件持续筹集所需资金，具体包括债务成本最小化和债务风险最小化两个层面。这就需要将政府债务的规模控制在合理的范围之内，即政府债务的规模必须"适度"。

地方政府债务是指地方政府作为债务人承担的债务，它是在地方政府经常性财政收支不足的情况下，为满足地方经济与社会公益事业发展的需要，根据本地区社会经济发展状况和资金短缺程度，在承担还本付息责任的基础上，按照有关法律的规定向社会发行的债务。地方政府债务规模实行限额管理，地方政府举债不得突破批准的限额。地方政府要将其所有政府债务纳入限额，并分类纳入预算管理，将一般债务收支纳入一般公共预算管理，将专项债务收支纳入政府性基金预算管理。加强地方政府债务的风险防范管理，建立地方政府性债务风险预警机制和债务风险报告制度，建立债务风险分级和应急处置机制，对于债务风险较高地区，实施地方财政重整计划。

第七章 绩效结果导向的现代预算制度构建之路

本章导读：政府预算绩效管理是政府绩效管理的重要组成部分，是一种以支出结果为导向的预算管理模式。它强化政府预算为民服务的理念，强调预算支出的责任和效率，要求在预算编制、执行、监督的全过程中更加关注预算资金的产出和结果。本章主要介绍了政府预算绩效管理内涵、理论依据及管理内容，政府预算绩效管理的业务流程，中国政府预算绩效管理的改革方向等。

政府预算绩效管理是政府绩效管理的重要组成部分，是一种以支出结果为导向的预算管理模式。它强化政府预算为民服务的理念，强调预算支出的责任和效率，要求在预算编制、执行、监督的全过程中更加关注预算资金的产出和结果。预算绩效管理要求政府部门不断改进服务水平和质量，花尽量少的资金、办尽量多的实事，向社会公众提供更多、更好的公共产品和公共服务，使政府行为更加务实、高效。推进预算绩效管理，对于提升政府执政的公信力，促进高效、责任、透明政府的建设具有重大的政治、经济和社会意义。

第一节 预算绩效管理概论

一、预算绩效管理的内涵

预算绩效管理最早出现于1949年的美国,被称为Performance Budgeting,是政府部门按所完成的各项职能进行预算,将政府预算建立在可衡量的绩效基础上,即干多少事拨多少钱。它要求预算过程充分利用关于政府活动产出与成果的数量化信息,把财政资金分配和政府部门的绩效更紧密地结合起来,是"为结果而预算"。

从管理流程上来看,预算绩效管理是一个由绩效目标管理、绩效运行跟踪监控管理、绩效评价实施管理、绩效评价结果反馈和应用管理共同组成的综合系统。推进预算绩效管理,要将绩效理念融入预算管理全过程,使之与预算编制、预算执行、预算监督一起成为预算管理的有机组成部分,逐步建立"预算编制有目标、预算执行有监控、预算完成有评价、评价结果有反馈、反馈结果有应用"的预算绩效管理机制。

完整的绩效预算管理过程一般可分为五个阶段:一是政府确定预期要实现的施政目标,并细化分解为部门绩效目标和具体工作计划;二是为实现各部门的绩效目标和工作计划配置资源;三是各部门分别围绕绩效目标实施工作计划并报告绩效目标完成情况;四是由评价机构按照确定的标准和方法对绩效目标的实现情况进行评价,并向社会公布评价结果;五是应用评价结果,调整政府及部门的施政目标和计划,并据以确定以后年度的预算。

二、绩效评价与绩效预算

（一）绩效评价的内涵与要素

1. 绩效评价的含义

财政支出绩效评价（以下简称绩效评价）是指财政部门和预算部门（单位）根据设定的绩效目标，运用科学、合理的绩效评价指标、评价标准和评价方法，对财政支出的经济性、效率性和效益性进行客观、公正的评价。

2. 绩效评价的层次

根据财政支出评价对象的不同，分为四个层次：第一层次为财政支出项目绩效评价，第二层次为单位财政支出绩效评价，第三层次为部门财政支出绩效评价，第四层次为财政支出综合绩效评价。四者是一个层层递进、逐级包容的关系。

上述四个层次中，财政支出项目绩效评价是以项目为评价对象，对某项目的财政资金投入、预算产出和效果，通过设计科学合理的指标，来对财政资金的使用效果进行评价。其实施难度与阻力比较小，但避免成为项目的竣工验收工作，没有充分关注项目实施的产出和结果。单位财政支出绩效评价和部门财政支出绩效评价，是对基层预算单位和部门使用财政性资金的综合效果进行评价。单位和部门绩效评价不仅仅涉及单位和部门的项目资金的绩效评价，还涉及部门的战略规划是否合理，决策机制是否公开制衡，部门的财务管理、资产管理等规章制度是否完备，预算执行的过程管理以及单位和部门的绩效产出和结果是否达到预期绩效目标等内容。财政支出综合绩效评价是对一级政府或一定区域政府使用财政性资金向地区公民提供公共服务的产出和结果，通过设计合理的指标来进行综合评价。财政支出综合绩效评价需要和上级政府对下级政府的政绩考核相区别，二者的考核主体、考核目标、指标体系和考评侧重点均有所不同。对这四个层次主体的绩效评价体现了一个从微观到宏观、从具体到全面的过程。

3. 绩效评价的主体与范围

绩效评价的主体是财政部门、主管部门和单位,而不仅仅是财政部门。主管部门和项目单位是使用财政资金的主体,因而也是绩效评价的主体。绩效评价的客体是各项财政资金,即各级财政部门安排的财政资金,以及纳入部门预算管理的财政性资金等。

(二) 绩效预算的内涵与要素

1. 绩效预算的内涵

绩效预算是把市场经济的一些基本理念融入公共管理之中,强调投入与产出的关系,即政府通过公共产品服务收益与成本的比较,要求以最小的投入取得最大的产出。其宗旨在于有效降低政府提供公共产品的成本,提高财政支出的效率,约束政府支出的扩张,因此又被称为以结果为导向的预算。即绩效预算的目标是政府工作的"结果",而不是政府机构工作的直接"产出"。例如修一条公路,即使是能够按时、保质完工,但并没有达到缓解交通拥堵的设计初衷,则这种投入仍应被视为是低效或无效的。

2. 绩效预算的要素

绩效预算要求政府每笔支出必须符合绩、预算、效三要素的要求。(1) "绩"是指请求财政拨款是为了达到的某一具体目标或计划,即绩效目标。这些目标应当尽量量化或者指标化,以便编制预算并考核效果。(2) "预算"是指完成业绩所需的拨款额,或公共劳务成本,它包括人员工资和各种费用在内的全部成本。凡是能够直接量化的,政府都应当计算并公布标准成本。(3) "效"是指使用财政性资金所带来的产出和结果指标,对绩效的考核指标设计包括量的考核指标和质的考核指标两部分。

从国外绩效评价总结的经验来看,绩效评价和绩效预算是相辅相成的关系。目前我国是以绩效评价先行,明确绩效目标,从而进一步推进绩效预算,推进预算绩效管理,提高财政资金使用效益。

三、绩效预算与分项预算

传统的预算编制方法主要是投入式的分项预算，也称为投入预算，即预算内的各项支出按照支出类型和目标进行分类，对资金使用进行控制，避免人员经费支出、公用经费支出和其他分项支出之间的资金转移。在分项预算中，每一项收入和支出都有明确的来源和去向，更重要的是，分项预算将预算支出与相应的公共项目联系起来，提高了公共部门的公共责任感。而绩效预算是以目标结果为导向，以项目成本为衡量，以业绩评估为核心的一种预算管理模式，它与以投入为导向的分项预算管理模式有很大区别，具有以下特征和功能：

（一）强调目标结果，以绩效作为预算安排的出发点

传统的预算方式注重对投入的控制和管理，以政府应履行的职能为出发点，根据可分配的资源量来确定政府履行职能的程度，并以此确定相应的预算。绩效预算则注重结果，以政府提供公共产品应达到的目标，即政府投入所产生的社会效益为出发点，结合可分配的资源量和绩效考核结果来确定预算资金分配，使预算安排与社会公共需要更加紧密地结合起来，从而大大提高了财政资源分配的科学性和合理性。

（二）强调成本控制，以成本效益作为衡量支出的标准

传统预算注重体现政府意图，预算支出侧重反映政府部门的工作量，而不注重计量完成工作的成本，缺乏内在的约束机制，以致形成了财政学上政府支出扩张的定律。绩效预算则从强调公共产品核算的角度，在预算中融入了成本核算的成本－效益作为衡量支出的标准，强化了政府内控机制，减少了预算支出决策的随意性和失误，进而优化了财政资源配置效果，提高了财政资金使用效益。

(三) 强调权责对等，以绩效换取管理者的"自主权"

传统预算存在部门"权利有余、责任不足"的权责不对等问题，并强调严格的制度控制，致使部门片面追求用钱权利和按规则办事，忽视承担责任和创造性工作。绩效预算则是在确定部门行为目标——绩效的前提下，明确其权利和义务，既赋予部门在一定的在预算总规模内，自主决定资金具体用途的权力，又通过建立问责制度，防止职权滥用，并将资源分配的增加与否与绩效目标是否提高紧密相结合，从而调动了部门规范、科学和创造性理财的积极性。

(四) 强调民主公开，以客观公正的绩效评价体系作为考量

传统预算主要是通过权力机关、审计机关及政府内部监督机制进行财政资金使用的事后合规性审查。绩效预算则更强调监督的社会化，通过建立客观公正的、完善的绩效评价体系，由相对独立的代表纳税人利益的评估机构的参与来进行财政资金使用效果的考核和评价，因此，更具有民主性和公开性，可以有效修正政府施政的目标和行为偏差，增强财政监督实效，促进政府管理水平的提高。

总之，绩效预算将市场机制、竞争机制和问责机制等理念引入到政府预算管理中，其核心是通过制定公共支出的绩效目标和建立预算绩效评价体系，使预算紧紧围绕绩效目标展开，以实现从注重财政资金投入的管理转向注重对支出产出效果的管理，体现了以满足公共服务需求为出发点和归宿的管理理念，可以有效降低政府提供公共服务的成本，提高财政支出的效益，增强政府资源配置的科学化和民主化。

四、政府预算绩效管理的理论依据

政府预算绩效管理包含了公共经济学、现代管理科学、委托代理理论的

科学内涵，是多种现代科学理论在公共财政管理上的具体运用。

（一）公共经济理论

西方财政理论认为，现代市场经济是公共部门经济和私人部门经济构成的混合经济，财政实质上是公共部门经济，是整个社会混合经济的有机组成部分。它对经济进行调节和管理，把财政收支活动同资源有效配置、收入公平分配和经济稳定发展等宏观经济活动结合起来。经济学是研究如何利用稀缺资源来满足人们的需要，即人们花费最小的资源获取更多、更好的效用。运用到财政支出的决策中时，就是最有效地使用财政资源，获得最大的社会政治经济效益。这就要求政府在组织公共财政收入和安排公共财政支出中要有效率和效益观念，特别是安排财政支出过程中要讲效率，求效益。

公共部门的存在，是因为公共部门能够提供私人部门不能提供和不能有效提供的产品（或服务）。公共产品理论的提出更使财政的研究对象从单纯的财政收支拓展到财政活动的终点上，即公共产品的产出和提供。政府在提供公共产品时，必须回答与解决一系列问题，例如，所生产的公共产品的规模、数量应有多大？什么才是公共产品与私人产品理想的社会混合？如何在一系列可供选择的方案中择优？假定公共产品完全从税收中取得经费来源，它应如何在社会不同成员间分配税收负担？对于这些问题的回答与解决，所依据的首要原则是建立一个投入—过程—产出和成果的公共产品生产流程，并评价公共支出在其中的效益状况。

根据公共经济学，财政支出的过程实际上是社会资源的耗费过程。社会资源同人们的需求相比总是存在着稀缺性，财政资源也同样存在着稀缺性。这就要求在财政收支活动中，要通过最有效地筹集、使用和管理财政资源，用最小的支出提供更多、更好的公共产品（服务），获得最大的社会政治经济效益。而是否获得了最大的效益，在具体的管理操作中依赖于对预算支出实施绩效评价来判断。预算支出的绩效评价就是通过对预算活动的绩效进行分析考核，来为公共资源的优化配置提供依据和方法。

（二）委托代理理论

委托代理理论认为，随着人类社会的发展，人类拥有的财产规模不断膨胀，致使财产所有者无法直接经营和管理所掌握的财富和资源。由此必然导致财产所有权和财产经营管理权的分离，使所有者和经营者的关系成为委托代理关系。在这种关系中，所有者即委托人希望经营者（代理人）能诚实、公允地履行代理经济责任，不仅要求实现其财产的保全，还要实现财产的高效、安全运行。而代理人则具有向委托人交代或说明其在诚实、公允地履行代理经济责任的义务。可见，代理经济责任的存在是绩效管理产生和发展的前提，而绩效管理的目标就是要确保代理经济责任的有效履行。同时，由于委托人和代理人在财产经营管理上存在着法律、时间、空间和信息等诸方面的分离，产生了巨大的信息差异，往往代理人在交易中掌握的信息多，处在信息优势的地位，委托人掌握的信息少，处在信息劣势的地位。这种不对称使环境中的有用信息对于特定经济主体来说是稀缺的，使得委托人往往不能直接控制代理人的责任履行过程，这便使委托人必须借助于绩效管理来掌握代理人履行代理经济责任的状况，以缩小信息差距。所以，委托代理问题来源于信息的不对称，绩效管理的重要任务和中心内容就是减弱信息不对称的程度。

在公共部门的改革中，政府权力的下放和委托是一个重大的改革趋势。体现在公共财政领域中的两种主要的委托代理关系：一种是政府外部的委托代理关系，即公众与政府之间的委托代理关系。财政支出的财力主要来自于纳税人，社会成员通过税费委托政府提供公共产品，政府作为纳税人的代理人，代表纳税人筹集、分配和使用财政资金，有责任对财政收支活动进行绩效评价，以评价其财政收支过程是否合理，是否最大限度地满足了社会成员的公共需要。另一种是政府内部的委托代理关系，主要表现为财政部门和预算单位的委托代理关系。财政部门按预算支出的项目和进度给预算单位拨付资金，可以认为是按人民的需要供给公共产品的一部分。然而这种供给方式是价值形态的供给，而不是实物供给。预算支出能否转化成最终的公共商品还依赖于预算单位是否按财政部门的指令花钱、行事，这样财政部门与各预算单位之间就存在委托代理关系，并且财政部门往往处于信息劣势的地位。为了较好地解决内部委托代理中的信息不对称，财政部门应加强对财政资金使用情况的监督，每年由财政部门指导各部门开展预算支出绩效评价，以准确及时地把握财政资金的"来龙去脉"，获得支出所对应产出和最终效果的反馈信息，从而更好地履行政府的代理经济责任。

（三）以产出为导向的新公共管理理论

在传统公共管理模式中，政府是非营利性质的，政府活动只要严格遵从预算的要求组织预算收支即可。政府的持续发展能力和偿债能力取决于政府继续为之提供资金的意愿，而不是取决于政府部门取得成果和回报的能力。然而新公共管理理论提出，政府的职能和根本目标应是履行管理社会公共资源责任，提供社会公共产品和公共服务，政府活动应从纯粹的预算分配向积极的财政管理扩展，社会对政府的关注也由注重实现公共资源的使用分配的过程向注重实现公共资源使用分配的结果转变。

从管理学意义上言，"新公共管理"模式是站在"企业化政府"的高度上，将社会公众与政府的关系，定位为新型的"公共受托责任"关系，它要求把反映公共资源的优化配置和合理利用、考评公共部门的绩效和增加透明度视为受托责任的核心。对公共部门提供的公共服务确立明确计量绩效的量化标准，包括服务提供的范围、水平和内容等，强调节省资源，降低服务成本，而不是将重点放在机构设置、公共服务数量等方面。针对预算收支活动特别是支出活动的绩效管理是实现政府"企业化管理"的关键技术。预算绩效管理的引入提高了政府整体受托责任，扩大了评估政府财政状况和行政能力的信息范围，政府管理者将借助财政支出分配和使用的评价信息，来制定合理的政策目标、预算和活动计划，并对具体项目和行为的可行性和合理性做出理性决策，以引导政府资源的合理流动和运行。

五、中国推行预算绩效管理的意义

党中央、全国人大、国务院高度重视预算绩效管理工作,多次强调要深化预算制度改革,加强预算绩效管理,提高财政资金使用效益和政府工作效率。2014年修订的《预算法》中,首次以法律形式明确了我国公共财政预算收支中的绩效管理要求,突出"全过程绩效管理、绩效目标管理、结果应用管理和人大代表参与式管理"四大特征。

第一,加强预算绩效管理,是深入贯彻科学发展观的客观要求。预算绩效管理强调结果导向,加强预算绩效管理,促进公共资源的科学合理配置,要求使用好有限的财政资金,进一步保障和改善民生,促进社会主义和谐社会建设,做到发展为了人民、发展成果由人民共享,这与科学发展观以人为本的核心要求是一致的。

第二,加强预算绩效管理,是建设高效、责任、透明政府的重要内容。预算绩效管理注重支出的责任,加强预算绩效管理,强化部门的支出责任意识,履行好经济调节、市场监管、公共服务、社会管理等政府职能,推进预算绩效信息公开,有利于促进政府部门提高管理效率,改善决策管理和服务水平,提升公共产品和服务的质量,进一步转变政府职能,增强政府执行力和公信力。

第三,加强预算绩效管理,是财政科学化精细化管理的出发点和落脚点。预算绩效管理是财政科学化精细化管理的重要内容,是效率观念的拓展和提升。加强预算绩效管理,要求预算编制时申报绩效目标,实施绩效运行监控,加强绩效监督和结果问责,建立预算安排与绩效评价结果有机结合机制,把绩效理念融入预算编制、执行、监督管理全过程,既可有效缓解财政收支紧张的矛盾,又可提高财政资金的使用效益,是进一步提升财政科学化精细化管理水平的有力抓手。

第四,加强预算绩效管理,是财政改革发展到一定阶段的必然选择。预算绩效管理更加关注公共部门直接提供服务的效率,加强预算绩效管理,促进财政工作从"重分配"向"重管理""重绩效"转变,解决财政资金使用的绩效和支出责任问题,是市场经济国家财政管理发展的一般规律,也是我国财政改革发展到一定阶段的必然选择。

由此可见,顺应时代发展要求,立足我国国情并借鉴国际经验,逐步推行绩效预算,建立科学的预算绩效评价体系,对于深化财政改革,加强财政管理和提高财政保障能力;对于强化政府的社会管理和公共服务职能,建设服务型政府,提高政府及公共部门的管理水平和能力;对于全面贯彻落实科学发展观、执政为民的执政观和经济社会发展战略目标,推进社会主义和谐社会建设等,都具有重要的现实意义和深刻的长远意义。

第二节 预算绩效管理发展历程与中国现状

政府预算绩效管理作为政府绩效管理的一种创新,最早正式出现于1949年的美国。随后它在不同的时期不同的地区被诠释为不同的形态,项目预算、项目规划预算、产出预算、绩效预算等概念常常在文献上被交互使用。现在,人们更多的是指从20世纪90年代开始并被广泛应用于OECD的所谓"新绩效预算",它继承了效率导向的一系列预算改革的成果并有所发展,更加强调支出责任。

一、国外预算绩效管理发展历程

(一) 1949年绩效预算引进

1949年胡佛委员会提出"项目预算"或绩效预算,其关键特征是要在预算过程中描述每个政府组织运行的各种活动,把总的支出分配到各种不同的活动上，并对政府部门的实际活动进行测量。1951年美国政府通过预算账户和叙述式计划与业绩报表，将计划和活动清单纳入预算，其中一些报表用于说明计划工作量和根据权责发生制计算出的政府施政成本。

在美国政府之后，1954年菲律宾政府开始绩效预算编制试验，在1956财政年度内，12家政府部门采用了绩效预算模型，放弃了详细的预算分项，支出按照计划和项目大类列入预算。绩效预算改革取得了相当成就，提高了人们对成本和效率问题的关注。但是，在成本分摊和绩效测评方面，这一改革在很大程度上是失败的。首先，绩效预算中的许多概念非常新颖，实施改革的政府各部门对此理解得不深入，而恰恰是这些部门却需要实践这些概念；其次，这次改革取得的可见收益非常小；最后，当时的政府会计制度和绩效计量系统都非常原始，这对当时的政府组织造成了沉重的负担。

（二）规划项目预算系统

第二次大规模的预算改革是20世纪60年代在美国兴起的规划项目预算系统（System of Planning Programming and Budgeting，PPBS），美国的改革也激起其他发达国家实施预算改革的浪潮，OECD的许多成员国在60年代采纳了这一系统。

到1964年，美国80%的政府机构在预算请求中提供成本资料。但预算还应考虑支出的质量问题，这种需求导致了规划项目预算系统的产生，这一预算制度于1965年启动。规划项目预算系统意图在目标和目的、计划和活动之间建立更为密切的联系。在计划阶段，利用制度分析确定政策目标并找到有关解决方案。在方案阶段，对各种手段进行考虑并与规划阶段确定的各种解决方案进行比较。然后把各种活动归入跨年度计划，对此类计划进行评估和比较。最终，在预算编制阶段将上述计划转化为年度预算。

PPBS被证明是很难实施的。首先，政治因素在预算过程中的作用没有得到确认，预算过程中的政治现实是：政府目标和活动是不同价值判断之间的相互妥协，这一点在PPBS中并没有得到充分的理解。其次，实现完美、无争议的政府服务目标和活动的合理组织是不存在的。再次，PPBS所试图忽视的部门界限，实践证明是非常活跃的，成为实施PPBS的重大障碍。最后，PPBS要求大量经过高质量培训的管理人员，去指导各种分析和研究，而这些人员当时十分短缺。此外，当时的政府会计和报告信息系统也不支持这一预算方法。

在把原来未被应用于预算的经济学和社会学的许多概念引入预算方面，PPBS做出了重要贡献，这些概念今天仍在使用。在用这些技巧代替传统预算方面，PPBS脱离当时的实际情况，20世纪80年代各国纷纷放弃了这种尝试。

（三）零基预算

20世纪80年代前的最后一次重大的预算改革是零基预算（Zero-Based Budget，ZBB），在70年代晚期由美国政府率先尝试，而后被某些OECD国家采用。它要求每年都对预算中的每个支出项目的正当性加以证明并得到批准，另外，它还要求所有决策都应进行评估，并在系统分析的基础上按重要性进行排序。与前几次引入的预算模式相比，零基预算更注重预算程序而不是内容。

在纯粹零基预算编制制度下，所有计划必须每年进行重新评估，并重新开始分析计划是否符合要求。某项计划在前一年度预算中得到拨款，并不意味着这种拨款应当延续到下一财政年度。实际上这种纯粹的形式从来未曾在某个国家采用过，但许多国家的政府都或多或少地吸收了零基预算的原则，即要求政府部门在提出下年度预算申请时，只能提出相当于现有支出水平的90%或80%的预算。

零基预算被证明是短命的，它所面临的问题也是此前的规划项目预算系统遇到的问题，如果只是对支出进行抽查，零基预算编制还有一定作用，但在实践中，由于时间限制以及零基预算运作所需要的技能，每年都重新编制预算根本不可能。事实上，零基预算编制方法只是对少数新增项目进行审查。最终，美国议会决定重新考虑传统的预算编制方法，而将费时费力又复杂的零基预算方法搁置起来。

(四) 产出预算

自 20 世纪 80 年代中期以来,以新西兰和澳大利亚等为代表的一批 OECD 国家以政府预算管理改革为核心,进行了一系列被誉为"新公共管理"的影响深远的改革,包括在预算管理中引入全新的理念、权责发生制的政府会计、绩效导向的管理,以及将传统的投入预算转向产出预算。

产出预算的重点由投入转向产出,通过将管理和运作财政资源的权力下放给各部门和支出单位来提高运作效率,其中以新西兰对产出预算的研究和实施最为深入。相对于投入预算而言,产出预算有三个基本特征:首先,以产出指标作为预算编制的基础;其次,对各支出部门的预算拨款以特定产出的成本费用为基础;最后,各部门负责人在议会批准的拨款限额内可以自由地分配财力。

实行产出预算(或更一般地讲是绩效预算)需要具备一定的条件,包括明确测量财政绩效、在预算程序中培养"遵守规则文化"、公共支出管理权限的下放、良好的政府会计和成本计量系统等。如果实施的条件尚不成熟,那么在预算体系中引入绩效管理因素也是非常有意义的。1993 年,美国通过的《美国政府绩效与成果法案》要求每个支出机构都必须制定详细的绩效计划,并将这些计划与业务活动和预算程序连接起来。

(五) 新绩效预算

20 世纪 90 年代以来,借助于现代管理理念和技术手段的进步,绩效预算又重新开始为世界各国所重视。不论是早期的绩效预算,还是现代的以产出预算为代表的新绩效预算,都将预算与绩效相联系,实际上是一种以绩效为预算对象和拨款依据的预算方法。在美国 1972 年颁布《政府审计准则》提出对项目进行"绩效审计"的要求后,特别是新西兰等国在政府预算和会计制度方面进行改革之后,美国政府也更关注新公共管理运动中的绩效管理、新绩效预算，标志性的变化是1993年出台的《政府绩效与结果法案》（GPRA）。

在获得国会批准后，时任美国总统克林顿签署了GPRA，要求所有政府部门都要提交五年策略发展计划、年度绩效计划和年度绩效报告；要求预算与管理办公室（OMB）负责提交关于整个政府部门的绩效计划，会计总署则提交关于实施情况的报告。在经过1994～1996年的试点后，1997～1999年，GPRA进入全面推广阶段，所有政府部门依次于1997年提交了五年计划，于1998年提交了年度绩效计划，于1999年提交了年度绩效报告。

在GPRA的框架基础上，2000年克林顿提出了包含绩效预算在内的政府改革"总统管理议程"后，OMB于2002年推出了项目评估比率工具（Program Assessment Rating Tool，PART），试图系统地、连续地、透明地评价支出项目，用于预算分析和决策。它努力地把GPRA规定的关于政府活动绩效与预算的复杂联系过程变为快速而简洁的程序，试图通过连续、客观地获取支出项目的绩效信息并用于预算决策。

二、中国预算绩效管理引进历程与现状

进入20世纪90年代以来，随着公共财政理论和效益财政理论的建立，我国政府及财政部门逐步开始了以实施预算绩效考评、建立预算绩效评价体系为突破口的实践和探索，具体过程可以分为以下四个阶段：

（一）预算支出绩效评价的萌芽阶段

该阶段从20世纪90年代初开始。为加强行政事业单位财务管理，从1990年起，财政部开始实行文教行政财务管理和使用效益考核工作。为加强国家重点投资项目的评价工作，从1998年起，我国开始建立财政投资评审制度体系，明确了评审对象，形成了比较成熟的评审方法和程序，建立了相对独立的投资评审机构队伍。上述考核和评审主要是相关财政支出的事后评价，具有一定的预算支出绩效评价的性质，但并非严格意义上的预算支出绩效评

价，其初衷也不是为了实行绩效预算，而是为了完善财政支出管理，加强对财政资金使用的监督和跟踪问效。这一时期关于财政支出效益评价的实践还属于小范围和浅层次的，只是预算支出绩效评价的萌芽或开端，但客观上为我国下一步探讨建立预算支出绩效评价体系，实行绩效预算奠定了基础。

（二）分散性的预算支出绩效评价初步试点阶段

该阶段从21世纪初开始。在此阶段，绩效预算理念已经进入我国，理论界和各部门对我国实行绩效预算的必要性和可行性问题，进行了较为深入的研究探讨，认识到虽然我国还不具备全面实行绩效预算的条件，但是积极探索建立预算绩效评价体系，对财政支出绩效进行评价，提高财政资金使用效益，具有重要意义，也具备可行性。2001年，湖北省率先在恩施土家族自治州选择5个行政事业单位进行了评价试点，真正意义的预算支出绩效评价开始在我国起步和试验。2003年，《中共中央关于完善社会主义市场经济体制若干问题的决定》明确地将"建立预算绩效评价体系"列为推进我国财政管理体制改革的内容之一。在此背景下，中央和一些地方财政部门有选择地从教育、科技、卫生、转移支付等部分管理领域的一些项目入手，进行了绩效考评的初步试点，并制定了一些单项性的绩效考评管理办法，如财政部的《中央级教科文部门项目绩效考评管理试行办法》（财教［2003］28号）《中央级行政经费项目支出绩效考评管理办法（试行）》（财行［2003］108号）《关于开展中央政府投资项目预算绩效评价工作的指导意见》（财建［2004］729号）等。在相关部门的通力合作下，试点范围逐步扩大，取得了一定的成效，摸索出初步经验。但总的来看，这一阶段的预算绩效评价还是初步的、尝试性的，主要反映在：一是试点分散进行，没有统一的制度规定为指导；二是实施范围有限，主要是部分行业管理部门预算中的项目支出，很少涉及基本支出；三是指标体系设计不很科学，比较粗放，偏重于效率指标和对工作量的考评；四是具体执行中存在走样问题，有的将预算绩效考评变成了项目竣工验收或是项目执行情况的反映。

（三）统一制度规范下的预算支出绩效评价试点阶段

进入这一阶段的标志是 2005 年 5 月，财政部制定了《中央部门预算支出绩效考评管理办法（试行）》（财预［2005］86 号，以下简称《办法》）。《办法》在总结前期预算支出绩效考评试点经验的基础上，统一规定了部门预算绩效考评的各项基本制度，表明我国预算支出绩效评价取得了重大突破，具体表现在三个方面：一是规定要对部门绩效进行评价。这将为下一步实行对政府绩效的评价奠定基础。二是规定要进行综合评价。将实施范围由前阶段的主要针对财政投资性支出及一般预算支出中的项目而进行的单项评价，扩展到对整个部门预算进行评价的综合性评价。三是规定要有专门的评价主体。明确了绩效评价的组织管理体系和评价机构制度。《办法》的出台和实施，为健全完善预算绩效评价体系奠定了制度基础，对统一规范和指导部门预算绩效考评试点工作，保障预算绩效考评试点工作的顺利进行，推动向绩效预算目标迈进都将发挥重要作用。以《办法》为依据，从 2006 年起，财政部选择了 3 部门的 4 个项目，开展了统一的绩效考评试点工作。在 2008～2010 年基本建立起了预算绩效评价体系，提高了政府管理效能和财政资金使用效益。

（四）财政支出绩效评价常态化阶段

2007 年，我国全国财政收入突破 5 万亿元，2011 年，突破 10 万亿元大关，随着我国财政收支规模的不断扩大，我国财政支出绩效考评工作进入常态化阶段。2009 年 6 月，财政部下发《财政支出绩效评价管理暂行办法》（财预［2009］76 号），2011 年 4 月，财政部对其进行了修订，下发了《财政支出绩效评价管理暂行办法》（财预［2011］285 号），成为当前我国开展财政支出绩效评价工作的指导文件。

为推动地方开展此项工作，2011 年 7 月财政部出台《关于推进预算绩效管理的指导意见》（财预［2011］416 号），8 月出台《绩效评价工作考核暂行办法》（财预［2011］433 号），逐步建立全过程预算绩效管理机制，标志着完整意义上的预算绩效管理理念得以确立。

2012年，财政部召开年中全国财政厅（局）长座谈会，不断拓展预算绩效管理各环节的广度和深度。2012年，财政部印发《预算绩效管理工作规划（2012－2015年）》的通知（财预〔2012〕396号），在预算绩效管理工作规划中，明确了预算绩效管理的目标是树立"讲绩效、重绩效、用绩效""用钱必问效、无效必问责"的绩效管理理念。

2014年8月，十二届全国人大常委会第十次会议表决通过修改《预算法》的决定，首次以法律形式明确了公共财政预算收支中的绩效管理要求，为中国预算体制由传统预算向绩效预算转型奠定了坚实的法律基础。新《预算法》明确提出，预算绩效管理工作应贯穿于预算活动的全过程：（1）在总则中，新《预算法》提出"讲求绩效"的基本要求，即《预算法》第十二条："各级预算应当遵循统筹兼顾、勤俭节约、量力而行、讲求绩效和收支平衡的原则。"（2）在预算编制环节，《预算法》第三十二条指出："各部门、各单位应当按照国务院财政部门制定的政府收支分类科目、预算支出标准和要求，以及绩效目标管理等预算编制规定，根据其依法履行职能和事业发展的需要以及存量资产情况，编制本部门、本单位预算草案。"（3）在预算审查和批准环节，《预算法》第四十九条指出："各级人民代表大会有关专门委员会，要向本级人民代表大会主席团提出关于总预算草案及上一年总预算执行情况的审查结果报告。审查结果报告应当包括提高预算绩效的意见和建议。"（4）在预算执行和监督环节，《预算法》第五十七条指出："各级政府、各部门、各单位应当对预算支出情况开展绩效评价。"（5）在决算环节，《预算法》第七十九条明确规定："人民代表大会在审议本级决算草案时，要重点审查支出政策实施情况和重点支出、重大投资项目资金的使用及绩效情况。"

在《预算法》修订案通过的同期，财政部将投资评审中心改名为预算评审中心，并于2015年6月正式发文《关于充分发挥预算评审中心职能作用，切实加强预算管理的通知》（财办预〔2015〕21号），对预算评审中心的职能和作用进行了重新界定。预算评审中心的职能作用是：（1）建立预算评审机制,将预算评审实质性嵌入部门预算管理流程,使预算评审成为预算编制的必要环节,提高预算编制的真实性、合理性和准确性。(2) 全过程参与预算绩效管理,成为绩效管理的重要组成部分,为提高财政资金使用效益服务,促进形成预算编制、执行、监管、绩效评价相互衔接相互制约的工作机制。

专栏7-1 2016年中央预算绩效管理取得突破性进展

2016年以来,财政部全面推进中央预算绩效管理,取得突破性进展。一是首次实现中央部门项目支出绩效目标管理全覆盖。要求中央部门一级、二级项目全部编报绩效目标,并对中央本级2024个一级项目和中央对地方93个专项转移支付项目绩效目标及指标进行了逐一审核,初步建立了比较规范的绩效指标体系。二是启动绩效目标执行监控试点。选取中组部、水利部、银监会、审计署等15个部门,开展绩效目标执行监控试点,及时发现管理漏洞,纠正执行偏差。三是开展财政重点绩效评价工作。从2015年度项目支出中筛选25项重大民生政策和重点专项支出,开展重点绩效评价,基本涵盖教育、社保、农林水等重点民生领域,涉及资金3000多亿元。四是首次向全国人大常委会报送绩效评价报告。将师范生免费教育、草原生态保护补助奖励等5个项目和政策绩效评价报告,作为2015年中央决算参阅资料提交全国人大常委会。五是推进绩效评价结果随同中央决算向社会公开。推动和组织69个部门向社会公开绩效工作开展情况,24个部门公开项目绩效评价报告。六是加强中央部门绩效自评。要求中央部门在2016年预算执行完成后,对所有项目支出进行绩效自评,并按照不低于项目支出总金额的一定比例,选取部分一级项目绩效自评结果,随部门决算报财政部审核。

2017年,财政部将进一步加快预算绩效改革步伐,大力推进全过程预算绩效管理,逐步建立"花钱必问效、无效必问责"的管理机制,不断提升政府公共服务的质量和水平。

资料来源:财政部预算司。

第三节 全流程绩效管理机制构建

预算绩效管理是一个由绩效目标管理、绩效运行跟踪监控管理、绩效评价实施管理、绩效评价结果反馈和应用管理共同组成的综合系统。推进预算绩效管理，就是要将绩效理念融入预算管理全过程，使之与预算编制、预算执行、预算监督一起成为预算管理的有机组成部分，逐步建立"预算编制有目标、预算执行有监控、预算完成有评价、评价结果有反馈、反馈结果有应用"的预算绩效管理机制。

针对预算绩效管理的几个主要组成部分，财政部在先后发布的文件都予以了明确规范。2011年4月，财政部发布《财政支出绩效评价管理暂行办法》（财预〔2011〕285号），对绩效目标管理、绩效运行跟踪监控管理等进行了说明和界定。2012年发布《预算绩效管理工作规划（2012－2015年）》（财预〔2012〕396号），明确提出要围绕"建立机制""完善体系""健全智库""实施工程"等重点工作来推进预算绩效管理工作。2015年5月财政部发布《关于印发〈中央部门预算绩效目标管理办法〉的通知》（财预〔2015〕88号），对中央部门预算绩效目标的设定、审核、批复、调整与应用等进行了全面规范。同期，发布《关于加强中央部门预算评审工作的通知》（财预〔2015〕90号），从明确预算评审内容、强化预算评审环节、完善预算评审方式、加强评审结果运用、增强预算评审能力、保障预算评审经费等方面提出了相应的要求。

一、预算绩效管理的原则

（一）统一组织，分级负责

"统一组织"是指预算绩效管理工作由财政部门统一组织和指导。"分级负责"是指各级财政和预算部门按现行财政体制和隶属关系分别开展工作，各负其责，各尽其职。财政部负责全国预算绩效管理工作，制定全国性规划和规章制度，组织、指导中央部门和地方财政部门的预算绩效管理工作实施。地方各级财政部门负责本地区预算绩效管理工作，制定区域性规划和规章制度，组织、指导本级预算部门和下级财政部门的预算绩效管理工作实施。预算部门是本部门预算绩效管理的责任主体，制定本部门工作规划和规章制度，具体实施本部门及下属单位的预算绩效管理工作。所有预算单位都应当按照规定的要求，扎实做好预算绩效管理基础工作。

（二）统筹规划，远近结合

"统筹规划"是指各级财政和预算部门要统筹谋划本地区、本部门预算绩效管理的指导思想、总体思路和长远规划，确定基本目标和主要任务，落实保障措施。"远近结合"是指各级财政和预算部门编制预算绩效管理规划时，要结合加强预算绩效管理的推进情况，既要着眼长远，又要立足当前，既要有中长期规划，又要有年度目标，建立完善年度工作计划与中长期规划相结合的机制。

（三）全面推进，重点突破

"全面推进"是指各级财政和预算部门要充分认识推进预算绩效管理工作的重要性和紧迫性，积极扩大预算绩效管理覆盖面，逐年增加绩效目标管理范围和绩效评价项目，横向到边，纵向到底，全面推进。"重点突破"是指各级财政和预算部门要正视现阶段开展预算绩效管理工作的艰巨性和长期性，结合本地区、本部门实际情况，因地制宜，积极探索，抓住关键，以各级党委、政府关心和社会公众关注的重点民生项目作为突破口，积累经验，扩大影响，以点带面，早出实效。

（四）改革创新，协力推动

"改革创新"是指预算绩效管理工作既要适应新形势新任务的需要，解决当前影响财政资金使用效益的问题，又要敢于突破旧框架、旧观念的束缚，大胆探索，不断创新管理理念、管理方法，不断完善相关政策措施，不断优化内部流程，从制度机制上解决财政工作中存在的突出矛盾和问题，在创新中推进，在改革中发展，充分发挥财政部门职能作用，不断提高财政资金使用绩效。"协力推动"是指在发挥各级财政和预算部门能动性，推动预算绩效管理工作的同时，要借助各级人大、纪检监察、审计、社会中介等各方力量，合力推动，提升政府执行力和公信力。

二、绩效目标管理

绩效目标管理是指财政部门、各部门及其所属单位以绩效目标为对象，以绩效目标的设定、审核、批复等为主要内容所开展的预算管理活动。财政部门和各部门及其所属单位是绩效目标管理的主体。绩效目标管理的对象是纳入各部门预算管理的全部资金，而不仅仅是财政性资金。

（一）绩效目标内涵

绩效目标是指财政预算资金计划在一定期限内达到的产出和效果。绩效目标是建设项目库、编制部门预算、实施绩效监控、开展绩效评价等的重要基础和依据。

（二）绩效目标分类

1. 按照预算支出的范围和内容划分，包括基本支出绩效目标、项目支出绩效目标和部门（单位）整体支出绩效目标

基本支出绩效目标，是指部门预算中安排的基本支出在一定期限内对本部门（单位）正常运转的预期保障程度。一般不单独设定，而是纳入部门（单位）整体支出绩效目标统筹考虑。项目支出绩效目标是指部门依据部门职责和事业发展要求，设立并通过预算安排的项目支出在一定期限内预期达到的产出和效果。部门（单位）整体支出绩效目标是指部门及其所属单位按照确定的职责，利用全部部门预算资金在一定期限内预期达到的总体产出和效果。

2. 按照时效性划分，包括中长期绩效目标和年度绩效目标

中长期绩效目标是指部门预算资金在跨度多年的计划期内预期达到的产出和效果。年度绩效目标是指中央部门预算资金在一个预算年度内预期达到的产出和效果。

（三）绩效目标设定的依据

绩效目标设定是指各部门或其所属单位按照部门预算管理和绩效目标管理的要求，编制绩效目标并向财政部门或各部门报送绩效目标的过程。预算单位在编制下一年度预算时，要根据本级政府编制预算的总体要求和财政部门的具体部署、国民经济和社会发展规划、部门职能及事业发展规划，科学、合理地测算资金需求，编制预算绩效计划，报送绩效目标。报送的绩效目标应与部门目标高度相关，并且是具体的、可衡量的、一定时期内可实现的。预算绩效计划要详细说明为达到绩效目标拟采取的工作程序、方式方法、资金需求、信息资源等，并有明确的职责和分工。

按照"谁申请资金，谁设定目标"的原则，绩效目标由各部门及其所属单位设定。项目支出绩效目标，在该项目纳入各级政府部门预算项目库之前编制，并按要求随同各部门项目库提交财政部门；部门（单位）整体支出绩效目标，在申报部门预算时编制，并按要求提交本级财政部门。

各部门设定绩效目标的依据包括：（1）国家相关法律、法规和规章制度，国民经济和社会发展规划；（2）部门职能、中长期发展规划、年度工作计划或项目规划；（3）部门中期财政规划；（4）财政部门中期和年度预算管理要求；（5）相关历史数据、行业标准、计划标准等；（6）符合财政部门要求的其他依据。

(四) 绩效目标的主要内容

绩效目标要能清晰反映预算资金的预期产出和效果，并以相应的绩效指标予以细化、量化描述。绩效目标包括绩效内容、绩效指标和绩效标准。

所谓绩效内容是指：（1）预期产出，即预算资金在一定期限内预期提供的公共产品和服务情况；（2）预期效果，即上述产出可能对经济、社会、环境等带来的影响情况，以及服务对象或项目受益人对该项产出和影响的满意程度等。

绩效指标是对绩效目标进行细化和量化的描述，通常包括产出指标、效益指标和满意度指标等。（1）产出指标是对预期产出的描述，包括数量指标、质量指标、时效指标、成本指标等。（2）效益指标是对预期效果的描述，包括经济效益指标、社会效益指标、生态效益指标、可持续影响指标等。（3）满意度指标是反映服务对象或项目受益人的认可程度的指标。

绩效标准是设定绩效指标时所依据或参考的标准，主要包括：（1）历史标准，即同类指标的历史数据等；（2）行业标准，即国家公布的行业指标数据等；（3）计划标准，即预先制定的目标、计划、预算、定额等数据；（4）财政部认可的其他标准。

(五) 绩效目标设定的方法

1. 项目支出绩效目标的设定

梳理项目功能，对项目的资金性质、预期投入、支出范围、实施内容、工作任务、受益对象等予以明确。依据项目的功能特性，预计项目实施在一定时期内所要达到的总体产出和效果，确定项目所要实现的总体目标，并以定量和定性相结合的方式进行表述。在此基础上，对项目支出总体目标进行细化分解，从中概括、提炼出最能反映总体目标预期实现程度的关键性指标，并将其确定为相应的绩效指标。

2. 部门整体支出绩效目标的设定

梳理部门职能，确定部门各项具体工作职责，结合部门中长期规划和年度工作计划，明确年度主要工作任务，预计部门在本年度内履职所要达到的总体产出和效果，将其确定为部门总体目标，并以定量和定性相结合的方式进行表述。依据部门总体目标，结合部门的各项具体工作职责和工作任务，确定每项工作任务预计要达到的产出和效果。

（六）绩效目标的审核

绩效目标审核是部门预算审核的有机组成部分。绩效目标不符合要求的，应要求报送单位及时修改、完善。审核符合要求后，方可进入项目库，并进入下一步预算编审流程。

按照"谁分配资金，谁审核目标"的原则，绩效目标由财政部门按照预算管理级次进行审核。根据工作需要，绩效目标可委托第三方予以审核。有预算分配权的部门应对预算部门提交的有关项目支出绩效目标进行审核，并据此提出资金分配建议。经审核的项目支出绩效目标，报财政部门备案。

绩效目标审核的主要内容包括：（1）完整性审核。绩效目标的内容是否完整，绩效目标是否明确、清晰。（2）相关性审核。绩效目标的设定与部门职能、事业发展规划是否相关，是否对申报的绩效目标设定了相关联的绩效指标，绩效指标是否细化、量化。（3）适当性审核。资金规模与绩效目标之间是否匹配，在既定资金规模下，绩效目标是否过高或过低；或者要完成既定绩效目标，资金规模是否过大或过小。（4）可行性审核。绩效目标是否经过充分论证和合理测算；所采取的措施是否切实可行，并能确保绩效目标如期实现；综合考虑成本效益，是否有必要安排财政资金。

审核结果为"优"的，直接进入下一步预算安排流程；审核结果为"良"的，可与相关部门或单位进行协商，直接对其绩效目标进行完善后，进入下一步预算安排流程；审核结果为"中"的，由相关部门或单位对其绩效目标进行修改完善，按程序重新报送审核；审核结果为"差"的，不得进入下一步预算安排流程。

(七) 绩效目标的批复与应用

财政预算经各级人民代表大会审查批准后，财政部门应在单位预算批复中同时批复绩效目标。批复的绩效目标应当清晰、可量化，以便在预算执行过程中进行监控和预算完成后实施绩效评价时对照比较。

各部门和各单位应按照批复的绩效目标组织预算执行，并根据设定的绩效目标开展绩效监控、绩效自评和绩效评价。(1) 绩效监控。预算执行中，各部门及各单位应对资金运行状况和绩效目标预期实现程度开展绩效监控，及时发现并纠正绩效运行中存在的问题，力保绩效目标如期实现。(2) 绩效自评。预算执行结束后，资金使用单位应对照确定的绩效目标开展绩效自评，分别填写"项目支出绩效自评表"和"部门（单位）整体支出绩效自评表"，形成相应的自评结果，作为部门（单位）预、决算的组成内容和以后年度预算申请、安排的重要基础。(3) 绩效评价。财政部门要有针对地选择部分重点项目或部门，在资金使用单位绩效自评的基础上，开展项目支出或部门整体支出绩效评价，并对部分重大专项资金或财政政策开展中期绩效评价试点，形成相应的评价结果。[①] 中央部门预算绩效目标管理流程参见图 7–1。

---

① 财政部 2015 年 5 月发布的《关于印发〈中央部门预算绩效目标管理办法〉的通知》（财预 [2015] 88 号）。

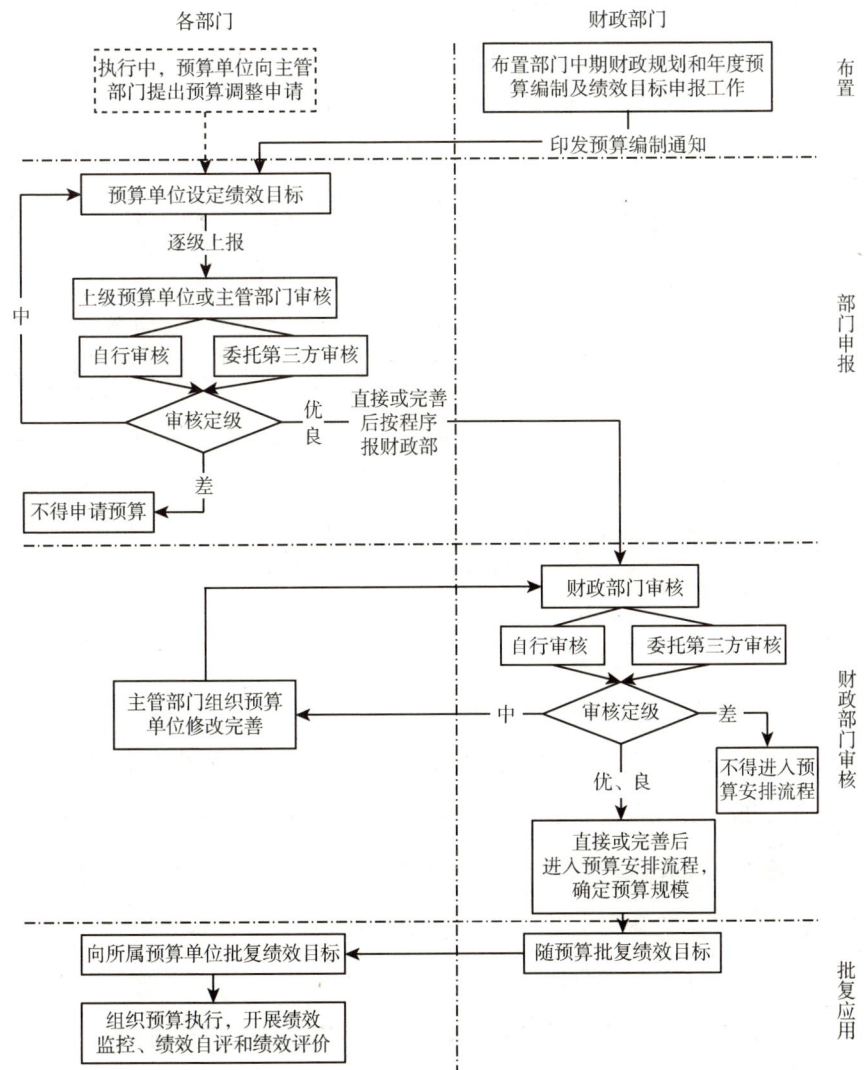

图7-1 中央部门预算绩效目标管理流程

三、绩效运行跟踪监控管理

预算绩效运行跟踪监控管理是预算绩效管理的重要环节,是对预算执行效率实行的监控。在此过程,预算绩效管理的重点是:是否按计划落实并使用了各项预算资金，预算活动是否能够实现预期的产出。

建立绩效运行跟踪监控机制的目的就是要通过定期采集绩效运行信息并汇总分析，对绩效目标运行情况进行跟踪管理和督促检查，以纠偏扬长，促进绩效目标的顺利实现，只有根据跟踪监控中发现的绩效运行目标与预期绩效目标发生的偏离及时采取措施予以纠正，才能有效提高预算资金的运行效率。

为此，建立起行之有效的预算执行动态监控系统，通过动态监控系统，全程监控财政资金支付活动，及时核实预警疑点，跟踪监督问题整改，才能形成事前事中有效控制、事后跟踪问效的资金支付使用监控机制。

此外，应充分利用预算指标、项目库、银行账户、用款计划、资金支付、会计核算等数据信息，对预算资金进行动态分析与监控。

四、绩效评价实施管理

对预算资金使用结果进行评价主要集中于预算的决算及报告阶段，是对整个预算决策、执行及管理的最终成果进行的全方位评判、总结及审查，其关注的核心在于预算执行结果是否达到预期的目标、是否满足当年提出的预算承诺，以及导致预算支出结果出现偏差的原因何在。评价结果是进行决算、安排预算、实施问责的主要依据。

在这一阶段，绩效管理关注的是结果如何，亦即公共部门利用预算资金是否在"负责任地做事"。对预算实施结果的认定是通过绩效评价的方法取得的。为此，应引入恰当的支出结果评价工具，按照一定的标准，对预算申请者所做的支出决策以及支出决策执行情况进行评定，并将评价结果予以公布，以从根本上强化预算绩效管理。

（一）绩效评价主体

预算绩效评价是指根据经批准的预算绩效目标、绩效指标和相应权重，运用科学的绩效评价标准和绩效评价方法，通过对预算项目绩效相关数据资料等信息的采集、整理、汇总以及满意度测评、专家评审论证等，获得预算绩效目标最终结果的过程。

各级预算单位是预算绩效评价的实施主体，承担本单位的绩效评价工作任务。对经确定的重大发展类、民生类或金额较大、群众关切的预算项目，财政部门可以在单位自评价的基础上，再行组织或联合相关部门开展绩效重点评价。对开展绩效重点评价的项目，预算单位应根据财政部门要求如实、准确、完整、及时地提供绩效材料，积极配合绩效重点评价工作。

年度预算执行完毕，预算单位要根据财政部门年度评价计划要求，结合年度决算编制工作，及时组织对本部门及所属单位开展预算绩效自评价，并在每年6月份之前将上一年度预算绩效评价结果报送财政部门。对跨年项目，可以实施当年度阶段性评价，等项目完成后再实施项目总体评价。对部分效益显现周期跨年的项目，经财政部门批准同意后可以在以后年度实施绩效总体评价。

(二) 绩效评价的主要内容

绩效评价应包括以下基本内容，并在绩效评价报告中明确列示：(1) 绩效目标的设定情况；(2) 资金投入和使用情况；(3) 为实现绩效目标制定的制度、采取的措施等；(4) 绩效目标的实现程度、产出情况、综合效益、满意度情况及持续影响力等；(5) 绩效评价结论、绩效整改措施及绩效改进建议等。

(三) 绩效评价指标和标准

1. 绩效评价指标

绩效评价指标是指衡量绩效目标实现程度的考核工具。绩效评价指标的确定应当遵循以下原则：(1) 相关性原则。应当与绩效目标有直接的联系，能够恰当反映目标的实现程度。(2) 重要性原则。应当优先使用最具评价对象代表性、最能反映评价要求的核心指标。(3) 可比性原则。对同类评价对象要设定共性的绩效评价指标,以便于评价结果可以相互比较。(4) 系统性原则。应当将定量指标与定性指标相结合,系统反映财政支出所产生的社会效益、经济效益、环境效益和可持续影响等。(5) 经济性原则。应当通俗易懂、简便易行,数据的获得应当考虑现实条件和可操作性,符合成本效益原则。

绩效评价指标分为共性指标和个性指标。共性指标是适用于所有评价对象的指标。主要包括预算编制和执行情况,财务管理状况,资产配置、使用、处置及其收益管理情况,以及社会效益、经济效益等。个性指标是针对预算部门或项目特点设定的,适用于不同预算部门或项目的业绩评价指标。共性指标由财政部门统一制定,个性指标由财政部门会同预算部门制定。

2. 绩效评价标准

绩效评价标准是指衡量预算绩效目标完成程度的尺度。预算单位可以根据实际情况选择不同标准开展绩效评价工作,绩效评价标准具体包括:(1) 计划标准,是指以预先制定的目标、计划、预算、定额等数据作为评价的标准。(2) 行业标准,是指参照国家公布的行业指标数据制定的评价标准。(3) 历史标准,是指参照同类指标的历史数据制定的评价标准。(4) 其他经财政部门确认的标准。

五、绩效评价结果反馈和应用管理

绩效评价结果应用是预算绩效管理的关键环节。绩效评价结果应用方式包括:

(一) 绩效评价结果反馈及整改

预算单位应及时向财政部门报送绩效评价结果的同时,加大整改力度,提出依照绩效评价结果开展整改的计划。对财政重点评价项目,财政部门应及时将绩效评价结果及相关整改建议书面反馈给预算单位，预算单位应在收到书面结果后30日内将整改措施及整改情况书面报送给财政部门。财政部门应结合年度财政监督检查工作，强化绩效评价结果整改督查力度。

（二）绩效评价结果报告或通报

对绩效评价结果及整改落实情况，财政部门应建立向同级人大、政府及相关层面报告制度和向有关部门和相关利益主体通报机制。其中，重大专项资金绩效评价情况应以专题报告形式提交给政府。

（三）绩效评价结果与部门预算安排相挂钩

建立健全绩效评价结果和部门预算安排相挂钩机制，将部门预算绩效管理工作开展情况和绩效评价结果情况作为改进部门预算管理和安排以后年度部门预算资金的重要依据。对预算绩效管理工作开展积极或绩效评价结果较好的，财政部门在安排预算资金时可予以优先保障和重点支持。对预算绩效管理工作开展不力或达不到绩效目标、评价结果较差或对绩效评价发现问题整改不力的，财政部门应当严格控制该部门预算资金安排。

（四）实施预算绩效管理考核和绩效评价结果问责

根据"谁用款，谁负责"的原则，财政部门应会同纪检、监察、审计等部门建立健全预算绩效管理和绩效评价结果问责机制，对预算绩效管理工作开展不力、绩效评价结果较差或造成财政资金损失浪费、低效使用的部门和单位及其相关人员实施问责。

由此，经由绩效目标管理、绩效运行跟踪监控管理、绩效评价实施管理和绩效评价结果反馈及应用管理，使我们对政府预算的管理从目前单纯注重过程与效率转向决策、效率与结果并重，即通过对预算编制、审查和批准的相关性监督，增强预算决策与国家和地方战略及政策优先方向之间的一致；通过对预算执行过程的效率监督，提高预算资金使用的规范与质量；通过对预算执行结果的评估与信息反馈、追究责任、调整偏差、完善预算决策模式，改善公共部门服务质量，实现对全流程绩效控制机制的构建（见图7-2）。

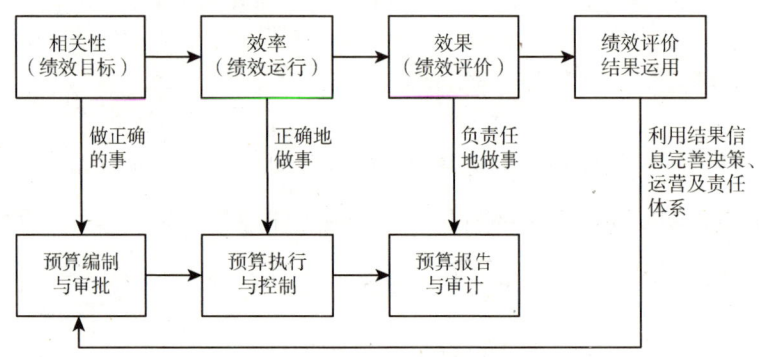

图7-2 全流程绩效控制机制的构建

第四节 中国预算绩效管理改革方向

绩效预算管理是政府绩效管理的重要组成部分，并与政府绩效管理的各项内容、各个环节紧密联系。实行预算绩效管理是一项复杂的社会工程，并非简单的技术性改革。预算绩效管理涉及内容的综合性和丰富性，决定了预算绩效管理改革的综合性、艰巨性和长期性。因此，必须深入分析我国实施预算绩效管理面临的挑战，认识到我国实行绩效预算管理改革的艰巨性和长期性，设定好改革的思路和步骤，明确各阶段的目标和任务。

一、中国实行预算绩效管理的挑战

目前，我国公共财政体制框架初步建立，为民理财、依法理财理念不断强化，财政保障能力不断增强，财政管理的规范性、安全性和有效性进一步提高。我国已具备了一定的推行绩效预算的思想、实践、法律和制度基础，但是，结合国外实施绩效预算的经验，在我国要全面推行绩效预算，还存在许多制约因素。

（一）全面推行绩效预算的理念和文化还不够深入

绩效预算不仅是预算管理方式的创新，更是政府管理理念和文化的一次革命。绩效预算的全面实行要求全社会特别是政府部门要切实树立绩效理念和文化，时时处处以绩效作为指导预算分配和衡量工作的尺度。而我国虽然具有一定的预算支出考核工作基础，政府及社会公众也逐步认识到绩效管理的重要性，但由于受"行政就是管理，财政就是分钱"的传统观念束缚，社会整体的绩效意识并不高，与实行绩效预算的要求相比还有很大的差距。

（二）全面推行绩效预算的阶段性条件还有待完善

绩效预算的全面实行，要求以制度控制为主要手段的传统预算的有效运行为基础。只有在完善的制度控制前提下，才能以绩效目标为约束条件，赋予管理者更大的自由空间。由于受重预算、轻管理和制度建设思想的影响，目前我国的预算法律制度并不完善，预算活动的全方位监督体系尚未建全，财政透明度不高，预算硬约束机制并未建立起来，预算人员的责任意识、法律意识还有待进一步增强，预算管理中的随意甚至腐败现象仍然存在，因此，尚未跨越完全向绩效预算转轨的历史阶段。

（三）全面推行绩效预算的制度基础还有待构建

绩效预算的全面实行要求政府职能边界清晰，预算必须具备完整性、自主性和自由度，建立能够采集和分析大量数据的信息系统，实行适应绩效管理的权责发生制会计制度和政府问责制度，等等。而我国目前尚不具备科学确定由公共部门还是私人部门履行一些公共服务的条件，尚未做到将政府的全部资源（特别是公共资产方面的资源）都纳入预算管理的范围，受制于法定支出等限制，无法完全按照项目优先次序安排预算支出，也未形成符合绩效预算要求的信息管理系统，以及准确测量和科学反映政府行政成本的会计制度，因此，在实行绩效预算必须具备的基础性制度建设方面，我们还有许多工作亟待完成。

（四）全面推行绩效预算的管理能力和人才力量还有待提升

绩效预算的全面实行要求政府及其部门具有很高的行政管理能力，能够对投入和产出进行严格的监督和控制，同时，绩效目标的确定及分解，绩效指标的选择，绩效标准的制定，绩效数据的收集、测算、分析、研究，绩效报告的完成等都具有很高的技术要求和难度。这都需要政府拥有相当数量的具有相关知识和能力的工作人员。在此方面，我国无论是在理论研究还是人才培养上，都还有不小的差距。

二、中国实行绩效预算管理改革的基本思路

我国实行绩效预算的基本思路应当确立为：根据政府绩效管理改革和公共财政改革的总体部署和要求，把绩效管理理念和方法引入我国政府管理和财政预算管理之中，以改革和规范现行预算管理制度为基础，以健全和完善政府绩效管理制度为保障，以实施预算支出绩效考评、建立绩效预算评价体系为突破口，按照统一规划、积极稳妥、先易后难、多头共抓、循序渐进、分步实施的原则，逐步实现绩效预算的改革目标。具体实施步骤可分为近期、中期和远期三个阶段。

（一）近期目标及任务

我国实行绩效预算管理改革的近期目标是：广泛树立绩效预算管理理念，加快推进各项体制和制度改革，初步建立预算绩效评价体系，夯实实行绩效预算的基础。需要着力做好以下几个方面工作：

1. 培育具有中国特色的绩效管理理念和思想基础

一是要加大宣传力度，使更多的人了解绩效管理和绩效预算的价值、理论知识和实际操作办法。二是要强化领导支持和组织保障。政府高层领导的重视、支持和大力组织推动，是实行绩效预算的关键因素。三是要努力培养一批掌握绩效预算管理知识的人才队伍。应通过加强培训，使更多的政府工作人员掌握政府绩效管理的理论知识、实施程序和操作技能，以胜任实行绩效预算改革实际工作的需要。

2. 建立实行绩效预算的政治体制和制度基础

绩效预算改革不可能独立进行，改革公共管理体制、建立政府绩效管理制度，是实行绩效预算的重要条件。建立政府绩效管理制度，一是要继续深化行政管理体制改革，明确划分政府与市场、政府之间及政府部门之间的职能界限；二是要根据职能优化政府组织结构，确立政府及政府部门的行政责任，逐步实现绩效目标管理；三是要逐步建立政府内部激励约束机制和问责制度；四是要加强政务公开和民主监督，提高政府行政的公开性和透明度。

3. 夯实实行绩效预算的财政体制和制度基础

继续深化财政预算改革，是实行绩效预算的重要财政体制和制度保障。一是要进一步完善税制和财政管理体制，合理划分各级政府事权，建立财力与事权相匹配的财政管理体制，增强地方政府特别是基层政府的财政独立性；二是要推进政府非税收入管理改革，逐步实现政府预算的完整性、统一性；三是要深化部门预算、国库集中支付、政府收支分类、收支两条线管理等预算管理改革，增强预算编制和执行的科学性、规范性，提高预算管理人员的工作水平和能力；四是要大力加强财政制度建设，完善预算管理法律制度和监督机制，强化预算执行的外部控制和约束。同时，借助于上述改革，逐步建立实行绩效预算所需要的信息管理系统。

4. 逐步建立预算绩效评价体系

在评价目标上，应着力于兼顾支出的合规性和效率性。在评价对象上，逐步由项目支出绩效评价扩展到涵盖项目支出和基本支出的综合性评价。在评价指标体系设计上，这一阶段的指标体系、评价标准和计量方法应力求有效可行，不宜强求尽善尽美。在评价主体上，应继续以政府内部评价为主。在评价结果应用上，应将绩效考评结果作为以后年度编制和安排预算的重要参考依据，不宜强求预算绩效评价结果与预算安排的联结。

(二) 中期目标及任务

我国实行绩效预算管理改革的中期目标是：从项目预算管理入手，逐步过渡到产出导向的绩效预算，进一步完善预算绩效评价体系，实行修正的权责发生制会计，健全绩效预算管理的法规制度。需进行的主要工作有以下几项：

1. 制定科学的部门事业发展规划和中期财政预算计划

各部门应根据国家经济社会发展总体战略规划，科学制定本部门事业发展规划。在此基础上，制定科学、合理和可操作的年度绩效目标和工作计划，并细化形成具体的项目目标和可测量指标，将中长期战略规划与具体的目标设定联系起来。政府财政部门则应建立中期财政预算计划，形成联系政策制定与预算安排的有效机制。即通过中期财政预算计划，预测和框定跨度为3年左右的可用于公共支出的总资源，并据此结合国家和部门发展战略规划和绩效目标，预计该时间跨度内政府未来支出的成本，平衡和确定部门、单位总体的与年度的分配限额，通过建立支出先后顺序和根据实际可运用资源总量调整部门的实际分配额度。由此逐步建立起预算与政策之间的联结和互动，为下一步实现以结果导向的绩效预算奠定基础。

2. 从项目预算管理逐步过渡到结果导向的绩效预算

在部门预算改革的基础上，按照先易后难的原则，从具体项目的预算管理着手，运用绩效预算的原理来充实部门预算，建立"部门绩效项目库"，由部门根据本部门事业发展规划和绩效目标，确定项目内容及实施滚动管理，具体选择拟实施的项目，编制和执行部门年度预算，并将预算绩效评价制度与部门预算管理结合起来，实现部门预算的绩效优化。在完善项目预算的基础上，逐步实现从关注投入、有效控制财政资源，转换到关注产出和结果、注重资源分配和使用效率及有效性。在管理机制上，应在建立更为有效的部门内部控制制度和机制的基础上，逐步放松外部控制，赋予部门更多的预算管理自主权，增强各部门在具体配置本部门资源时的灵活性。

3. 完善绩效评价结果与预算安排相联系的绩效评价制度

目前，预算绩效评价在评价目标上，应实现从关注预算支出的合规性到更加关注预算支出的使用效率及有效性的转变。在评价对象上，实现对各个政府部门预算支出效益的综合评价。在评价指标体系设计上，逐步形成多层次、多因素的立体结构的评价指标体系，同时形成以通用标准为主导、专用标准为辅助、其他标准为补充的立体结构的评价标准体系。在评价主体上，逐步实现内部评估和外部评估相结合。在政府内部评估方面，实行部门自我评价、财政评价与审计部门评价相结合；在外部评估方面，加强社会评估机构建设，充分发挥社会评估机构作用，并探索引入社会公众评价机制。在绩效评价结果运用上，积极探索绩效评价结果与预算安排的联系方式，实现在预算编制过程中积极地、系统性地使用绩效评价结果信息。

4. 引入权责发生制会计，实行部门绩效报告制度

逐步引入权责发生制会计，由收付实现制逐步过渡为修正的收付实现制及修正的权责发生制，以便更加正确、全面地反映一定时期内政府提供产品和服务所耗费的总资源成本。同时，要探索实行部门绩效报告制度。在年度终了时，由各部门根据年度预算执行情况向政府和人大提交部门绩效报告。部门绩效报告是由部门行政首长负责的、代表部门工作结果的具有法律效力的文件，应说明本部门年度工作计划及绩效目标的执行情况，比较实际取得的绩效成绩和年初预期目标的差异，分析没有达到绩效目标的原因，提出进一步完成或改进绩效目标的计划。

5. 健全绩效导向型预算管理的法规制度和监督机制

政府应适时制定和不断完善有关规范绩效导向型预算编制、执行和管理的行政法规，规定绩效导向型预算的目标、原则、主体、内容、方法和程序，以及预算绩效评价体系的相关制度内容，明确实行绩效导向型预算及预算绩效评价涉及的各方主体的权利和义务，完善绩效导向型预算的管理监督机制。

(三) 远期目标及任务

我国实行绩效预算管理改革的远期目标是：全面实行结果导向的绩效预算，实现政策决策、预算安排和绩效评价结果的紧密结合，实行完全的权责发生制会计制度，健全完善绩效预算法律制度体系。需进行的主要工作有：

1. 全面实现政府绩效管理

一是要更加科学、准确地制定政府及部门的发展战略规划和计划，更加清晰地反映政府及部门的绩效目标和政策措施。二是要实现政府组织机构及管理流程的再造，以便适应政府绩效管理和绩效预算管理要求，实现对目标结果的关注和评价。三是要积极引入市场化的管理理念和方法，如将政府提供的部分公共产品和服务通过招标等竞争方式承包给私人部门负责，从而扩大政府绩效管理成果。四是要全面建立问责制度，正确界定和强化政府及部门管理者的责任，实现管理主体权利与义务的对等。

2. 全面推行结果导向的绩效预算

继续拓展绩效预算实施的深度，逐步实现结果导向的绩效预算。即将绩效管理扩展到整个政府预算范围，以政府投入应产生的绩效目标[①]为出发点，在充分进行成本效益分析的基础上，结合可分配的资源量和绩效评价结果来确定政府预算资金分配，在投资决策上寻求以最小的成本获得绩效目标最大的效益，使"绩效"的观念贯穿于整个预算编制与执行过程的始终，逐步建立起综合性的绩效预算管理体系，真正实现预算安排和资源使用这一"过程"与社会公共需要这一"结果"的更加紧密结合，最终达到在政府整体层面上实现按效益和效果拨款，从源头上真正实现财政资源高效配置的效果。

3. 完善适应结果导向绩效预算的预算绩效评价体系

这一阶段，在评价目标上，应由关注预算支出的效率和有效性，转为注

---

① 这些目标应当尽量量化或指标化，以便编制预算和考核效果。

重预算支出的效益、效果和影响。在评价对象上，实现对政府预算支出整体效益的综合评价，即对各部门财政支出效益进行综合反映。在评价指标体系上，形成更为科学的评价指标体系和标准体系，以实现对财政支出绩效结果的评估。在评价主体上，更加强化客观评价，完善具有独立性的社会机构和公众参与评价的机制和制度。在政府政务公开、预算公开的基础上，全面实现由政府内部评价向政府与社会相结合的综合评价机制的转变。在评价结果应用上，实现政策决策、预算安排与绩效评价结果更加直接的联系，利用绩效评价结果判断政策及绩效目标设定和财政资金配置的合理性，调整和完善政策及绩效目标、财政资金使用方向和结构，奖惩和问责预算部门、单位及其人员，实现绩效预算按照"结果"拨款的原则。

4. 全面实行权责发生制会计制度，完善政府绩效报告和财务报告制度

结果导向的绩效预算，要求实行权责发生制会计，在条件成熟时，应将权责发生制扩展到整个政府活动范围，更好地将预算确认的成本与预期的绩效成果进行配比，从而支持管理者的有效决策，完整地反映政府受托责任，促进全面的绩效管理改革。在完善政府会计制度的基础上，实行政府绩效报告和财务报告制度。在每年的人代会上，各级政府不仅要报告年度预算情况，还要报告政府绩效目标完成情况，包括列明绩效目标和绩效结果，并将两者进行比较，通过绩效指标详细描述绩效目标的完成程度，分析说明未达到目标的原因及改进的措施等。同时，还要报告政府的财务状况，包括现金流量、资产、负债和权益状况等。

5. 健全完善绩效预算法律制度体系

应在评估前一阶段各时期制定的绩效导向型预算管理法规制度实施情况的基础上，总结绩效预算实践发展的经验成果，适时制定规范结果导向绩效预算管理的法律，并以法律为依据对绩效预算法规制度进行全面修订，形成健全完善的绩效预算法律制度体系，从制度上强有力地保障和促进结果导向绩效预算全面、深入的实施以及管理效果的充分发挥。

回顾与总结： 政府预算绩效管理作为政府绩效管理的一种创新，最早正式出现于 1949 年的美国，随后在不同的时期、不同的地区被诠释为不同的形态，项目预算、项目规划预算、产出预算、新绩效预算等。2014 年修订的《预算法》中，首次以法律形式明确了我国预算收支中的绩效管理要求，突出"全过程绩效管理、绩效目标管理、结果应用管理和人大代表参与预算绩效管理"四大特征。

预算绩效管理是一个由绩效目标管理、绩效运行跟踪监控管理、绩效评价实施管理、绩效评价结果反馈和应用管理共同组成的综合系统。推进预算绩效管理，就是要将绩效理念融入预算管理全过程，使之与预算编制、预算执行、预算监督一起成为预算管理的有机组成部分，逐步建立"预算编制有目标、预算执行有监控、预算完成有评价、评价结果有反馈、反馈结果有应用"的预算绩效管理机制。

第八章 动态平衡的现代预算制度构建之路

本章导读：预算管理在经济运行过程中，寻求动态平衡，是现代预算制度的重要特征。而动态平衡预算的构建是以年度平衡预算为基础的。目前我国实施的主要是年度平衡的预算管理办法。然而年度预算平衡机制在实际的运作过程中，暴露出一定的弊端，为了克服这种弊端，需要构建跨年度预算平衡机制。本章以预算年度平衡为切入点，介绍了跨年度预算平衡的内涵、理论依据、发展历程及机制的构成。与此同时，重点介绍了作为跨年度预算平衡机制重要内容的中期财政规划的相关内容。

第一节 现代预算的平衡政策类型

政府预算包括了政府每一财政年度的收入与支出，预算是否保持平衡，会对宏观经济产生扩张或紧缩作用。因此，政府可以根据宏观经济形势运用预算政策，有计划地使政府预算产生赤字、盈余或实现平衡，来达到有效调节国家宏观经济的政策目标。随着实践的发展，预算政策也出现了不同的类型。

一、年度预算平衡政策

年度平衡预算是指每一年的财政收支结果都应是平衡的预算。这一思想基于政府预算行为应"量入为出"这一观念上，即政府预算应根据收入能力安排支出，不能出现赤字，认为预算的平衡就能表明政府是具有责任感和高效率的。年度预算平衡政策体现出了"健全财政"的思想。

"健全财政"的理财思想，它反映了自由放任经济的财政政策主张，其思想特征有如下几点：第一，量入为出，收支平衡。政府的财政不以赚钱为目的，不应出现赤字，应该每年都保持预算的平衡。同时，政府尽量少预算，支出要节俭，并严格控制其用途。第二，少征税。私人企业是国民经济的基础，赋税过重会抑制厂商和个人的积极性，对整个国民经济的发展反而不利。第三，少发公债。认为一切欠债都是罪恶，公债尤其如此，它是子孙后代的一种负担。长期以来，西方各国政府均遵循上述原则，除非遇到战争等特殊情况，政府一般不扩大支出，也不大量增加债券。按传统的经济思想，既然社会总供给能够创造总需求，失业也不会产生，因此政府对经济并无过多的干预之必要。

年度预算平衡政策随着资本主义自由竞争而逐步发展起来，其主要主张政府应该尽量节减支出，力求保持年度预算收支的平衡，并以此作为衡量财政是否健全的标志。之所以将年度预算平衡政策作为政府预算行为准则，主要是因为：首先，政府通过发行公债弥补赤字，使得私人部门能够用来取得资本产品的资金转移到公共部门，会造成公共部门相对扩张，从而阻碍了私人部门的经济发展，即认为公共部门的发展是以牺牲私人部门为代价的；其次，政府施行赤字预算会导致国家债务积累额增加，进而引发通货膨胀和财政危机。年度预算平衡能够控制政府超额支出，防止公共部门过度扩张而造成社会发展不平衡。而到了 20 世纪中叶，由于社会的高度工业化，市场失灵和宏观经济的失衡以及公众要求公共部门所应提供的服务范围的不断扩大，使得政府支出呈现不断增长的趋势。这些情况与年度预算平衡政策发生了较大的冲突，各国政府发现年度预算平衡政策对经济波动的调节作用十分有限。所以，尽管年度预算平衡政策在相当长的时期在约束政府财政行为上发挥了重要作用，但随着资本主义市场经济的发展，其弊端也逐渐显现出来。

二、功能财政预算政策

功能财政预算是指应以财政措施实施的后果对宏观经济所产生的作用为依据来安排政府的预算收支。功能财政预算政策是与年度预算政策相反的预算政策。年度预算平衡政策强调的是对政府财政活动实施"控制"和"管理"的重要性，功能财政预算政策强调的是实现宏观经济"目标"，保持国民经济整体的平衡重要性，而不单纯强调政府预算收支之间的对比关系，保持预算收支平衡。前者关心的是分配和配置问题，后者则特别注重总体经济运行和经济增长目标。

功能财政概念创建于凯恩斯时代之初，以凯恩斯经济理论为基础。该政策的早期表述主要考虑的是稳定，强调的是消除20世纪30年代存在的失业，并没有强调经济增长的功能。随着经济的发展，越来越多的学者认为功能财政预算政策在经济调控中应该发挥更多的作用：首先，为消除失业和通货膨胀，政府可以采取赤字预算或盈余预算，以实现政府政策目标。即当经济萧条时，以赤字预算的方式主动刺激经济的复苏；当经济繁荣时，采取盈余预算方式主动削减过度的需求，以抑制通货膨胀的发生。其次，为达到社会最佳的投资水平和利率水平，政府可以利用公债的发行和清偿，来调整社会货币或公债持有水平，即当市场利率水平偏低或投资压力过大以至于可能发生通货膨胀时，需要减少私人部门的货币支出而增加公共部门支出，政府则应发行债务；反之，政府则应偿还一定数量的债务。最后，当政府的公共支出大于税收收入和债务收入时，其差额应采取向中央银行借款或增发货币的方式弥补；反之，如政府税收收入超过公共支出时，其预算盈余应用于偿还以往政府借款、买入公债等方式，将超额收入以货币形式重新流入社会。

三、周期预算平衡政策

周期预算平衡是指在预算收支的对比关系上，应在一个完整的经济周期内保持收支平衡，而不是在某一特定的财政年度或一个日历时期内保持平衡。周期预算平衡政策是20世纪40年代提出的，其认为预算的平衡不应局限于年度预算的平衡，而是应从经济波动的整个周期来考察。政府应以繁荣年份的预算盈余补偿萧条年份的预算赤字。在经济发展下降的阶段上，政府应当扩大支出（包括购买支出和转移支出）和减少税收，以增加消费和促进投资，恢复经济的活力。这时从预算收支的对比关系上看，表现为支大于收，在年度预算上必然会产生赤字。当经济已经复苏，在投资增加和失业减少的情况下，政府可以适当减少支出，或酌量提高税率以增加税收，以减轻通货膨胀的压力。这时在年度预算上就会出现收大于支的盈余，这样就可以用繁荣年份的盈余补偿萧条年份的赤字。预算盈余和赤字会在一个周期内相互抵销。因此，从各个年度来看，预算不一定是平衡的，但从整个经济周期来看，则是平衡的，所谓"以丰补歉、以盈填亏"，从而可以达到维持和稳定经济的目的。

周期预算平衡政策突出的优点表现在以下两个方面：首先，该政策接受了功能财政预算政策的合理要素，即肯定调整预算收支会对宏观经济产生积极的影响，有助于宏观经济目标的实现；其次，它仍然保持了有效配置经济资源的预算控制机制，继承了年度预算平衡政策的主要优点。

四、充分就业预算平衡政策

所谓充分就业预算平衡政策是要求按充分就业条件下估计的国民收入规

模来安排预算收支,这样达到的预算平衡,就是所谓充分就业预算平衡。充分就业预算就是设想在现有的经济资源能够得到充分利用的条件下,国民生产总值可以达到最大值,税收收入也随着国民生产总值的增长而增长。此时,政府在安排预算时,为了达到充分就业水平,就必须增加财政支出以刺激生产和增加就业。但由于当年的实际国民生产总值要低于希望达到的充分就业水平,所以在预算上就会出现赤字。安排这样的赤字有利于实现充分就业预算平衡,也是达到充分就业水平所必需的。

充分就业预算平衡政策的突出特点是以财政自动稳定器理论为基础。由于政府的主要税种,如所得税、消费税等,都与国民收入水平有密切联系,所以税收收入与国民收入的升降呈正相关关系。与周期性预算平衡政策不同的是,其预算收支的调整是自动发生的,并不取决于对税率的人为变动。即随着国民收入的不断提高将伴随着税收收入的增加,同时,由于失业人数的减少,失业保险等转移性支付也将随之减少;相反,国民收入的下降将伴随着税收收入的减少,而失业保险支付将增加。所以无论是在经济繁荣抑或是衰退时期,税收与政府转移性支出都有自动调整预算收支的内在机制,进而可以起到熨平经济周期波动,促进经济增长的作用。

五、综合性的预算平衡政策

可以看出,以上各种预算政策都存在着各自的优点及缺陷。为了取得"稳定"和"增长"的宏观经济目标以及"配置"和"分配"的微观经济目标,一种有效而合理的经济政策应包括各项预算政策的合理因素。

年度预算平衡政策,其目标在于限制或控制预算或财政,这对于主要以市场配置资源的社会尤为重要。但是,过分强调这种"财政纪律"预算政策,很可能导致经济稳定和增长的巨大牺牲。功能财政预算政策的目标在于在市场经济中实现充分就业、稳定物价、经济增长以及国际收支平衡等宏观经济目标。但是,这个政策的最大缺陷是忽视了"财政纪律",也就是说不受预算控制，把部门间的资源配置问题放在了次要位置上。经济学家认为，上述两个政策都走向了极端。合理的财政政策应包括"控制"和"宏观经济目标"两个方面因素。所以，后来的周期预算平衡政策和充分就业预算平衡政策都包括了有关实现资源配置的预算控制和改善总体经济运行的预算行为两方面的内容。

因此，必须设计一种兼具上述各种预算政策优点的综合性预算政策，其政策内容除包括上述各种预算的特点外，还应合理运用自动稳定和相机抉择政策措施以及协调运用财政政策与货币政策。

第二节 跨年度预算平衡机制的构建

一、预算的年度平衡与跨年度平衡

（一）年度平衡与跨年度平衡的内涵

预算平衡按平衡方式的不同可以分为年度平衡预算和跨年度平衡预算[①]两种。所谓年度平衡预算，是指根据财政稳健原则，在预算管理中贯彻在财政年度内平衡的预算管理方式。年度平衡预算是财政管理和控制支出的重要工具，在经济建设过程中发挥着重要的作用。但是，这种简单平衡的财政预算管理制度由于难以解决周期性财政赤字问题，使政府难以超越经济周期来维持财政稳定，特别是容易造成财政的"顺周期"调节。因此，我国应创新预算管理方式，实现财政预算与经济周期性波动相适应的跨期平衡，建立跨年度预算平衡机制。

---

① 一般理论认为预算政策的类型除了年度预算平衡以外，还应该包括周期预算平衡。所谓周期预算平衡是指在预算收支的对比关系上，应在一个完整的经济周期内保持收支平衡，而不是在某一个特定的财政年度或一个日历时期内保持平衡。宏观经济的发展是一个波动的过程，会有经济波动的"谷底"与"谷峰"，一般而言要经历一个完整的经济波动周期，需要一段比较长的时间。而在这里的跨年度预算平衡，就时间而言比周期平衡所经历的时间要短。因此，可以认为跨年度预算平衡是周期预算平衡的基础。要保持预算的周期平衡，应建立跨年度预算平衡机制。

跨年度预算平衡是与现代市场经济相适应的预算原则。市场经济最大的目标就是促进市场均衡。当社会总供给大于社会总需求时，此时有效需求不足，在这种情况下需要政府采取刺激需求的政策；当社会总供给小于社会总需求时，此时有效需求过剩，在这种情况下需要政府采取降低需求的政策。跨年度预算平衡机制要求在宏观经济繁荣时实施紧缩性财政政策，从而保留财政盈余，在经济萧条时实施扩张性财政政策、安排财政赤字，从而使各期的财政赤字和财政盈余保持长期协调，实现财政预算的跨期平衡。跨年度预算平衡是对现行年度预算平衡机制的改进，其原理是顺应经济周期和社会发展周期编制预算，追求财政收支周期性平衡，而非短期静态平衡；讲求中期视野下预算收支的良好匹配，而不是单个年度内以收定支。跨年度预算平衡为确保财政的可持续，要求在财政预算编制、执行等环节，建立健全跨年度的、合理的动态平衡机制，实施依法征税、硬化支出预算约束，更好地发挥财政宏观调控作用。

（二）从年度平衡到跨年度平衡

在现代政府预算制度确立的早期，年度预算的编制起源于立法机关的要求。以斯密为代表的古典经济学派主张预算收支平衡，反对预算赤字，反对将预算作为国家干预经济的工具。他们认为，预算收支平衡是健全财政的标志；预算赤字的产生根源只是战争、灾害等突发事件，或是由于财政制度不健全，财政运行中的过失引起的。与之相应的年度性原则是要求政府预算应按财政年度编制，不得有间断，也不能对本预算年度之后的政府财政收支活动做出任何事先的安排。这一原则要求政府每年都向立法机关呈递预算。这一时期，就总体情况来看，西方国家的预算是比较稳定的，在多数年份中收支平衡。20世纪30年代发生于资本主义世界的经济危机，很大程度上改变了人们对古典理论关于市场机制与政府作用的传统看法，其中最具代表性的就是凯恩斯提出的"赤字财政"的革命性观点。这就使财政管理摆脱了狭隘的年度预算平衡概念，进而通过预算收支的周期平衡促使宏观经济达到充分就业。自此开始，预算政策对经济的影响不断增加，预算与经济紧密联结的观点取代了古典理论把预算与经济相割裂的观点。①

20世纪70年代开始，主要西方国家出现令当局极为头疼的"滞胀"局面，经济增长乏力，支出规模却一直在膨胀，赤字居高不下。与此同时，出于强大的行政改革、提高政府绩效和加强服务品质的民意压力，"新公共管理"运动开始兴起，其意图在于将传统的僵化的、等级制式的官僚体制改造为灵活的、市场导向的公共部门，从而有效解决过去政府组织的积弊：财政困难、政府膨胀和低效率。这些经济和财政现实给传统预算原则所强调的年度性或非连续性带来了严重挑战。特别是，这一时期的预算越来越具有连续性，过去形成的对于某一团体的预算承诺常常不能随意终止，因此，许多预算决策就变成自动的而非年度性的。著名公共预算专家凯顿（1989）将其概括为"预算的非弹性"。而且，由于长期性的预算承诺所导致的支出每年都在变化，并取决于不可改变的上一年的决策、涉及的受益人数和部门、经济波动等不可控制的因素，因此，预算变得越来越不可预测。凯顿将此现象概括为"预算的不可预测性"。

上述因素促使西方发达国家开始反思其预算制度，他们认为传统上以扩张政府职能与预算规模的办法来满足民众需求，等于以错误的方法达到崇高的目的。为此，需要从根本上变革预算过程的"游戏规则"，包括放松投入控制和采用自上而下的预算程序等，其中，非常引人注目的一项改革是转向跨年度预算平衡。

（二）年度平衡与跨年度平衡之间的关系

在过去一百年左右的时间当中，年度预算曾是财政管理、控制支出的重要工具。但是，随着时间的推移，其不足之处也开始日益明显。美国著名公共预算专家阿伦·威尔达夫斯基总结了年度预算的关键特征：（1）短视，因为它仅仅考虑了下一个年度的支出；（2）支出膨胀，因为它掩盖了未来年度

---

① 肖文东. 中国政府预算改革：从年度基础到中期基础 [D]. 中央财经大学，2008.

的巨额开支；(3) 过于保守，因为收支的巨大变化不会在一个长期前景进行战略安排；(4) 狭隘主义，因为各项计划彼此分割，而不是把未来成本与其收入联系起来进行比较。

与年度预算平衡不同，跨年度预算平衡主要着眼于宏观经济和财政发展趋势，以及周期性财政收支平衡目标的实现，确定解决重大政治经济问题的财政政策框架。因此，跨年度预算平衡既是年度预算在时间序列上的拓展，其实施又要具体落实在各年度预算当中。所以，从跨年度预算平衡和年度预算平衡之间的关系来说，二者并不是相互排斥的，跨年度预算平衡仅仅是作为对年度预算的延伸和改进而引入的，并不是对年度预算的完全替代。年度预算是跨年度预算平衡的起点和基础，而跨年度预算平衡使年度预算变得更加明智和有效率。二者之间的结合，使预算的编制更加符合社会经济的发展趋势，并为推动社会经济的发展做出更大的贡献。

跨年度预算平衡是为了提高年度预算的质量，而不是为了取代年度预算。年度预算按照财政年度由政府编制、国会审批，其中要详细说明每项拨款的支出目的和预期结果。对于每项拨款来说，预算中都需要说明其在下一财政年度结束之后的两年中的预期影响。表8-1列示了二者的主要区别。

表8-1　　　　跨年度预算平衡与年度预算平衡的比较

比较内容	年度预算平衡	跨年度预算平衡
总量财政纪律（保持支出在限额内）	对宏观经济的应对仅限于短期（在许多国家，是由国际机构提供财政纪律）	对宏观经济的关注是在一个中期的框架内，包括建立国内宏观经济模型的能力
联结政策、规划与预算（反映政府在支出项目优先性上的意愿和能力）	联结呈弱相关性，因为政策选择脱离于资源现实，从而政策不可持续，并且支出结构未能反映政府确定的政策优先性	决策受控于资源现实，因此，决策、规划与预算之间的联系呈强相关性，支出也反映了政府既定的政策优先性
绩效和服务提供（包括所有人力和财务资源的运营绩效）	很少有动机去关注以产出和成果衡量的结果，因为强调的重点是投入控制，预算资金的可预见性也较少受到关注	强调的是通过既定资源提供的产出和成果，从而有动机去提高绩效（部门主管对结果的受托责任），最终改善了所提供的服务

(四) 现代预算与动态平衡

在宏观经济形势日益复杂的今天,如何促进经济的稳定增长,成为了政府的首要目标。预算作为约束政府收支行为的工具,势必要在宏观经济波动中发挥重要的作用。在此背景下,要赋予现代预算更多的制度弹性,以寻求经济波动中的动态平衡。在经济发展下降时,政府预算应当扩大支出和减少税收,以增加消费和促进投资,恢复经济活力,这时在预算上必然会产生赤字。当经济已经复苏时,在投资增加和失业减少的情况下,政府可以适当减少支出和增加税收,以减轻通胀压力,这时在预算上就会产生盈余。这样就可以用繁荣年份的盈余弥补萧条年份的赤字,从整个宏观经济周期来看,预算能够达到平衡。

二、中国跨年度预算平衡机制的构建

(一) 构建跨年度预算平衡机制的现实意义

我国《预算法》第十二条规定:"各级政府应当建立跨年度预算平衡机制。"构建跨年度预算平衡机制对于全面深化改革,促进经济可持续发展具有十分重要的意义。

第一,建立跨年度预算平衡机制是建立现代财政制度,规范政府收支行为的需要。党的十八届三中全会提出,全面深化改革的总目标是"完善和发展中国特色社会主义制度,推进国家治理体系和治理能力现代化"。"财政是国家治理的基础和重要支柱",财税体制改革在整体改革中具有基础性和支撑性作用,要从推动国家治理能力现代化的角度谋划和设计财政改革。预算制度是现代财政制度的核心,预算改革要助推重新塑造国家治理体系,完善国家筹集、分配和使用资金的方式,规范政府的收支行为。改进预算管理制度,将审核预算的重点由平衡状态、赤字规模向支出预算和政策拓展,建立跨年度预算平衡机制,能够增强各年度之间财政支出的连续性,进而确保国家社会发展政策、宏观经济调控政策和对外开放政策的连续性与稳定性。①

第二,建立跨年度预算平衡机制是提高公共资源配置效率,更好地实现政府施政目标的需要。建立跨年度预算平衡机制,能够将预算安排与政府近期和中长期工作安排结合起来,有助于保障政府施政目标的实现。在年度预算的制度安排下,重大工程项目的资金计划无法在一个相对较长的计划中通盘考虑,重点项目支出安排的优先性无法得到充分保证,未来预算中资本项目支出挤占经常项目支出的问题也无法有效避免。跨年度预算平衡机制提供了中期背景下实施财政战略的机制,要提前考虑未来3~5年财政支出结构和支出类别排序,有利于提高公共资源配置效率,切实保障国家重点发展项目,预警可能出现的与政府中期财政目标不兼容的政策。

第三,建立跨年度预算平衡机制是有效防控财政风险,实现财政可持续性的需要。建立跨年度预算平衡机制,能够较好地克服年度预算的短视性弊端,及早发现当前财政收支的长期执行后果,有预见性地鉴别和确认财政风险,从而及早做出相应安排。同时还可通过中期财政规划管理的引导,优化政府规划编制;加强预算的连续性和财政政策的协调性,改善预算收支信息质量,实现逆周期调节,改善宏观调控的功能,为增强财政可持续性提供更有利的外部条件。具体讲,就是要通过周期性平衡,来化解征收"过头税"和"突击花钱"的问题。

第四,建立跨年度预算平衡机制是提高政府预算透明度的需要。建立跨年度预算平衡机制,有利于提高政府预算的预见性和透明度。比如,中期预算框架提供了未来3~5年政府预算的全景图,反映了财政支出安排的中期规划,有利于提高财政政策的透明度,增强未来财政政策走势的可预见性。而且,这种中期视野的财政预算安排,有利于在较长时期内分析财政政策效果,使预算绩效评价更为客观。

---

① 白景明. 依法加快建立跨年度预算平衡机制 [J]. 中国财政, 2015 (1).

(二) 构建跨年度预算平衡机制的政策法律依据

1. 主要政策依据

党的十八届三中全会《关于全面深化改革若干重大问题的决定》中，提出财政是国家治理的基础和重要支柱，科学的财税体制是优化资源配置、维护市场统一、促进社会公平、实现国家长治久安的制度保障。必须完善立法、明确事权、改革税制、稳定税负、透明预算、提高效率，建立现代财政制度。全面规范的预算管理制度是现代财政制度的基本内容，改进预算管理制度势在必行。建立跨年度预算平衡机制是我国深化预算改革的举措。

2014年9月26日，国务院发布了《关于深化预算管理制度改革的决定》（国发〔2014〕45号），其中提出了要改进预算管理和控制，建立跨年度预算平衡机制的要求，对于各级财政如何建立跨年度预算平衡机制做出具体规定。

2015年1月3日国务院出台了《国务院关于实行中期财政规划管理的意见》（国发〔2015〕3号），提出了实施中期财政规划的要求，提出实行中期财政规划管理，由财政部门会同各部门研究编制三年滚动财政规划，对未来三年重大财政收支情况进行分析预测，对规划期内一些重大改革、重要政策和重大项目，研究政策目标、运行机制和评价办法，通过逐年更新滚动管理，强化财政规划对年度预算的约束性，有利于通过深化改革解决上述问题，实现财政可持续发展，也有利于充分发挥财政职能作用，促进经济结构调整和发展方式转变。

2. 主要法律依据

2014年8月31日，第十二届全国人民代表大会常务委员会第十次会议审议通过了修订后的《预算法》，其中，为了提高预算的科学性与前瞻性、适应经济形势发展变化和财政政策逆周期调节的需要，新《预算法》第十二条要求各级预算应当遵循统筹兼顾、勤俭节约、量力而行、讲求绩效和收支平衡的原则。各级政府应当建立跨年度预算平衡机制。第四十一条规定：各级一般公共预算按照国务院的规定可以设置预算周转金,用于本级政府调剂预算年度内季节性收支差额。各级一般公共预算按照国务院的规定可以设置预算稳定调节基金,用于弥补以后年度预算资金的不足。第六十六条规定:各级一般公共预算年度执行中有超收收入的,只能用于冲减赤字或者补充预算稳定调节基金。各级一般公共预算的结余资金,应当补充预算稳定调节基金。省、自治区、直辖市一般公共预算年度执行中出现短收,通过调入预算稳定调节基金、减少支出等方式仍不能实现收支平衡的,省、自治区、直辖市政府报本级人民代表大会或者常委会批准,可以增列赤字,报国务院财政部门备案,并应当在下一年度预算中予以弥补。这些规定为推动建立跨年度预算平衡机制改革奠定了法律基础。①

(三) 跨年度预算平衡机制的基本内容

跨年度预算平衡机制是对传统年度预算平衡机制的改进。跨年度预算平衡机制是指为确保财政的可持续,在财政预算编制、执行等环节,建立健全跨年度的、合理的动态平衡机制,实施依法征税,硬化支出预算约束,更好地发挥财政宏观调控作用。跨年度预算平衡机制是对现行年度预算平衡机制的改进,其原理是顺应经济周期和社会发展周期编制预算,追求财政收支周期性平衡,而非短期静态平衡;讲求中期视野下预算收支的良好匹配,而不是单个年度内的以收定支。具体内容包含三个方面:

1. 预算超收或短收的平衡机制

2014年9月26日,国务院发布了《关于深化预算管理制度改革的决定》(国发[2014]45号),其中提出了要改进预算管理和控制,建立跨年度预算平衡机制的要求。各级财政根据经济形势发展变化和财政政策逆周期调节的需要,建立跨年度预算平衡机制。中央一般公共预算执行中如出现超收,超收收入用于冲减赤字、补充预算稳定调节基金;如出现短收,通过调入预算

---

① 李燕. 新《预算法》解释与实务指导[M]. 北京:中国财政经济出版社,2015.

稳定调节基金、削减支出或增列赤字并在经全国人大或其常委会批准的国债余额限额内发债平衡。地方一般公共预算执行中如出现超收，用于化解政府债务或补充预算稳定调节基金；如出现短收，通过调入预算稳定调节基金或其他预算资金、削减支出实现平衡。如采取上述措施后仍不能实现平衡，省级政府报本级人大或其常委会批准后增列赤字，并报财政部备案，在下一年度预算中予以弥补。市、县级政府通过申请上级政府临时救助实现平衡，并在下一年度预算中归还。政府性基金预算和国有资本经营预算如出现超收，结转下年安排；如出现短收，通过削减支出实现平衡。

2. 预算稳定调节基金

预算稳定调节基金是一种政府预算储备，其资金来源于经济繁荣年度财政盈余的积累，通常被视为一种具有反周期功能的财政工具，利用其"蓄水池"的功能，可以发挥稳定经济，应对公共突发事件的作用，从而达到居安思危的效果。

预算稳定调节基金的作用机理是基于宏观经济学中的社会总供给与社会总需求相等以及宏观经济波动的原理来运行的。它秉承"以丰补歉，以盈填亏"的理财理念，通过基金的安排使用可以对社会总供给产生重要影响，从而达到对经济运行反周期调节的作用。例如在经济形势好，财政收入增长高的年份，安排资金存入预算稳定基金，减少政府支出，避免经济过热发展。同样当经济疲软，财政收入减少的时候，调入使用基金，增加政府开支，刺激社会总需求，抑制经济紧缩的加剧。因此，作为宏观经济平衡器的预算稳定基金必将成为政府实施经济政策，烫平经济波动、稳定经济运行的重要工具。[①]

预算稳定调节基金作为跨年度预算平衡机制的重要制度内容之一，其作用在于确立预算收入年度间以丰补歉的制度安排。当宏观经济较好时，预算出现盈余，盈余部分可补充预算稳定调节基金；当宏观经济较差时，预算出

---

① 李燕等. 我国预算稳定调节基金研究［J］. 南京审计学院学报，2013（3）.

现赤字，赤字可以通过预算稳定调节基金来弥补。可见预算稳定调节基金在跨年度预算平衡中发挥着"蓄水池"的作用，即用经济年份好的盈余来弥补经济较差年份的赤字，从一个较长的时间跨度来看，预算达到平衡。

我国设立预算稳定调节基金在当前经济放缓趋势下作用凸显，近些年来，我国财政支出增速均高于财政收入，且收入与支出增速此起彼伏，基本保持在相近水平，但在一些年份（如1998～2000年，2008～2009年），支出增长率明显高于收入增长。这表明，在经济快速增长年份中，政府并没有将增加的财政收入积累起来，而是几乎全部花掉。经济高涨年份形成不合需要的财政扩张，经济衰退年份则形成不合需要的财政紧缩，或者以具有负面影响的赤字和债务来支持所需要的财政扩张，其结果就是威胁财政可持续性并增加未来的财政负担，加剧经济波动并使财政刺激措施变得代价高昂。我国财政收支的增长明显快于GDP的增长，而经济增长对财政收支的影响也较大。我国财政收支受经济周期左右而出现大幅度波动，尤其是2008年美国金融危机带来的全球性的经济衰退，对我国经济社会的平稳发展影响较大。由于我国财政收入波动性与支出需求刚性之间的矛盾关系在短期内较难改变，而民生财政的提出要求对民生支出的投入加大，保持公共财政收支的稳定与适度增长就更具政治和经济意义。有效的财政政策能够通过逆经济周期操作来实现稳定经济增长的基本功能，而稳定且雄厚的财政资金支持是重要保障。

我国当前经济增速放缓趋势明显，如何稳增长、促发展是紧要的现实问题。经济增长的波动会带来财政收支的波动，使得财政政策的连贯性和稳定性面临考验。通过政府预算收支以实现"逆"经济周期的调节是各国主要的财政手段。而预算稳定调节基金的主要功能是调节预算收支使之避免大幅度波动，以实现预算的平稳运行，其作用在此凸显。

跨年度预算平衡机制其实质在于，构建一个经济"蓄水池"，通过这个"蓄水池"来促使经济稳定发展。预算稳定调节基金在跨年度预算平衡机制的构建中，正是发挥着"蓄水池"的功能。通过预算稳定调节基金，来促进预算的跨年度平衡，即当宏观经济繁荣时，预算会出现盈余，这时可以将盈余部分用来补充预算稳定调节基金；当宏观经济衰弱时，预算会出现赤字，这时可以从预算稳定调节基金中调出资金弥补赤字。从一个较长的时间节点来看，预算从整体上达到跨期平衡。

3. 中期财政规划管理

按照世界银行的解释，中期支出框架包含了三个层次的含义（见表8-2）：一是最低层次的中期财政框架（MTEF）；二是介于中间层次的中期预算框架（MTBF）；三是最高层次的中期绩效框架（MTPF）。因此，中期支出框架是中期财政规划的上位概念，中期财政规划属于中期支出框架的范畴，是中期支出框架的第一个层次。

表8-2　　　　　　　　　　中期支出框架三阶段

阶段	内容	措施	成果
中期财政框架（MTEF）	多年期宏观经济预测	确定财政和货币政策的战略性框架	宏观经济预测文件
	多年期收入预测	基于预算目的的收入总量预测	收入或税收政策文件
	债务稳定性分析和债务政策分析	基于预算目的的赤字限额	债务稳定性分析和债务政策分析文件
	多年期支出预测	当前经济活动和政策下，基于法律要求与可用资源协调下的支出估计	支出文件
	政府政策优先性的回顾	整合上述四个项目，明确财政规模，确定政府战略优先性和部门间资源再分配	提交内阁审核批准的财政政策文件
中期预算框架（MTBF）	根据当前项目确定各部门的支出限额	预算要求限额的确定（经常性支出和资本支出）；对预算政策的解释	预算循环
	部门战略的完善	整合政府政策、部门目标及在资源限额内实现目标的方式方法	部门间再分配
	预算年度和中期预算支出估计	限额内的预算要求（经常性支出、资本支出和新增支出）；政府政策	中期预算框架表格

续表

阶段	内容	措施	成果
中期绩效框架（MTPF）	与政府政策相关的项目结构的完善	预算内的政府政策	部门和政府政策的关系及预算
	部门计划的完善	部门项目的成本	部门项目文件
	预算年度和中期预算成果报告	实现方式方法	年度预算评价

（1）中期财政框架。包括自上而下地确定资源上限和资源在各支出机构的具体配置。无论一国编制预算的能力如何，中期财政框架都应得到广泛推崇。原因是，提供预算编制的中期宏观财政框架能够改善年度预算的编制质量，即使相当基础性的投入导向年度预算也是如此。

（2）中期预算框架。除了上述中期财政框架的特点，中期预算框架还包括各支出机构自上而下确定资源需求，优化内部资金配置的过程。即使预算规划重点放在用于满足广泛的部门目标投入上，资源配置限制在支出机构层面展开，引入中期方法也有利于改善支出的优先次序。然而，更高级的中期预算框架可结合项目预算编制形成项目中期预算，让资源配置与各项目的目标联系起来。在这一过程中，中期预算框架可看作通向产出导向预算的重要一步。

（3）中期绩效框架。中期绩效框架承接于中期预算框架，完成了以投入为重点到以产出和绩效评价为重点的转移。因此，它不仅可以完整反映财政收入和预算的产出，还可以利用预算配置来促进支出效率的提高（即将资金投放与绩效表现相联系）。因此，运作良好的中期预算框架是实现中期绩效框架乃至成熟的中期财政框架的前提。[1]

这三个框架一般都要结合年度预算和财政经济发展情况进行滚动或不断更新。大部分国家在实施中期支出框架的过程中，是从中期财政框架到中期

---

[1] 李俊生等. 中期预算管理的国内外实践及中国实施中期预算管理的路径分析. 世界银行 TCC5 A24－10 子项目.

预算框架再到中期绩效框架逐步推进的，也有少数一些国家是直接从中期预算框架着手实施的。

所谓中期财政规划是指政府为实现经济和财政可持续发展，在中期经济和财政收入预测的基础上，根据经济社会发展的政策目标和优先次序，制定中期财政政策，合理确定政府中期支出水平和结构，并以此作为年度预算编制依据的一种财政政策工具和财政管理的方式。

中期财政规划一般是指以预算年度为基础滚动编制未来3~5年的财政收支计划，即经过立法机关批准并付诸实施的预算年度为规划的第一年，第二年的收支安排形成年度预算后提交立法机关审议，后3~5年的收支则为规划，对规划期内政府收入与执行政府职能安排的支出做出详细、全面的说明和审查。编制中期财政规划，将预算安排的视野从1年扩展到3年甚至更长时间，有利于提高年度预算的可执行性，促进全面规范、公开透明预算制度的建立；有利于增强政府统筹能力，有效化解周期性财政赤字，实现财政的可持续发展；有利于将财政政策由年度预算平衡的顺周期调控转向跨年度预算平衡的逆周期调控，促进经济可持续发展。

第三节 跨年度预算平衡机制与中期财政规划

中期财政规划是跨年度预算平衡机制的重要内容，跨年度预算平衡机制包含了中期财政规划管理，而中期财政规划是跨年度预算平衡机制的重要组成部分。中期财政规划是中期预算、中期绩效框架的过渡阶段。我国目前实施中期财政规划管理，为过渡到中期预算框架打基础。

第八章
动态平衡的现代预算制度构建之路

一、中期财政规划的国际及国内经验

(一) 国外中期财政规划的做法

中期财政规划管理①的积极作用和良好效果已经得到国际社会的广泛认可。目前在发达国家中，尤其是在德国、美国、新西兰、英国、法国、瑞典、韩国、西班牙OECD国家，中期财政规划管理已经普遍制度化。肯尼亚、几内亚、南非等部分非洲国家和其他部分发展中国家也都引入了中期财政规划管理体制。从发展趋势看，引入中期财政规划管理体制的国家还将继续增加。

1. 实施的背景

(1) 国际组织或者机构的呼吁和要求。世界银行、国际货币基金组织以及OECD和欧盟等组织机构对中期财政规划管理的兴起和发展起到了很好的推动作用。在世界银行和国际货币基金组织的帮助下，非洲九个国家通过中期财政规划将政策、规划和预算联结起来的改革努力也取得了明显效果。

(2) 经济危机和财政绩效恶化。20世纪七八十年代，随着第二次世界大战后经济繁荣的回落，特别是受到石油危机的冲击，经济低增长成为大多数发达国家的经济常态。那些长期奉行凯恩斯主义财政政策的OECD国家普遍出现低增长、高失业和高通胀的"滞涨"局面。伴随经济绩效恶化而来的是恶化的财政绩效：公共财政膨胀、赤字居高不下；以欧盟在1991年通过的《马斯特里赫特条约》规定的警戒线来看，多数OECD国家这一时期的赤字比率（财政赤字/GDP）和债务比率（政府债务/GDP）普遍超过警戒水平，而新西兰在1985年的赤字比率更是高达9%，为警戒水平的3倍之多。迫于上述经济和财政压力，以新西兰、澳大利亚和英国为代表的OECD国家发起了

---

① 国际上诸多国家已经开始实施中期预算管理，并取得一定的成效。目前我国实施的是中期财政规划管理，其是中期预算管理的前期阶段，也是过渡阶段。因此，在借鉴国际经验时，更多的是讨论中期预算管理的国际做法，从而为我国目前正在实施的中期财政规划管理提供借鉴依据，同时也为将来开展中期预算管理打好基础。

新一轮的政府预算改革,并逐渐形成一种共识:预算程序和预算制度的结构影响预算结果。在一系列改变"游戏规则"的举措中,转向中期财政规划是非常重要的一个方面。

(3) 政府理念的变革——建设高效、廉洁、低成本的政府。如俄罗斯最初实行中期财政规划改革是为了建设一个相对高效、廉洁和低成本的政府。俄罗斯长期以来实行的预算管理模式都是以"投入"为核心,这种预算管理模式赋予了公共支出部门一种实际的特权:无论支出的资金能否取得产出,它们都能从国家财政资源中索取到资金。这种投入型预算造成了对预算结果的漠视,也造成了政府预算资金的巨大缺口,恶化了国家财政状况为改变投入型预算的上述弊端,建设高效、廉洁和低成本的政府,处于困境中的俄罗斯预算体系最终选择了以结果为导向的中期财政规划改革模式,于2006年开始试行编制中期财政规划,2007年正式全面推开。

总体上看,大部分国家实施中期财政规划的原因是为应对经济或金融危机导致的沉重财政赤字和债务负担,而从中期内统筹考虑财政资源配置问题。

2. 国外经验启示

实践证明,实行中期财政规划,是一种有效的预算管理方式。对于处于社会转轨中的我国来讲,引入中期财政规划管理意义重大。我国需要从其他国家的实践和探索中汲取宝贵的经验和教训。

(1) 与政府管理能力相适应。中期财政规划对政府的政策筹划、部门之间的协调和预算分析能力的要求较高,对一国行政与管理能力有重要的依赖。例如,在编制中期财政规划时,政府要对未来的经济发展和资源总量做出合理的预测,部门对自身的支出成本要有清晰有效的规划,同时还要建立宏观预测与部门发展规划之间有效的联结机制。这些要求对政府的管理能力是一个挑战。各国发展进程以及国情相异,其行政管理能力也有差别。发达国家的成功经验并不能直接、简单地嫁接到我国。事实上,发达国家成功推行中期财政规划管理的重要经验之一就是:找到适合国情和匹配政府管理能力的中期财政规划管理体制和改革路径。

(2) 完善相关法律。相关国家的经验证明，完善的立法保障是推动中期财政规划管理制度发挥作用的重要支撑。大多数实施中期财政规划的国家，法律并没有明确要求立法机关要对中期财政框架进行正式审批，但是将近3/4的国家会将中期财政规划框架提交立法机关。西班牙的《一般预算法案》，英国的《财政稳定法案》，法国的《预算基本法》《社会保障融资法》，德国的《预算原则法》《经济稳定和增长促进法》和《联邦预算法典》等都以法律的形式保障了中期财政规划的效力和顺利实施。

(3) 建立科学的预测和编制体系。中期财政规划的顺利编制和执行，都建立在对国家宏观经济运行、未来财政政策以及财政收支的准确预测的基础之上。在成熟的市场经济国家，建立了有效的中期财政规划管理体系的国家，都是对经济中长期发展有着极为准确和详细预测的国家，一般会就未来若干年的经济发展前景、增长率、各产业的发展速度、社会就业水平、通货膨胀率、物价水平、社会融资状况等进行详尽的预测和估计，深入分析影响财政收入和支出的各项因素。所有的预测结果都有可靠的数据和计量模型来支撑。

(二) 国内中期财政规划试点

近年来财政部积极组织各省级政府试编地方财政发展三年滚动计划，尽管试点工作时间不长，虽然还存在着一定的问题，但是通过这"一省一市一县"试点工作的开展，积累了经验，锻炼了技能，为我国引入中期财政规划打下了一定的实践基础。

1. 河北省、焦作市、芜湖县经验

(1) 河北省经验。2003年根据财政部综合司统一部署，河北省试编了《河北省2004-2006年省级财政发展滚动计划》，首次对此项改革进行了实践探索；2004年为进一步推动此项改革，河北省财政厅印发了《关于做好省级三年滚动预算编制工作的通知》，并组织少量部门试编了部门滚动预算，但由于受当时改革条件和各方面认知程度的局限，未能大范围实质性推开；从2008年起，河北省作为全国唯一省级试点省份编制三年期中期预算。试点工作在15个省级试点部门的积极努力和协同配合下，取得了阶段性成果。

河北省编制三年滚动预算工作的特点主要表现在以下三个方面：

第一，健全相关制度体系，为推动改革提供依据。2005年河北省颁布实施的《河北省省级预算管理规定》（［2005］省政府令第3号）第三十二条明确要求省级要编制三年滚动预算，同年省政府印发的《关于进一步推进省级财政集中财力办大事的指导意见》（冀政［2005］86号）也就此提出具体要求，进一步要求各部门结合国家和省经济社会发展中长期规划和省委、省政府重大战略部署，研究制定相关社会事业及经济行业的中长期发展规划，以及分年度实施计划，在此基础上，探索编制好长期滚动预算，将关系本部门中长期发展的"大事"纳入滚动预算管理，以增强预算安排的预见性。

第二，规范和完善各项预算管理改革，为编制滚动预算奠定业务基础。省级预算改革的不断深化和完善，如项目预算管理的日趋规范和科学，项目库管理手段全面运用，绩效管理理念和方法被广泛接受和应用，使河北省推行滚动预算的基本条件逐渐成熟。

第三，采取先行试点、由点及面的方式循序渐进地展开，并考虑财政各类发展性（专项）支出是政府推动各项事业持续发展的主要财力支撑，将编制发展性支出滚动预算作为这项改革的关键和突破点。自2008起，用3年时间，经过试点起步、扩大试点、普遍实施三个阶段，将试点范围从前期选择的15家扩大到了省级所有分管发展性支出的部门，建立起了覆盖省级财政所有发展性支出的省级三年滚动预算体系；待时机成熟再将三年滚动预算编制从部门发展性支出扩展到部门所有支出预算，从单纯的财政支出预算扩展到财政整体收支预算，建立起较为科学、完整的中长期预算制度。

（2）焦作市经验。2009年，河南省焦作市开始中期预算试点工作。焦作市编制中期预算的部门主要包括承担市委、市政府中心任务较重，分管项目支出较多，职能领域对全市经济社会发展影响较大的33家单位。预算项目包括编制中期预算部门所承担的关系全市经济社会事业发展，以及改善民生等重点支出的所有项目；资金来源包括一般预算收入、基金预算收入和债务预

算收入。具体流程和内容如下:

第一,规划环节。依据政府在一定时期内的重大战略部署和全市经济社会发展中长期规划,研究制定财政职能领域内经济社会事业发展中长期规划,明确发展目标、投入重点,相关部门提供部门中长期规划,作为编制全市财政资金使用中长期规划的依据之一。中长期财政规划草案提交财政部门审定后形成正式的规划,作为编制滚动预算的基础和前提。同时,在规划初期通过多种渠道广泛收集民意,作为编制规划的辅助依据。确定优先发展的政策目标。通过拟定优先发展的政策目标列表,反馈给相关部门。各部门根据中长期规划确定的优先发展领域,确定分年度的事业发展计划和发展性支出总体安排思路(包括财政资金投入方向、领域,重点支出项目及绩效目标),以项目计划书形式提交财政部门审定。

第二,评价环节。财政部门审核各部门编报的项目支出多年期滚动预算计划书,按照分类分口及支出科目分别汇总编制市本级财政项目支出滚动预算计划,同时将审核意见反馈各部门。按照专家论证、社会听证的程序对中长期预算草案进行评价、论证,对项目库的组合、项目规模进行讨论,经过调整修改形成地方政府中长期财政滚动预算。

第三,滚动环节。按照项目库管理要求建立起滚动实施的预算项目库。在编报年度预算项目时,各部门原则上应在上一年度上报的项目基础上细化完善,除上级新出台的需年度预算必须落实的政策性增支事项外,一般不重新编报。财政部门每年对各部门滚动预算项目进行审核后,将符合要求的项目分别导入财政多年期项目库备用。同时,按照零基预算原则,阶段性发展目标实现后,各部门要及时取消旧项目,安排新项目,确保职能领域公益性和建设性项目支出的连贯性和持续性。

(3)芜湖县经验。2009 年,安徽省芜湖县被财政部确定为全国县级政府中期预算编制试点县,在全国首开县级财政滚动预算编制试点工作。2010 年,芜湖县正式启动中期预算编制。按照部门职能事业发展对全县经济社会发展影响大、职能领域事关民生支出多、部门预算管理水平与专业力量相对较强的原则,选取芜湖县公安局、民政局等16家县级预算部门开展滚动预算工作。芜湖县中期滚动预算编制的主要内容包括:一是根据全县经济社会发展中长期规划和上级主管部门以县委县政府对部门事业发展的工作要求,研究规划职能领域内经济社会事业发展中长期目标,明确发展方向,投入重点和预期绩效,据此编制3年期分年度的滚动实施计划和分解目标;二是建立三年滚动项目库,重点项目安排要体现集中财力办大事;三是编制滚动预算建议计划。在具体安排上,分起步、扩大、全面三个阶段进行。在起步试点阶段(2009年),自编制2010年县级预算起,选择重点支出的16个部门先行试点,与年度预算同步编制县级2010~2012年部门三年滚动预算;在扩大试点阶段(2010年),将试点部门范围扩大到30个部门,与年度预算同步编制县级2011~2013年部门三年滚动预算;在全面实施阶段(2011年),县级所有部门全面实施,与年度预算同步编制县级2012~2014年部门三年滚动预算,从而建立起覆盖县级所有支出的三年期财政预算制度,形成一套为实现县政府中期实施目标的、有效的财政预算支撑体系。

2. 国内试点经验总结

中期财政规划试点工作取得了一定的成效:围绕规划目标,进一步增强了编制的准确性、规范性和科学性;加强了对项目资金的有效管理,减少了项目资金安排的随意性,提高了财政资金的使用效益;同时,也体现出了一定的前瞻性和计划性。

由于这项改革尚处于探索阶段,国内没有成熟经验可供借鉴,同时也受各种主客观因素影响,目前还存在一些不足和需要改进完善的地方。实践中发现的问题主要集中在以下几个方面:

一是改革意愿不够强烈,高层领导缺乏足够重视。一些单位试点容易出现部门领导变动频繁的情况,导致试点部门缺乏参与积极性。部门领导任期内更换情况较为普遍,导致试点部门领导认为只要做好眼前事就足够了,编制三年期预算的意义不大,主动参与的积极性不高。另外,地方政府高层领导对预算改革的重要性认识不足,缺少足够的强有力的支持。

二是预算与规划脱节,影响中期财政规划的实施效果。部门中长期社会事业规划能力不强,容易出现预算与规划不一致的情形,因此,需要进一步提高中期事业规划编制的科学性和具体的可操作性。中期财政规划在整个预算期内有一个统一的财政目标,预算期内的各个财政年度之间也是一个渐进的发展关系,部分部门的中期预算编制的未来财政年度的目标和工作没有做到清晰、具体和量化,年度之间缺乏衔接。

三是部门支出项目库建设进展缓慢,导致中期财政规划质量参差不齐。支出项目库建设是中期预算改革的重要一环,是保证政府预算走向规范化的一个重要制度建设,限于认识水平不够,加之没有专业的数据库建设,部分部门的支出项目库的建设进度缓慢,影响了部分部门支出的效率。由此,导致对发展性支出三年滚动预算项目申报情况不均衡,部分滚动项目申报不完整,尤其是后两年的项目细化不够、新项目少,表明试点部门项目安排仍然仅停留在当前年度,长远谋划不够,分年度的滚动实施计划和分解目标落实得不够具体。

四是缺乏准确的宏观经济预测能力,无法保证中期财政规划的科学性。可靠而值得信赖的财政收入和支出预测,可以为财政规则的制定和战略支出重点的选择奠定基础,并为财政风险的鉴别和预防提供一种预警机制。但是,实际工作中,由于技术、人员等多方面因素的制约,现有的部分试点部门的宏观经济预测形同虚设,出现了"远的看不清,近的看不准"的情况,无法为中期预算提供科学合理准确的收支预测,使得中期预算的质量和效果大打折扣。

五是编制人员业务能力不足,导致中期财政规划工作效率低下。推行三年期预算是财政预算管理体制的一项重大改革,对编制人员业务水平要求更高。但是,实际工作中各预算部门人员紧张,没有设置专职预算岗位,一般由财务人员兼任,岗位定位不准确,职责不明确,对于中期财政规划的地位、价值缺乏正确认识。为了更好地推进中期财政规划,必然要求通过培训课程、工作室以及研讨会等方式,对职能人员培养相应的价值观、信念和行为,使之重新定位。

二、中国中期财政规划的实施

当前,为了促进我国中期财政规划工作的推进,国务院于 2015 年颁布了《国务院关于实行中期财政规划管理的意见》(国发[2015]3 号)、财政部于 2015 年印发了《关于加强和改进中央部门项目支出预算管理的通知》(财预[2015]82 号),分别对我国实行中期财政规划以及改进中央部门中期财政规划管理工作做出了明确的规定,具体而言:

(一)当前我国实行中期财政规划的准备

中期财政规划的引入在预算制度上是一种变革,也是一种挑战。任何新事物的产生与发展,都存在着机遇与风险。因此,在实际工作中,面对中期财政规划我们不仅要在思想上转变固有观念,而且要在行动中,步步为营,循序渐进,扎实推进相关工作的展开。首先,从思想上来看,我国几年的试点和探索虽然在推广和普及中期财政规划的理念上取得了一些成绩,但中期财政规划的氛围还尚未形成,中期财政规划管理的理念尚未深入人心。因此,在相关工作推进过程中,要形成中期财政规划管理的氛围,各方要达成这样一种共识:从预算资源的合理配置来说,中期财政规划框架的一个主要功能就是提供一种使预算与政策相衔接的机制,引入中期财政规划并且尽最大限度地实现其作用和效果,就需要政府和部门之间协调一致,这是因为中期财政规划框架要求各参与者都在此框架内作出各项决策,各参与方的行为都要自觉地调整到适应中期财政规划管理的要求上来。其次,从实践上来看,中期财政规划的推进不能一蹴而就,综观世界各国相关工作的展开,都是循序渐进的过程。虽然国外在推进过程中积累了大量的经验,但是由于我国特殊的国情,决定了在推进中期财政规划工作时,必须秉承按部就班、循序渐进的实践道路。

(二) 当前推进中期财政规划的指导原则与思路

1. 实施原则

通过对中期财政规划（预算）的国内实践和国外经验的总结和分析，中期财政规划的实施应遵循稳定、谨慎和科学透明原则。稳定即财政收支政策应建立在对宏观经济形势分析预测基础上，具有相对的稳定性和可预见性。财政收入和支出应与经济增长相适应，并致力于保持合理的税负水平和财政支出水平。谨慎即财政政策的制定必须充分考虑到政策效应对以后年度税负的影响。滚动预算的编制必须要留有充分余地，以便给以后的年度预算调整留有空间，并且要谨慎应对财政风险，控制财政赤字，加强债务管理，以消除经济风险对政府财政状况的负面影响。此外，中期财政规划（预算）的编制本身就是为了满足财政透明的要求，使得市场主体对未来经济政策趋势有一个比较确定的预期，促进经济稳定增长和财政可持续发展。

2. 实施思路

在我国，推进中期财政规划工作应是一个长期的、循序渐进的过程。改革之初，可采取简单的滚动预算编制方式，即在没有总体实行政府滚动预算制度的情况下，先在具体编制年度预算的过程中，部分引入中期滚动预算的一些方法，主要是在一些重大项目支出中引入。

（三）我国实行中期财政规划的路径及相关注意事项

1. 中期财政规划的类型及实施路径

中期财政规划是指财政部门会同政府各部门在分析预测未来3~5年重大财政收支情况，对规划期内一些重大改革、重要政策和重大项目研究政策目标、运行机制和评价办法的基础上，编制形成的跨年度财政收支方案。结合国际上OECD国家以及我国香港地区的实际做法，我国实施的中期财政规划拟按照三年滚动方式编制，这更接近于中期财政框架（MTEF），也是中期预算的过渡形态。今后将在对总体财政收支情况进行科学预判的基础上，重点研究确定财政收支政策,做到主要财政政策相对稳定,同时根据经济社会发展情况适时研究调整,使中期财政规划渐进过渡到中期预算。

中央各部门从 2016 年开始,在编制 2016 年部门预算时,同步编制 2016~2018 年部门滚动规划,对目标比较明确的项目编制三年滚动预算,特别是要在水利投资运营、义务教育、卫生、社保就业、环保等重点领域开展三年滚动预算试点。各省、自治区、直辖市及计划单列市财政部门在编制 2016 年预算时,争取同时编制 2016~2018 年财政规划。省级各部门、省级以下地方财政部门条件较为成熟的,也可分别编制省级部门三年滚动财政规划和当地中期财政规划,以后逐年滚动。

2. 中期财政规划实施的相关注意事项

中期财政规划的实施,除了按照相关的规定按部就班地进行之外,还需要注意处理好其与年度预算以及其他规划之间的关系。

(1) 中期财政规划与年度预算关系。分年度来看,中期财政规划的第一年规划约束对应年度预算,后两年规划指引对应年度预算。年度预算执行结束后,对后两年规划及时进行调整,再添加一个年度规划,形成新一轮中期财政规划。通过逐年更新,确保中期财政规划符合实际情况,有效约束和指导年度预算。分级次来看,全国中期财政规划对中央年度预算编制起约束作用,对地方中期财政规划和年度预算编制起指导作用。地方中期财政规划对地方年度预算编制起约束作用。部门三年滚动财政规划对部门预算起约束作用。

(2) 中期财政规划与其他规划相衔接。财政部门要主动加强与其他部门的沟通协调,做好中期财政规划与国民经济和社会发展规划及相关专项规划、区域规划的衔接工作,中期财政规划草案送同级政府批准前,要征求同级相关部门和社会有关方面的意见。各部门也要树立中期财政观念,拟出台的增支事项必须与中期财政规划相衔接,制定延续性政策要统筹考虑多个年度,可持续发展,不得一年一定。对于农业、教育、科技、社会保障、医疗卫生、扶贫、就业等方面涉及财政支持的重大政策,有关部门应会同财政部门建立中长期重大事项科学论证机制。

（四）中期财政规划具体实施办法——以部门预算编制为例

根据《中华人民共和国预算法》，按照《国务院关于深化预算管理制度改革的决定》（国发〔2014〕45号）和《国务院关于实行中期财政规划管理的意见》（国发〔2015〕3号）等文件精神，在中期财政规划和预算编制这一框架中，部门预算的编制程序为：

1. 部门三年支出规划的编制程序及要求

部门编制部门预算，对一般公共预算和政府性基金预算拨款收入均应编制三年滚动支出规划，与预算年度（三年滚动规划中的第一年，下同）的部门预算同步进行，基本程序是：

（1）基本支出测算。"一上"时不编报基本支出规划。"二上"时，部门编制的基本支出规划分年数与预算年度基本支出预算数应保持一致。涉及三年滚动规划中的后两年基本支出的重大调整政策，由财政部门测算并编入规划。如因人员、编制或机构变化需调整后两年规划的，待编制相关年度预算时调整。

（2）项目储备。根据财政部门核准下发的一级项目[①]，部门组织所属单位编报二级项目[②]。二级项目要加强规范、整合，控制项目数量。所有入库项目都要设置绩效目标。要加强项目审核，并按要求进行评审，通过审核、评审的方可作为备选项目。部门要做好项目储备，支撑规划和预算编制。政府性基金预算参照一般公共预算项目管理。

（3）项目评审。部门向财政部门申报的项目库中，属于评审范围的，部门应按照规定的比例组织评审。对暂未开展预算评审的项目，部门也要按照要求加强审核。

[①] 按照部门主要职责设立并由部门作为项目实施主体。一级项目明细到支出功能分类的款级科目。每个一级项目包含若干二级项目。
[②] 二级项目包括在现有项目基础上规范整合而成的项目和新设立的项目，立项单位为项目实施主体。二级项目明细到支出功能分类的项级科目，年初部门预算按二级项目批复。

（4）项目支出测算。部门根据轻重缓急，对备选项目进行排序，择优编制项目支出规划。

（5）部门报送规划。部门报送"一上"支出规划时，要将对应年度的项目库一并报财政。项目库中三年滚动规划的各年度规模分别不得超过规定的对应年度项目支出规划的一定比例（如110%、120%和130%）。财政部门对项目进行审核，通过审核的纳入财政部门项目库；需要调整的，由部门调整后重新上报；不符合政策规定的，明确为不予安排的项目，不得列入规划和预算。

（6）财政部门审核控制数。财政部门根据中期财政规划、财政政策、部门需求等进行综合平衡，核定下达部门三年支出控制数，明确一级项目和部分重点二级项目的分年控制数。

（7）规划调整与下达。部门根据控制数调整编制三年支出规划报财政部，各年度支出总额不得调整。在一级项目控制数规模内，部门可增减替换二级项目，增加的项目必须是已纳入财政部门项目库的项目。部门如需在一级项目之间进行调整，或对控制数中已明确的二级项目预算进行调整，应报财政部门批准。

财政部门审核汇总部门的三年支出规划，按程序报批后，分解下达给部门。

2. 部门预算的编制程序及要求

（1）"一上"预算编报。①填报基础信息数据库。部门按要求填报基础信息数据库，对预算年度人员编制、实有人数、机构设置等情况较上年发生变化的，要说明原因并提供证明文件。②填报规范津贴补贴经费测算相关数据。③对备选项目进行排序，择优编报项目支出预算。④充分预计项目支出结转资金。⑤报送项目支出定额标准建设情况。⑥确定绩效评价试点内容。⑦编制新增资产配置预算。⑧填报部门职能和机构设置等材料。⑨配合专员办预算监管工作。

（2）核定"一下"预算控制数。财政部门根据中期财政规划、部门三年滚动规划、部门需求等综合平衡后,核定下达部门财政拨款预算控制数。其中,基本支出控制数明确到功能分类项级科目,项目支出控制数明确到一级项目和部分重点二级项目。

(3)"二上"预算编报。①预测收入与填报绩效目标。部门要充分、合理预计部门各项收入,真实、完整反映各项支出。纳入部门整体支出绩效目标管理试点的部门,要按要求填报部门整体绩效目标。②编制全口径基本支出预算。编制包含财政拨款和非财政拨款在内的全口径基本支出预算。基本支出预算编制到经济分类款级科目。财政拨款安排的基本支出严格按照财政部门下达的"一下"控制数编制。③编制项目支出预算。④真实反映结转资金。⑤填报住房改革支出预算。⑥关于"三公"经费安排。⑦编制政府采购预算。⑧填报"政府购买服务支出表"。⑨关于国库执行重点项目。⑩关于年初预算到位率。

回顾与总结:现代预算在发展演变的过程中,为适应经济社会发展的要求,从开始的控制导向基础上的年度平衡逐渐向将预算作为宏观调控工具基础上的动态平衡发展。即政府可以根据宏观经济形势灵活运用预算政策,有计划地使政府预算产生赤字、盈余或跨年度预算平衡,来达到有效调节国家宏观经济及实现财政政策的目标。本章首先介绍了有关预算平衡的理论及几种典型的类型,根据我国2014年修订的《预算法》对建立跨年度预算平衡机制的要求,重点介绍了我国跨年度预算平衡机制的内容,以及作为跨年度预算平衡机制重要制度保障的中期财政规划的国际经验及在我国的实施。

第九章　公开透明的现代预算制度构建之路

本章导读：公开透明是现代预算制度的特征之一，也是实现财政民主和有效财政监督的基础。2014年修订的《中华人民共和国预算法》（以下简称《预算法》）中，对于预算公开的主体、内容、范围、时间节点等均做出明确规定。本章介绍了预算公开的内涵、影响依据，中国预算公开的历程，预算公开的法律法规与制度保障。

政府预算透明是实现财政民主和有效财政监督的重要前提，也是社会公众监督各级政府权力行使的基础，体现着公共财政的本质特征。预算公开透明是公共财政领域透明度问题的核心内容，是良好财政治理的关键因素。因为，预算过程为公众及各利益集团提供了一个相对开放的平台和渠道，使他们可以通过法定的程序提出自己的预算诉求，了解预算配置的信息，监督预算资源的使用及政府承诺的兑现。因此，预算是实现政府自我约束和立法机构外部控制的重要制度安排与机制，而其前提是预算需要公开及透明。如果政府预算不透明，财政信息掌握不对称，就使得公众难以真正参与预算决策、难以有效进行民主监督、难以真实评价预算绩效等。这将直接导致公共资源分配与使用的监督不力，增加政府执政的代理成本，损伤政府执政的公信力。

而就我国改革的现实要求来说，深化财政改革，建立民主、科学、有效的预算管理与监督机制的最佳结合点和切入点应从财政预算公开透明入手，它是打造阳光财政的前提。

第一节　预算公开透明的理念及影响要素

一、预算公开透明的理念

预算公开透明是公共财政的本质要求。即从本质上来讲，公共预算是各政治利益相关方为实现自身及其代表利益的最大化而争取预算资金的过程，政治性和经济性是预算非常重要的属性。一旦各政治相关方达成了一致，就会形成体现为法律文件或者政府的资源配置计划等形式的预算结果。

国际上最早提出财政透明度概念的柯彼茨（Kopits）和克雷格（Craig）（1998），在提出财政透明度定义的基础上进一步解释了内涵，即财政透明度是指向公众最大限度地公开关于政府的结构和职能、财政政策的意向、公共部门账户和财政预测的信息，并且这些信息是可靠的、详细的、及时的、容易理解并且可以进行比较的，而财政透明度的内涵包括制度透明度、会计透明度、指标与预测的透明度三个方面。所谓制度透明度，是指对政府财政行为进行全面制度界定，包括公开政府的结构及功能，对公共部门和私人部门要有清晰的界定；公开预算过程，解释预算方案的财政目的和优先顺序，披露绩效评价和财务审计结果；税收方面，强调公民纳税要有明确的法律基础；公开政府管制的成本估计等。会计透明度，是指向公众详细披露有关财务信息，包括各个政府部门的明细报表、部门之间的资金往来等。柯彼茨和克雷格认为，政府预算报告的财务账目范围应包括中央政府和地方政府在内的一般政府基金和社会保障基金等预算外基金以及公共企业的准财政活动。他们列举了一些提高会计透明度方面的必要措施，主要是按照权责发生制记账

（以弥补收付实现制只着眼于现金流的不足）准确评价政府资产和债务（金融资产），公开年度支出的各个经济主体和用途的细目，公开年度收入细目等。指标与预测的透明度，是指政府不仅要公布与财政平衡相关的若干指标以及政府总负债和净负债等与财政相关的指标，而且还应公布对一些财政分析性指标的测算，包括结构性和循环性的财政平衡、财政的可持续性（稳定债务的基本水平）、未设偿债准备金的政府债务净值等。他们指出，要实现短、中、长期财政预测的透明，就应尊重事实，明确区分基本情形（政策未发生变化的情况下）和政策发生变化时的情形。此外，一些国际组织，包括国际货币基金组织（IMF）、经济合作与发展组织（OECD）、联合国开发计划署（UNDP）等都对财政透明度有所评述。

二、预算公开透明的国际标准

在现代社会，预算透明是政府透明核心，预算是沟通政府与公众的桥梁，政府通过预算实现对公众的受托责任，公众通过预算来监督政府的履约情况。可以说，没有预算或者预算不透明的政府就不是民主的政府，只有预算规范且预算透明的政府才是民主的政府。所以，实践中多采用预算透明的评价标准。

（一）《财政透明度良好做法守则》

1998年国际货币基金组织推出了《财政透明度良好做法守则》（以下简称《守则》），与《守则》配套发布的还有《标准与守则遵守情况报告》（以下简称《报告》）和《财政透明度手册》（以下简称《手册》）。

(1)《守则》。IMF《守则》的核心思想是政府应当定期向公众提供全面并且真实的财政信息，并对公开财政信息的内容、程序以及如何确保这些信息的质量进行规范。

(2)《报告》。《报告》是由IMF联合世界银行、巴塞尔银行监管委员会

(Basel Committee on Banking Supervision)、金融行动专责委员会（Financial Action Task Force）等组织对世界各国遵守国际标准和守则情况的评估报告，其中包括财政透明度。[①] 此外，还包括会计、审计、银行监管等共 12 项标准。《报告》是根据一个国家的有关当局的要求进行的，《报告》的评估及其公布完全出于自愿。从 1998 年到 2010 年已经对 91 个国家进行评估并完成了评估报告，我国目前还未参加。《报告》按照规定的格式进行编制和公布。首先由 IMF 的人员对国家有关当局的书面申请进行确认，然后由参与国填写并返回一份有关财政制度的标准问卷。之后，IMF 将派代表团对有关国家进行调查，调查时间通常为两周左右，调查结束后将编制一份报告草案，简要说明相关国家遵守《守则》的情况。在《报告》草案中，IMF 人员将做出说明，对相关国家在遵守《守则》方面所取得的成就进行总结，并为进一步提高透明度提出建议。这些建议将根据各国的国情提出，并列明可能的时限和重点事项。对于草案报告，将与有关当局一起讨论，在确定最终报告前，需要进行内部审查。

(3)《手册》。《手册》进一步阐述和说明了《守则》中的四项原则，并为《报告》的执行提供指南。与《守则》主要面向政府不同，《手册》旨在面向不同的受众。第一，各国当局可以对其中的细节介绍、国家实例和调查进行研究，然后据此推出更有力度的做法，以提高财政透明度。第二，对于 IMF 本身来说，《手册》是一个综合性的工具，可以协助进行《报告》评估和其他国家监督工作。第三，民间组织利用《手册》为其财政透明度的促进工作提供支持和补充。《手册》还提到了有关透明度的补充举措。第四，在学术界，《手册》可以作为有用的参考资料。第五，对于立法机关来说，《手册》是一个有用的工具，可以协助立法机关据此要求行政机构采取更透明的做法。《手册》的大多数内容对于很多公共财务管理能力薄弱国家来说，可能有困难。为了协助这类国家确定优先事项，《手册》列出了财政透明度的某些"基

---

① IMF 官方网站 http：//www.imf.org/external/np/rosc/rosc.asp? sort = topic#FiscalTransparency.

本要求"，这应该有助于为财政透明度奠定良好的基础。不应将这些基本要求视作最低的标准，而应作为实施《守则》所有做法的起点。对于有些已经有了良好做法但希望进一步提高财政透明度的国家，《手册》还特别列出了若干补充性的最佳做法。对于已经实施很多或大多数良好做法的国家和组织，如经济合作与发展组织、国际最高审计机构组织、联合国等，《手册》鼓励它们将最佳做法作为其财政透明度的最终目标。

IMF创立的《守则》《手册》和《报告》是目前世界上最具影响力的透明度评价标准。由于它旨在为各国的财政透明度实践提供指导，因此它的财政透明度评估本质上是定性的，没有提供定量评估标准，也就没有对各国透明度进行评级。

(二)《预算透明度最佳做法》

经济合作与发展组织于2001年发布了《预算透明度最佳做法》。《预算透明度最佳做法》是在1999年预算高级官员工作年会上，根据与会者的要求，在总结成员国经验基础上形成的，其目的是为成员国和非成员国提高预算透明度提供一个参考性工具。这些最佳做法是围绕各类具体的报告而设置，因此不同的国家有着不同的报告制度，关于透明度的侧重点也由此而各不相同。虽然这些最佳做法只是基于不同成员国在各自领域中的经验累积，它并没有提供一套普适的衡量预算透明度的指标，但它为后来的预算透明度研究提供了参考。①

OECD将预算透明度的内容以报告形式列示出来，首先指出政府应该编制和公布的与预算有关的报告种类以及各种报告的内容；其次强调了预算报告中应特别需要详细列示的具体信息，如经济预测指标、税式支出、金融债务和金融资产、非金融资产、雇员养老金债务以及或有债务；最后给出了保证预算报告质量和完整统一性的措施。

---

① OECD官方网站 www.oecd.org/.

(三)《开放预算指数》

除 IMF 和 OECD 等官方组织外,民间组织也积极制定预算透明度标准并推动预算公开。当前最有影响力的就是国际预算合作组织(the International Budget Partnership,IBP)及其设计的《开放预算指数》(Open Budget Initiative,OBI)。

自 1985 年监督政府预算的第一个公民社会组织——迪莎(DISHA)在印度的古吉拉特(Gujarat)出现以来,从非洲、亚洲、东欧到拉丁美洲的一百多个发展中国家和转型期国家中,民间社团都积极参与公众预算。在此背景下,IBP 应运而生。1997 年,美国以财政预算研究和监督以及扶贫为主旨的非政府组织——预算和政策优先序中心(Centre on Budget and Policy Priorities)成立了 IBP。该组织致力于促进民间社团参与预算,从而使预算系统更加透明、更具公信力,并更能迎合贫困及低收入人群的需要。[①]

IBP 有诸多成果,其中之一就是编制了世界上第一部有关预算透明度和公信力的独立性、比较性的调查报告——《开放预算调查》(Open Budget Survey)。为了便于衡量被调查国家在透明度上做出的整体努力,并在各国之间做出比较,IBP 在《开放预算调查》中编制了《开放预算指数》。《开放预算指数》根据它在整个预算期间公开的信息给每一个国家打分。2006 年 IBP 开始在 85 个国家(不包含中国)收集数据进行调查并公布结果。《开放预算调查》依据是严格设定的调查问卷,反映了与开放财政管理有关的公认良方,所用的许多标准同多方组织制定的标准相类似,如 IMF、OECD 和国际最高审计机构组织。IBP 的预算调查问卷共有 123 个问题,其中 91 个问题是评估公众获取预算信息的情况,余下 32 个问题涉及公众参与预算机会和政府重点监督机构让执行者担负公信力的能力有关的话题。答案得分经过平均处理,形成《开放预算指数》。通过对这些问题的问卷调查来评估一国政府公布的预算

[①] IBP 官方网站 www.internationalbudget.org/.

信息，多数问题是关于实践中发生的，而不是法律上的要求。填写问卷的研究者和发表评论的同行评论员都必须提供作答证据，或答案来源于某份预算文件、法律或其他公开文件、某政府官员的公开声明，或与某政府官员或其他知情方的面谈。与前两个预算透明标准相比，《开放预算调查》及《开放预算指数》具有以下特点：第一，《开放预算调查》是独立性的民间社团专家进行的调研，而非政府官员或捐献机构员工。第二，《开放预算调查》围绕着公众是否能查阅政府预算信息而进行评估。相反，其他调查通常围绕着政府出具预算信息的能力，它们并不检查该信息宣传的可能性、对象以及途径。第三，《开放预算调查》提出了一些问题，这些问题涉及公众参与预算的机会以及立法机关监督和最高审计机构。《开放预算调查》的局限性在于它重心在中央政府，不检查中央政府以下的各级政府是否提供信息。另外，这项调查考察信息的全面性，但并未对该信息的质量和可信度进行评价。

除上述国际组织外，其他国际组织也对预算透明度进行了解释和界定，表9-1将当前比较有影响力的国际预算透明度标准及内容进行了总结。

表9-1　　　　　　有影响力的国际预算透明度标准及内容

名称	内容
IMF《财政透明度良好做法守则》(2007)	提供了财政透明度的综合性框架。集中说明了应清晰界定政府范围、透明的预算程序和预算的获取性及完整性
OECD《预算透明度最佳做法》(2001)	致力于及时系统地提供在预算报告原则、特殊事项披露、预算质量和完整性等方面的最佳做法
IBP《开放预算指数》(2005)	对预算公开的程度进行了排序，排序是由专家进行详细、系统的调查后得出的，排序评估了各国预算的可获取性、预算质量、及时性等方面
世界关税组织《阿鲁沙宣言》(2003)	主要用于指导各国实现关税完整性所具备的关键性要素，其中专门有一部分是关于透明性的
《采掘业透明度公约》(2002)	督促政府公开采掘业开发特有自然资源所得的相关内容
《资源收入透明度指南》(2007)	适用于财政收入的相当大一部分来源于自然资源的国家。在许多国家，此类资源的数量庞大、交易技术复杂而且流量波动巨大，《指南》针对这些问题提供了一套更详细的指导原则

资料来源：Fiscal Affairs Dept. IMF. Manual on Fiscal Transparency [M]. Washington, D. C., 2007, p. 14.

由于《采掘业透明度公约》，世界关税组织（World Customs Organization）《阿鲁沙宣言》（2003）和《资源收入透明度指南》对我国不具有普适性，本章不进行讨论。除国际标准外，各国、地方和一些组织也建立了预算透明度标准，如日本非营利民间组织"全国市民行政监察（ombudsman）联络会议"的"地方政府透明度排名调查"等。

三、预算公开透明的影响要素

基于发达国家预算透明度提升的历程可以发现，预算透明度是多种因素共同作用的结果，包括政治因素、经济因素、文化因素、法治因素、预算监督能力因素和预算管理因素六个方面。

（一）政治因素与预算透明度

政体是指一个国家政府的组织结构和管理体制，在不同的历史时期，不同的国家和地域，政治体制都不尽相同。政体体现在预算方面就是预算的编制者、执行者和预算的审批者、监督者如何划分其权力和责任。世界上任何国家都无例外地把预算置于一定的政体之下，以决定预算权力的划分和相互制约力。可以说，预算中最重要的问题并不是这个计划书应当如何编制，而是如何控制和监督纳税人的钱不被滥用的问题，因此政体对于预算透明的影响相当重要。

（二）经济因素与预算透明度

经济基础决定上层建筑，作为一种政治现象的政府预算，其重要影响因素就是经济，主要体现在经济体制和经济发展水平。第一，根据资源配置的方式不同，经济体制可分为市场经济和非市场经济。总体而言，与非市场经济体制相比，市场经济是更有利于提升预算透明度的经济体制，这主要是因为：市场经济使得各经济体利益更加分化，市场经济符合民主价值理念，市场经济有助于增进国际交流和学习。第二，经济发展水平与预算透明度之间有较强的正相关性。随着经济的逐渐发展，社会保障体系逐步健全，贫富之间的矛盾逐步缓解，社会的教育水平大大提高，公众自由和民主的意识加强，信息交流和政治参与程度都会提高，与国际社会的接轨也会越来越紧密，民主体制赖以为基础的中产阶级会逐渐形成等，这些都为政治民主的实现提供了前提。因此，经济发展是政治民主的重要基础，如不具备这个基础，政治民主恐怕不易实现。

(三) 文化因素与预算透明度

与政治和经济对政府预算的直接影响不同，文化对于预算的影响可能是间接和潜移默化的，但毋庸置疑，文化对于预算透明的影响不可忽视。早在1956年，美国政治学家G. A. 阿尔蒙德就提出了"政治文化"的概念，认为文化通过影响各个社会成员的政治行为而对整个政治系统发挥作用。根据阿尔蒙德的研究，政治文化分为三种基本类型——蒙昧型政治文化、臣民型政治文化和参与型政治文化。① 其中，在蒙昧型政治文化影响下，公民就像一个古老社会中边远偏僻的村民，他们与政府之间的联系十分微弱，对政府无所要求和愿望，也不会对政府形成政治压力。而政府也不需要公民的政治支持和响应公民的政治要求。显然，蒙昧型政治文化不利于促进议会提升其监督预算的能力。而在臣民型政治文化的影响下，公民与政府之间的关系就像君主与臣子一样，公民尊重并执行政府所做的权威性决策，但缺乏参与政治、向政府表达利益要求的意识。与蒙昧型政治文化相似，这种文化不能鼓励公民督促议会监督政府，从而也不利于加强议会对政府预算的监督。而在参与型政治文化下，公民与政府间的关系是双向的互相影响、互相参与的关系，公民尊重政府的权威，具有政治认知与政治参与的能力，主动通过各种途径对政府的各种政治事务或决策发表看法，并参与到这些政治事务或决策中去，

---

① [美] 盖布瑞·阿尔蒙德. 公民文化——五国的政治态度和民主 [M]. 杭州：浙江人民出版社，1989：1-5.

而政府也需要公民的政治支持并愿意满足公民的政治诉求。在这三种政治文化中，参与型政治文化有利于民主，也有利于加强议会对政府预算的监督。阿尔蒙德为预算透明与文化的影响提供了理论依据。因此，在实践中，文化对于政府预算透明度的影响主要通过两方面途径来实现：一是文化对于预算信息供给者即领导人的影响；二是文化对于预算信息需求者即以公众为代表的利益相关者的影响。

（四）法治因素与预算透明度

在现代社会中，法律在一定程度上代表着公共的价值判断与利益诉求。与个人利益不同，公众利益难以精确地进行分割和统一，代表公众利益的立法机关不可能每件事情都向全体公民请示，而是在公众对善恶的基本判断达成统一意见后形成法律，立法机关按照法律实施监督即视为实现了公共意愿。法治的含义是公共组织、私人组织或个人，其行为都需要依照法律法规。通常，在法治化程度较高的西方发达国家，关于预算透明的法律也比较完善。少数没有建立成文法的国家如英国、加拿大和新西兰等，近年来开始将预算方面的一些重要法规演变成为基本法。比如从20世纪80年代开始，新西兰就加强了预算程序方面的基本法，包括加强政府向国会报告的责任制和对预算决策起决定作用的个人责任制等。在预算透明改革方面一直走在前列的新西兰，则在1989年的《公共财政法案》中，要求所有的财务报告都要采用权责发生制，并向公众公开报告内容。新西兰议会于1989年通过的《地方政府改善法》要求，地方议会要公布的文件包括关于财政形势的声明、总体运作状况的声明、用金融和非金融术语对每一项重要活动发布的声明、现金流量表等。与此同时，该法还要求地方议会在财政年度开始前、预算草案的准备阶段、议会做出重要政策动议之前，都要将相关文件张贴在公共场所，接受公众的咨询和意见。对于公众的提议，议会必须以公开会议的形式进行讨论。1994年的《财政责任法案》进一步强调，任何与财政责任的基本原则相违背的事项，都必须要向社会公布。在英国，从1995年开始就宣布要执行全欧洲统一的会计制度，并在1996年专门建立了财政报告咨询委员会，以研究实施权责发生制的具体措施。在世界银行的推动下，非洲的大部分法语国家都采用了制定《预算组织法》的方式，将预算透明的各个方面直接贯彻到《预算组织法》之中。

（五）预算监督能力因素与预算透明度

根据委托代理理论和公共选择理论，官僚不具有主动公开预算的倾向，为了保证公众的知情权，监督就显得非常重要。由于立法监督的法律性、规范性、权威性强，本书以立法监督为主来说明对预算的监督。在预算制度演变的发展史中，各国的议会与其行政机关的预算权力总是处于不断的竞争当中，双方平等地享有预算权力的机会不多。在各国采用的多种监督工具中，较常见的包括委员会听证、议会全体大会的听证、成立调查委员会、询问、（政府官员答复议员质询的）质询时限、质询、调查等。其中，质询、质询时限、调查、成立调查委员会等通常被认为是约束性较强的监督工具。各国议会联盟（IPU）和世界银行（WB）曾对此进行调查，发现不同国家对这些监督工具的使用频率是不同的，有些工具经常使用，而有些则不经常使用。然而实践中各国并非仅使用某一种监督工具，而是往往偏好于综合使用其中的几种监督工具。调查结果显示，大多数国家经常使用5~7种监督工具，使用7种监督工具的国家占40%，使用6种监督工具的国家占33%，[①]总体而言，经验数据证明了预算监督能力与预算透明度之间具有绝对的正相关关系，即议会预算监督能力越强，政府预算透明度越高；反之，预算透明度越低。

（六）预算管理因素与预算透明度

预算是否透明以及透明程度如何在很大程度上依赖于政府预算的管理。如果政府预算管理已经非常规范，那么它就有主动公开预算信息的动力，从

[①] 王淑杰. 政府预算的立法监督模式研究［M］. 北京：中国财政经济出版社，2008.

而提高预算透明度。如果预算管理水平较低，则即便公开了，公众看不懂，或即使能看懂，执行中往往随意调整，导致预算和决算相差甚远。因此，低预算管理水平约束下的预算公开没有意义，甚至还可能导致负面效应。从各国实践看，预算管理能力强的，通常预算透明度较高。比如高预算能力的美国、挪威、瑞典等预算透明度都较高。

第二节 中国预算公开透明的发展之路

新中国成立以来，中国的预算公开之路走"不公开—适度公开—非涉密事项一律公开"的公开路径。新中国成立初期至改革开放前，我国实行的是计划经济体制，国家分配论占据财政理论的主导地位，国家财政计划、国家预决算及各项财务机密事项，属于保密内容。改革开放以来，随着向市场经济体制的转轨，以及纳税人权利意识的提升，中国的预算信息、财政政策逐步公开，公开的形式、公开的内容、时间节点、公开途径等逐步规范统一，预算公开成为提升政府执政公信力，解释政府公共受托责任履行情况的一个主要途径。

一、改革开放前预算公开透明的状况

1951年颁布的《保守国家机密暂行条例》规定，"国家财政计划，国家概算、预算、决算及各种财务机密事项"属于保密内容，是国家机密。1997年7月国家计委、财政部、国家保密局等8部委根据1988年9月通过的《中华人民共和国保守国家秘密法》第八条第四款规定：国民经济和社会发展中的秘密事项，联合制定了《经济工作中国家秘密及其密级具体范围的规定》。根据该规定，在国民经济和社会发展中列入绝密级的财政事项有：全国财政收入、财政支出、国家年度预算草案、中央年度预算草案及其收支款项的年度执行情况、国家年度决算草案、中央年度决算草案和未公布的国家决算、

中央决算收支款项等。列为机密级事项的有：各省、自治区、直辖市及计划单列市和省会城市财政收入、财政支出等。因此，预算因为"保密""国家秘密"等理由迟迟没有公开。

二、改革开放后至党的十八大前预算公开透明状况

随着改革开放及公共财政改革的推进，我国政府预算开始了透明化进程。

1979年，我国政府行政部门正式恢复预算编制，并履行向全国人大提交国家预算报告经审议批准后予以执行的法定程序，从而在内容和程序上恢复了预算的本来面目。但直至20世纪90年代中期以前，我国预算透明化的进展是比较缓慢的，进入90年代中期以后，我国预算透明度伴随着公共财政改革进程的加快而得到较快提高。

1994年的分税制改革，从制度上基本规范了中央和地方的预算分配关系，扩大了预算分配的范围，显著提高了政府预算收入分配透明度。自1998年以来，一系列针对加强财政预算支出管理的改革则大大提高了政府预算透明度。1998年全面推开的政府采购制度，旨在将政府的支出纳入合法、合规、合理的轨道，同年的预算外资金收支两条线管理将有关部门取得的非税收入与发生的支出脱钩，收入上缴国库或财政专户，支出由财政根据各单位履行职能的需要按标准核定，提高了预算外资金的透明度。2000年开始推行部门预算改革，部门预算编制的改革是政府预算透明度提高的一个里程碑，各级政府部门预算从只按单位和支出类别设置一个笼统的预算资金收支表转变成了涵盖部门各项收支的由多个专门预算表格组成的一本综合预算。这种完整细化的编制要求使得部门预算能更清楚地反映每一个职能部门掌握各项资金的情况，财政资金的来龙去脉也更加地透明。2001年国库集中收付制度的推行将政府所有财政性资金（包括预算内和预算外资金）集中在国库或国库指定的代理行开设的账户，同时所有财政支出（包括预算内和预算外支出）均通过这一账户进行拨付，进一步增强了财政资金的透明度，有利于对财政资金的

流向和流量进行监督和控制。2007年新的政府收支分类改革旨在使政府每一项支出通过功能和经济分类得到"多维定位",以更加清晰地反映支出最终去向。实行新的收支分类改革后政府预算反映全面,公开透明,便于监督,使公众更容易明白,一定程度上解决了"外行看不懂,内行说不清"的问题。

2008年5月1日正式实施的《中华人民共和国政府信息公开条例》,更是将政府预算的公开问题提到了法规层面。该《条例》明确规定,县级以上各级人民政府及其部门应当在各自职责范围内确定主动公开的政府信息的具体内容,并重点公开包括财政预算、决算报告在内的政府信息。这为预算透明的法制化奠定了基础。2008年9月财政部发布的《财政部关于进一步推动财政预算信息公开的指导意见》也明确规定要公开财政预算信息,并指出财政预算信息是财政政务信息的重要内容,具体包括预算管理体制、预算分配政策、预算编制程序等预算管理制度,以及预算收支安排、预算执行、预算调整和决算等预算管理信息。

以中央层面财政部为例,自2009年起,财政部每年都会按照《中华人民共和国政府信息公开条例》(以下简称《政府信息公开条例》)的要求,以较规范的格式,在其网站上公布政府信息公开工作年度报告,包括公开内容、公开的形式等,其中尤其重点反映预算信息公开的情况。例如,《财政部2009年政府信息公开工作年度报告》中提及,"初步建立了财政预算信息披露制度",通过门户网站、报纸、电视、广播等途径,向社会及时公开国家财政收支月度执行基本数据、年度预算执行情况、决算报告和2000~2007年全国财政收支决算;2009年3月20日在人大批准预算后的第一时间在门户网站上公开了2009年预算报告和中央财政预算主要数据,包括4张收支预算表格,其后主动公开了2009年中央财政农林水事务支出表、2009年中央财政科学技术支出表、2009年中央财政教育支出表、2009年中央财政社会保障和就业支出表、2009年中央财政环境保护支出表、2009年中央财政医疗卫生支出表6张预算支出表;2009年7月6日及时向社会公开了2008年全国财政收支决算报告和8张决算数据表。另外,2009年财政部共收到政府信息公开申请45件,其中，申请公开相关财政数据的占60%左右，均依法按时予以了答复。在完善政府收支分类科目设置、细化预算编制的基础上，2010年中央本级支出预算表及中央对地方税收返还和转移支付预算表，基本上做到了按"款"级科目对外公开。其中，2010年中央本级支出预算进一步细化为23类123款科目，比2009年增加了82款内容。同时，为方便社会各界更加深入地了解预算有关情况，还公开了中央财政预算有关数据及编制情况说明，比较详细地解释了中央财政预算的主要考虑和有关数据的增减变化情况。《2014年财政部政府信息公开工作年度报告》提及，财政部信息公开的形式多样化，除门户网站、新闻媒体外，还增加了"公报年鉴"的形式，在2014年公开中央财政收入预算表等4张表的基础上，2014年财政部预算公开的内容更加细化。

三、党的十八大以来预算的公开透明及驱动因素

（一）预算公开步入到常态化、规范化阶段

党的十八大以来，财政部和各级财政部门贯彻落实党和国务院常务会议的相关精神，预算公开步入到常态化、规范化阶段。各级政府在预算公开的时间节点、内容、公开途径等方面均逐步统一，切实做到依法公开、主动公开。2014年，财政部把政府信息主动公开工作作为推进依法行政的重要手段，不断扩大公开范围、细化公开内容。新出台的财政法规、规章、规范性文件，基本做到了自公布之日起20个工作日内在网站上公开。基本实现按月在门户网站公开国家财政收支月度执行情况、全国彩票销售情况、全国国有及国有控股企业经济运行情况，按季公开全国税收增长的结构性分析。2014年，通过财政部门户网站及手机版网站主动公开信息18万余条，通过政务微信发布信息1900余条，网站日均浏览量超过200万人次。[①]

[①] 财政部财政信息公开办公室. 财政部2014年政府信息公开工作情况 [EB/OL]. www.mof.gov.cn.

2014年,财政部共收到政府信息公开申请1362件,均按有关法律规定进行办理,其中不予公开政府信息45件。2014年度财政部没有向政府信息公开申请人收取费用。2014年,收到以财政部为被申请人的涉及政府信息公开的行政复议申请95件,均依法审理终结。人民法院收到以财政部为被告的涉及政府信息公开的行政诉讼一审案件和二审案件各3件。2015年,财政部及时向社会公布了2014年部门预算,包括财政部2014年收支预算总表、关于财政部2014年收支预算总表的说明、财政部2014年财政拨款支出预算表、关于财政部2014年财政拨款支出预算表的说明。①

从财政部两年的信息公开工作报告来看,凸显了规范化特点,另外,2015年的报告内容比前几年明显更加细化,预算信息的公开力度更大。而且"依申请而公开"的信息条目明显减少,特别是其中申请预算信息公开的比例从60%降到了33%,这充分说明,随着预算信息法制化、规范化、公开化的推进,越是"主动"公开预算信息,"被动"公开信息的事件就越少。

(二)党的十八大以来强化对权力运行的制约是驱动预算公开的政治动因

公共权力本来源于公众的赋予,但是,在权力的运行中,实际上在公众和权力行使者之间建立起了一种典型的委托—代理关系。在一层又一层的委托代理过程中,会使本来属于公众所有的公共权力转移到了一部分人甚至是极少数人手中。在这种情况下,如果没有有效的制约和监督权力运行的机制,就很容易产生设租寻租、权钱交易、"黑箱"操作等腐败行为,用公共权力来为小团体甚至官员个人谋利益。政府预算的权力在于对有限公共资源的分配,在这种分配活动中,有众多的利益相关方,各方表现出来的行为特征是:资金的需求方有追求预算规模最大化的冲动,而资金的供给方则面对稀缺资源有取得诱发设租寻租收益的可能。所以,在政府预算这种涉及公共资金分配

---

① 财政部财政信息公开办公室. 财政部2014年政府信息公开工作情况 [EB/OL]. www.mof.gov.cn.

的活动中就需要第三方监督制衡方的介入。但是在实践中，由于分配活动所涉及的利益主体众多，环节及链条比较长，使得这种监督的成本高、效率低，公共资金分配和使用中的腐败案例大量出现证明了这一点。因此，要加强对政府预算权力运行的制约和监督，就要把权力关进制度的笼子里。所以，以政府的预算权力控制与监督为突破口，应该是从源头上防止腐败，从管理机制上加强廉政建设的治本之策。

（三）十八届三中全会《决定》关于预算公开的部署是推动预算公开的文件依据

十八届三中全会《决定》中指出：要强化权力运行制约和监督体系，"坚持用制度管权管事管人，让人民监督权力，让权力在阳光下运行，是把权力关进制度笼子的根本之策"。实践表明，腐败与权力失去监督、失去控制不无关系。那么，制约和监督权力运行的突破口是什么？加强对政府权力运行的制约和监督，将权力关进制度的笼子里，需要依靠什么为载体来对权力运行进行有效的制约和监督？由于政府权力的运作，施政行为的开展离不开预算资金的财力保障，因此管住了政府花钱的行为，控制了政府预算的资金流，也就实现了对政府施政行为的有效控制，可以实现对权力运行的有效制约与监督。过去若干年，我国在这方面进行了一些制度的建设，如部门综合预算改革旨在细化编制涵盖部门全部收支的预算；规范的政府采购制度改革旨在将政府的支出纳入合法合规的轨道；国库集中收付制度改革旨在将政府每一笔资金的流入流出纳入全方位的监督视野；预算外资金管理改革旨在能够提供给社会公众完整的政府收支的画面；收支分类改革旨在使政府每一项支出通过功能和经济分类得到"多维定位"，以清晰地反映支出最终去向；要求公开财政预算及"三公经费"等财政信息以期实现政府预算在阳光下运行，等等。可以看出，各种改革都是在朝着预算过程的全面规范、公开透明、利于监督的现代预算制度目标靠近，应该说改革取得了阶段性成果。同时，强化人民代表大会对预算的监督权力以及引入参与式预算变被动参与为主动参与以期建立起多主体的制约和监督机制等。①

(四) 2014 年新修订的《预算法》是预算公开的法律保障

1994 年《预算法》自颁布实施至今,已经有二十多年的历史了。不可否认,1994 年《预算法》在规范政府间财政关系、加强财政资金管理方面,发挥了重要的作用。但二十多年来,中国的财政收支规模、结构,财政的职能定位等,均发生了重大变化。尤其是十八届三中全会关于财政职能定位的最新论断,全面深化财税体制改革方案的顶层设计与路线图等,需要 1994 年《预算法》在立法宗旨、原则、预算管理模式、监督等方面有重大的突破。2014 年 8 月 31 日,运行了二十年的、具有"经济宪法"之称的《预算法》,历经四次大的讨论完成修订,自 2015 年 1 月 1 日起施行。2014 年《预算法》增加规定,除涉及国家秘密的事项外,经本级人大或其常委会批准,预算、预算调整、决算、预算执行情况的报告及报表,应当在批准后 20 日内由政府财政部门向社会公开,并对本级政府财政转移支付的安排、执行情况以及举借债务的情况等重要事项做出说明。各部门预算、决算及报表应当在本级政府财政部门批复后 20 日内由各部门向社会公开,并对其中的机关运行经费的安排、使用情况等重要事项做出说明。2015 年 1 月 1 日,新《预算法》正式实施,为各级财政部门预算公开提供了法律约束,也为纳税人主动申请公开提供了法律依据。中国预算公开的主要历程参见表 9-2。

表 9-2　　　　　　　　　中国预算公开的主要历程

时间	主要内容	特点
1998 年提出:构建公共财政框架之前	根据《经济工作中国家秘密及其密级具体范围的规定》,在国民经济和社会发展中列入绝密级的财政事项有:全国财政收入、财政支出、国家年度预算草案、中央年度预算草案及其收支款项的年度执行情况、国家年度决算草案、中央年度决算草案和未公布的国家决算、中央决算收支款项等。列为机密级事项的有:各省、自治区、直辖市及计划单列市和省会城市财政收入、财政支出等	预、决算信息不公开阶段

---

① 李燕. 财政信息公开透明是预算监督管理的基础 [J]. 财政研究, 2010 (6).

续表

时间	主要内容	特点
公开准备阶段	2000 年：部门预算改革 2001 年：国库集中收付制度改革 2003 年：中央财经项目支出绩效评价试点 2007 年：政府收支分类改革	为预算公开做准备
2008 年《政府信息公开条例》实施以来	县级以上各级人民政府及其部门应当在各自职责范围内确定主动公开的政府信息的具体内容，并重点公开包括财政预算、决算报告在内的政府信息	主动公开阶段
	2008 年 9 月财政部发布的《财政部关于进一步推动财政预算信息公开的指导意见》也明确规定要公开财政预算信息，并指出财政预算信息是财政政务信息的重要内容，具体包括预算管理体制、预算分配政策、预算编制程序等预算管理制度，以及预算收支安排、预算执行、预算调整和决算等预算管理信息	依据《条例》的主动公开阶段
2014 年以来新《预算法》实施后的依法公开	除涉及国家秘密的事项外，经本级人大或其常委会批准，预算、预算调整、决算、预算执行情况的报告及报表，应当在批准后 20 日内由政府财政部门向社会公开，并对本级政府财政转移支付的安排、执行情况以及举借债务的情况等重要事项做出说明。各部门预算、决算及报表应当在本级政府财政部门批复后 20 日内由各部门向社会公开，并对其中的机关运行经费的安排、使用情况等重要事项做出说明	依据 2014 年《预算法》的主动公开阶段
	《财政部关于深入推进地方预决算公开工作的通知》（财预〔2014〕36 号），明确地方预决算公开的总体要求、公开主体、公开时间、公开形式、公开内容、工作要求等	
	《财政部关于切实做好地方预决算公开工作的通知》（财预〔2016〕123 号），建立预决算公开长效机制。落实预决算公开主体责任、加强预决算的组织协调、改进预算公开基础工作、健全考核机制、加强预决算公开监督检查和责任追究	落实《预算法》规定，健全预决算公开工作机制，明确预决算操作规程
	财政部关于印发《地方预决算公开操作规程的通知》（财预〔2016〕143 号），明确地方预决算公开的操作规程	

第三节 推进中国预算公开透明的影响因素与制度保障

一、中国预算公开透明的影响因素

一国的预算信息公开势必与一国的政治、经济、历史文化、法治、管理技术、组织特征等环境因素密切相关，如果脱离了对预算透明环境基础的研究，完全按照西方标准来设计中国的预算透明度提升路径与透明度范围，不仅给出的政策建议缺乏理论与实证数据的支持，而且在可操作性上会大打折扣。

（一）预算公开的驱动因素

1. 激励因素

（1）加强预算管理的需要。政府预算是政府的年度财政收支计划，是政府政策的重要工具，对政府活动和经济发展具有重要意义。政府预算通过其收支活动和收支指标，反映政府活动的范围和方向、政府各部门的情况，以及国民经济和社会发展各方面的活动。从理论上来讲，政府预算是一个对政府收入和支出进行决策的过程；而政府预算管理则是处理这些收入与支出过程中的技术问题。有效的预算管理可以通过改善信息管理，以适当的方式向公众披露相关的、充分的信息，帮助公众做出更好的公共选择，进而增进预算资源的运作效率和社会福利。

从20世纪90年代末开始，中国财政改革的重心已经从财政体制方面转向财政管理方面，集中构建与公共财政相适应的预算管理框架，推出了以加强财政支出管理为核心的重大改革，如部门预算、国库集中收付制度、政府采购制度、政府收支分类改革等。预算管理模式的改革，客观上要求有一个功能强大的政府会计和报告系统，全面追踪预算执行的交易信息，反映政府的资产与负债状况，评价政府活动的产出与绩效等。这也提出了提升政府预算透明度、改革政府会计体系的现实要求。

（2）财务丑闻。真实性反映是预算透明度的重要内容。如果信息是不真实的，公众等外部主体就不能够"透过现象看本质"，也就不能清楚地了解政府受托责任的履行情况。2003年以来的"审计风暴"不断暴露出纳税人资金在使用过程中出现的各种违规违纪现象，但从近些年来的审计公报来看，似乎在"重复着昨天的故事"，一些违规问题是屡审屡犯，甚至带来了社会公众的"审计疲劳"，导致政府公信力的大幅度下降。这些财务丑闻也引起社会公众和媒体关注现行预算信息披露方面的缺陷，提高预算透明度的呼声日渐高涨。

（3）资本市场和国际组织的推动。希腊主权债务危机的爆发，使得国际信用评级机构更加关注一国政府的主权债务风险。中国目前是世界上许多大的国际组织的重要成员，中国经济也是世界经济的重要组成部分，在经济日益全球化的今天，遵守或者尽可能地遵循国际公认的游戏规则已经成为许多国家（尤其是大国）应尽的一项重要义务。从世界范围来看，定期编报政府综合财务报告，反映政府的各项资产、负债、收入、费用（或者支出）和现金流量等信息，已经成为国际上加强政府公共管理、提高财政透明度的重要手段和通行惯例。

国际货币基金组织作为维护全球财政货币稳定的国际组织，其发布的《财政透明度手册》和《政府财政统计手册》尽管对于成员国没有强制约束力，但是对于各国的财政透明度和财政统计有着很强的指导作用。按照国际货币基金组织《财政透明度手册》和《政府财政统计手册》的要求，各国需要建立起一套以权责发生制为基础的，能够充分反映政府财务状况、运营绩效和现金流量的政府会计体系，为进一步提升各国的财政预算透明度打下基础。

2. 社会经济文化驱动因素

（1）社会经济状况。随着国民素质的提高，公民民主法治意识的逐步增强,越来越多的人开始关心政府的财务状况和财政资金使用情况,对政府收支的合法性、政府财务状况的好坏、财政支出的效益和效率做出判断。综合国际经验,人均国民收入水平的提升和国民教育程度的提高,成为预算透明度提升的重要经济基础。

(2) 政治文化。中国有着2000年的封建历史和与之相伴的高度集权的政治管理体制,传统上就缺乏一种开放、参与的政治氛围,这在一定程度上不利于预算透明度的提升。随着改革开放的推进和市场经济的建立与完善,公共决策的民主化程度和开放程度正日益提高,公众对提高财政预算透明度,建立一个透明的政府会计和报告体系的需求日益提高。人大对政府预决算的审议日益严格,也进一步促进了政府公共决策的民主与开放,这在一定程度上有利于预算透明度的提升。

3. 政治管理系统的驱动因素

(1) 管理文化。管理文化是政治文化的一部分,管理文化对管理人员的开放程度和公共政策过程中民众普遍参与程度有一定影响。管理文化上的财政民主和公众参与,将成为中国财政透明度提升的重要文化基础。

(2) 政治竞争。政治竞争主要是信息使用者和信息供给者之间的力量对比。政治竞争导致为满足信息使用者改进信息质量的要求,实现一个更公开透明的财政管理系统。在中国,全国人大是代表各方利益的立法机构,监督和审议财政预决算报告和财政资金的使用,财政部门作为执行机构提供政府财务信息。随着全国人大在中国社会政治经济生活中的地位日益提高,对政府资金使用的监督力度也日益增强,从而能对行政部门的信息披露施加更大的影响。

(二) 中国预算公开的障碍因素

1. 组织的特征

一个国家政府财务组织的特征和组织之间的协调程度决定着预算信息披露的实施效果。在中国,预算部门、国库部门和政府会计部门是政府财务信息的主要负责部门,掌握着政府预算编制、收支执行和账务处理的重要信息,都属于财政部门的内设业务机构。如果在财政部门内部建立一个协调三个部门政府预算信息公开的机构,专门负责协调政府预算的信息公开事务,应当不会成为预算透明度提升的重大组织障碍。

2. 法律系统

尽管从国际经验来看,大陆法系传统的国家比英美法系传统的国家在预算透明度的提升方面更缺乏灵活性,但这只是意味着改革的具体路径可能存在差异,在改革的总体目标上偏差不应太大。中国基本上属于大陆法系的国家,提升政府财政透明度,首先需要协调和完善现行相关的法律法规体系,形成预算透明度提升的重要法律依据。

3. 管辖权的规模

随着管辖权规模的增加,实施一个新会计准则和财务报告的技术问题会随之增加,实施的成本费用也会提高。中国有 31 个省、自治区、直辖市(不含港、澳、台),政府机构数量庞大,地区经济发展差距比较明显,给中国预算透明度提升带来了一定的难度。

(三)预算透明度提升的影响因素定性评估

基于 Lüder 政府会计环境评估模型来对中国预算透明度提升的环境因素进行评估,我们可以发现,预算透明度的提升既有经济、管理方面的正面因素,也有组织体制方面的负面因素(见表 9-3)。预算透明度的提升有来源于外部政治、经济、社会方面的压力因素,也有信息技术革新等方面的推力因素。结合中国历史、文化等因素,循序渐进地推进财政管理、政府会计等领域的改革,为预算透明度的提升提供技术支撑,逐步提升政府的预算透明度,从而促进现代意义上的公共预算和民主财政的形成,倒是一条可行的社会成本较低的改良道路。

表9-3　　　　　　　预算透明度提升的环境因素归纳

因素	明细指标	效应评估
激励因素	财政管理的需要	正面提升（+）
	财务丑闻	正面提升（+）
	资本市场的驱动	正面提升（+）
	国际组织的推动	中性或负面（-）
社会结构变量	社会经济状况	正面提升（+）
	政治文化	正面提升（+）
政治管理系统的结构变量	管理文化	正面提升（+）
	政治竞争	正面提升（+）
实施障碍	组织的特征	中性或负面（-）
	法律系统	负面影响（-）
	管辖权的规模	负面影响（-）

二、推进预算公开透明的指导思想与原则[①]

（一）指导思想

全面贯彻落实党的十八大和十八届三中、四中、五中全会精神，按照《预算法》《政府信息公开条例》和全面深化财税体制改革的总体要求，将公开透明贯穿预算改革和管理全过程，进一步扩大预算公开范围，细化预算公开内容，完善预算公开机制。通过公开推动建立和完善现代预算制度，进一步规范政府行为，防范化解财政风险，实现有效监督，推进国家治理体系和治理能力现代化。

（二）基本原则

1. 依法公开原则

预算公开是以自然人或组织获得政府财政信息的权利为基础的，而不是

---

① 本部分内容转引自楼继伟. 深化财税体制改革 [M]. 北京：人民出版社，2015：96-100.

以权力为基础。这就决定了预算公开不是由政府决定的,而是由法律赋予的公众获得政府预算信息的权利决定的,即依法公开。依法公开是指预算公开必须由预算公开的主体在法定权限范围内按照法定程序进行公开。强调依法公开,不仅是依法治国、依法行政的要求,而且也是规范财政行为,提高财政透明度,防止滥用权力以维护公众利益的需要。明确规定民众有获得政府财政信息的权利,而不是政府的一种恩赐与施舍。因此财政信息公开,不是各级政府机关可自主取消的一种办事制度,而是应承担的法定责任与义务,必须依法公开。

2. 以公开为原则,不公开为例外

世界各国信息公开法律制度的一个共同原则就是:预算公开是原则,不公开是例外。预算信息是政府的一项重要信息,因此,预算公开是原则,不公开是例外,公开原则是社会主义市场经济法则和社会主义经济体制的内在要求,也是财政公开法律制度的一项基本原则。这一原则所表达的意思是:凡是政府财政信息都应当公开,除了法律规定例外的信息。财政公开规定行政行为必须及时全面公开,只有法律明确规定的例外情况可以免除公开之责任。除涉密内容外,所有涉及财政资金的情况都要公开,包括财税政策、预决算管理制度、预算收支安排、预算执行情况、决算情况、绩效评价等。

3. 强化责任原则

建立透明预决算制度,要不断强化各级各部门的责任意识,明确预算公开是各级政府应当依法履行的义务。各级各部门应当依法主动公开预算信息,积极推进本地区和本部门的预算公开工作。上级财政部门加强指导和督促,上下联动,共同推进预算公开。同时强化问责,对于未依法公开预算信息的部门和单位,要对负有直接责任的人员追究行政责任。

4. 救济原则

救济原则是指如果政府不履行预算公开义务或者履行公开义务不当,申请人认为其知情权受到侵犯时,那么公众有权通过诉讼等途径获得救济。救济原则,是为了体现没有救济就没有权利的思想,使申请人可以依法维护自

己的知情权。申请人与政府相比是个弱者,面对强权的政府如果没有救济制度,申请人的合法权益就会得不到保障,预算公开就只能流于形式。

(三) 总体要求

按照 2014 年《预算法》的要求,一是细化政府预决算公开内容。除涉密信息外,政府预决算支出全部细化公开到功能分类的项级科目,专项转移支付的预决算做到按项目按地区公开。二是扩大部门预决算公开范围。除涉密信息外,中央和地方所有使用财政资金的部门均应公开本部门预决算。三是细化部门预决算公开内容。逐步将部门预决算公开到基本支出和项目支出。四是按经济分类公开政府预决算和部门预决算。五是加大"三公"经费公开力度,细化公开内容,所有财政资金安排的"三公"经费都要公开。六是积极推进财政政策公开。

(四) 主要内容

此次改革,要在目前中央和地方财政预算公开、中央部门预决算公开、"三公"经费公开等已经取得进展的基础上,进一步做好以下透明预决算改革:

1. 政府预决算公开

各级财政部门应该及时公开经本级人大批准的政府预算报告及报表,经本级人大常委会批准的预算调整、决算、预算执行情况报告及报表,并对本级政府举借债务情况做出说明。按月公开本地区财政收支月度执行情况和累计执行情况。公开的报表应当涵盖一般公共预算(即公共财政预算)、政府性基金预算、国有资本经营预算、社会保险基金预算。除涉密内容外,政府预决算应全部细化公开到支出功能分类项级科目。在此基础上,逐步将本级一般公共预决算细化公开到支出经济分类。

2. 部门预决算公开

加大部门预决算公开力度,各部门公开经本级财政部门批复的本部门预决算，"三公"经费财政拨款总额和分项数额。公开的内容包括本部门和所属单位的收支情况、财政资金安排和使用情况、机关运行经费安排和使用情况、资产增减变化情况，以及本部门职责、机构设置情况，并对专业性较强的名词进行解释。"三公"经费决算要公开说明因公出国（境）团组数及人数，公务用车购置数及保有量，国内公务接待的年终奖、人数、经费总额，以及"三公"经费增减变化原因等信息。除涉密内容外，部门预决算全部细化公开到支出功能分类项级科目。在此基础上，逐步将部门预决算按基本支出和项目支出公开，并进一步细化公开到支出经济分类。

3. 专项转移支付公开

各级财政部门公开由本级预算安排的专项转移支付预决算。除涉密内容外，公开专项转移支付项目名称及预算安排情况、管理办法、分配结果，预算执行及决算情况。在此基础上，将本级预算安排的专项转移支付按地区公开。

4. 基层民生支出公开

在全面公开预决算的基础上，基层政府负责分配专项支出的各部门和单位，要另行单独公开本部门分配的专项支出情况，重点是与人民群众利益密切相关的教育、医疗卫生、社会保障和就业，住房保障和"三农"等专项支出，内容包括上级政府下达的转移支付资金和本级政府安排的专项资金。

县（市）级政府负责分配专项支出的各部门和单位，要重点公开本部门分配的专项支出的项目、资金管理办法、资金来源、分配标准以及到乡（镇）、部门的分配结果。乡（镇）级政府负责分配专项支出的各部门和单位，要重点公开本部门分配的专项支出项目和政策、资金来源、发放标准、发放形式等，并重点反映到人（户）、到项目的分配结果。对于分配到人（户）的专项支出，要通过政府门户网站、乡镇服务大厅、社区（村组）公示栏等，将分配到人（户）的姓名、地址、金额等情况详细公开；对于分配到项目的专项支出，要在施工场所外利用公告栏、公示牌等公开工程概算、资金来源以及施工单位等信息。

5. 地方政府债务公开

各级推进各级地方政府债务情况公开，包括政府债务余额变动、债务举借及还本付息、债务资金用途、土地收储及出让、资产抵质押、政府担保承诺、风险控制等情况。结合权责发生制政府综合财务报告制度改革工作，逐步全面公开地方政府资产负债状况、收入费用情况等。公开的政府债务情况包括本部门及所属单位的政府债务余额变动，债务期限结构及融资成本，债务资金投向及债务收支，债务项目现金流及形成的资产，还本付息、还款计划及偿债资金来源，资产抵质押、担保承诺及债务单位主要财务指标等。

6. 预算绩效信息公开

结合预算绩效管理工作的实际进展，逐步把绩效目标作为部门预算编制的重要内容，随同部门预算公开。把预算绩效情况作为预算执行结果的组成部分，随同部门决算公开。对纳入绩效评价范围的预算支出，尤其是一些社会关注度高、影响力大的民生项目和重点项目支出，将绩效评价结果及相应的绩效报告、绩效评价报告等绩效信息及时公开。

7. 财税政策和规章制度公开

除涉密内容外，积极公开已经出台的财政和税收发展战略、方针政策以及其他重要政策，已经发布的财政、财务、会计管理法规规章，以及各类实施细则、管理办法等规范性文件，财政工作中具有普遍指导意义或涉及公众、企业和社会利益的文件，以及部门预算编制、财政国库管理、政府采购、非税收入征收使用管理、会计管理和财政监督等方面的各项财政管理制度。

三、推进预算公开透明的保障措施

（一）规范工作程序

主动公开范围内的预算信息，自预算信息形成或变更之日起20日内，由制作或保存该预算信息的部门或单位，通过政府公报、政府网站、新闻发布会以及报刊、广播、电视等方式公开。同时要完善预算公开工作机制，明确公开的主体、时间、方式和原则，确保预算公开积极稳妥推进。

（二）做好保密审查

保密审查是预算公开的重要环节。按照《中华人民共和国保守国家秘密法》以及其他法律法规和国家有关规定，做好保密审查工作，凡是属于国家秘密的预算信息，不得公开；对于主要内容需要公众广泛知晓或参与，但其中部门内容涉及国家秘密的预算，应经法定程序解密并删除涉密内容后公开。

（三）回应社会关切

公开预决算信息的部门和单位，对一些涉及财税政策、规章制度的专业名词，应该做出详细的解释说明，对于预算公开过程中的社会普遍关注的问题应及时主动回应，方便公众理解。

（四）严肃公开纪律

预算公开是各部门和单位应当依法履行的义务，各级财政部门应督促本地区部门和单位主动公开预算信息，加大预算公开考核力度，建立健全定期考评机制。

回顾与总结：公开透明是现代预算制度的特征之一，一国的预算透明度受多种因素的影响，包括政治因素、经济因素、文化因素、法治因素、预算监督能力因素和预算管理因素六个方面。新中国成立以来，中国的预算公开之路走"不公开—适度公开—非涉密事项一律公开"的公开路径。随着向市场经济体制的转轨，以及纳税人权利意识的提升，中国的预算信息公开的形式、公开的内容、时间节点、公开途径等逐步规范统一，预算公开成为提升政府执政公信力，解释政府公共受托责任履行情况的一个主要途径。

2014年修订的《预算法》中，对于预算公开的主体、内容、范围、时间节点等均做出明确规定。未来我国将进一步扩大预算公开范围，细化预算公开内容，完善预算公开机制。通过公开推动建立和完善现代预算制度，进一步规范政府行为，防范化解财政风险，实现有效监督，推进国家治理体系和治理能力现代化。

参 考 文 献

[1] Allen Schick. The Federal Budget, Politics, Policy, Process (third edition). Brookings Institution Process, 2007.

[2] Allen Schick. The Road to PPB: The Stages of Budget Reform. Public Administration Review, Vol. 26, No. 4, pp. 243 –258, Dec. 1966.

[3] Dorotinsky. PFM blog: From Line-item to Program Budgeting-Opening the "black-box" of spending. From Line-item to Program Budgeting-Opening the "black-box" of spending, 21 – Nov – 2007.

[4] D. J. Kraan, D. Bergvall, I. Hawkesworth, V. Kostyleva, and M. Witt. Budgeting in Russia. OECD Journal on Budgeting, Vol. 8, No. 2, pp. 1 – 58, 2008.

[5] Einzig, P. The Control of the Purse: Progress and Decline of Parliament's Financial Contral. London: Secker & Warburg, 1959, p. 98.

[6] J. Diamond. The New Russian Budget System: A Critical Assessment and Future Reform Agenda. International Monetary Fund, 2002.

[7] Mackie, J. D. The Earlier Tudors (1485 – 1558). London: Oxford University Press, 1962.

[8] OECD (2013): OECD Economic Outlook No. 94 database. http://www.oecd.org/eco/Commonwealth of Australia (2012). Mid-Year Economic and Fiscal Outlook (2012 – 2013).

［9］P. A. DonVito. The essentials of a planning-programming-budgeting system. DTIC Document, 1969.

［10］Ridley and H. A. Simon, Measuring municipal activities: A survey of suggested criteria for appraising administration. The International City Managers' Association, 1943.

［11］《地方公共支出绩效评价研究》课题组. 地方公共支出绩效评价研究总报告［R］. 财政部财政科学研究所研究报告, 2006 (19).

［12］阿尔伯特·C·海迪. 公共预算经典（第二卷）——现代预算之路（第三版）［M］. 上海：上海财经大学出版社, 2006.

［13］阿伦·威尔达夫斯基. 邓淑莲、魏陆译. 预算过程中的新政治学（第4版）［M］. 上海：上海财经大学出版社, 2006.

［14］白景明. 依法加快建立跨年度预算平衡机制［J］. 中国财政, 2015 (1).

［15］坂本忠次. 财政再建与地方分权——有关近来广域行政论的考察［J］. 日本冈山大学经济学会杂志, 2008 (39).

［16］财政部. 2015年地方政府一般债券预算管理办法（财预［2015］47号）.

［17］财政部. 2015年地方政府专项债券预算管理办法（财预［2015］32号）.

［18］财政部. 财政部办公厅关于开展中央部门项目支出绩效自评工作的通知（财办预［2016］123号）.

［19］财政部. 财政支出绩效评价管理暂行办法（财预［2011］285号）.

［20］财政部. 关于对地方政府债务实行限额管理的实施意见（财预［2015］225号）.

［21］财政部. 关于机关事业单位实施养老保险制度改革有关预算管理问题的通知（财预［2016］36号）.

［22］财政部. 关于加强和改进中央部门项目支出预算管理的通知（财预

[2015] 82号).

[23] 财政部. 关于加强中央部门预算评审工作的通知（财预 [2015] 90号).

[24] 财政部. 关于进一步推进财政预算信息公开的指导意见（财预 [2008] 390号).

[25] 财政部. 关于进一步做好预算信息公开工作的指导意见（财预 [2010] 31号).

[26] 财政部. 关于切实做好地方预决算公开工作的通知（财预 [2016] 123号).

[27] 财政部. 关于深入推进地方预决算公开工作的通知（财预 [2014] 36号).

[28] 财政部. 关于推进预算绩效管理的指导意见（财预 [2011] 416号).

[29] 财政部. 关于完善政府预算体系有关问题的通知（财预 [2014] 368号).

[30] 财政部. 关于印发《财政部驻各地财政监察专员办事处实施地方政府债务监督暂行办法》的通知（财预 [2016] 175号).

[31] 财政部. 关于印发《财政支出绩效评价管理暂行办法》的通知（财预 [2011] 285号).

[32] 财政部. 关于印发《地方预决算公开操作规程》的通知（财预 [2016] 143号).

[33] 财政部. 关于印发《地方政府性债务风险分类处置指南》的通知（财预 [2016] 152号).

[34] 财政部. 关于印发《地方政府一般债务预算管理办法》的通知（财预 [2016] 154号).

[35] 财政部. 关于印发《地方政府专项债务预算管理办法》的通知（财预 [2016] 155号).

[36] 财政部. 关于印发《预算绩效管理工作规划（2012-2015年）》的通知（财预［2012］396号）.

[37] 财政部. 关于印发《预算绩效管理工作考核办法》的通知（财预［2015］25号）.

[38] 财政部. 关于印发《预算绩效评价共性指标体系框架》的通知（财预［2013］53号）.

[39] 财政部. 关于印发《政府投资基金暂行管理办法》的通知（财预［2015］210号）.

[40] 财政部. 关于印发《政府性基金管理暂行办法》的通知（财综［2010］80号）.

[41] 财政部. 关于印发《支出经济分类科目改革试行方案》的通知（财预［2016］135号）.

[42] 财政部. 关于印发《中央部门预算绩效目标管理办法》的通知（财预［2015］88号）.

[43] 财政部. 关于印发《中央对地方专项转移支付绩效目标管理暂行办法》的通知（财预［2015］163号）.

[44] 财政部. 关于印发《中央国有资本经营预算管理暂行办法》的通知（财预［2016］6号）.

[45] 财政部. 关于印发《中央企业国有资本收益收取管理办法》的通知（财资［2016］32号）.

[46] 财政部. 政府非税收入管理办法（财税［2016］33号）.

[47] 财政部预算司. 中央部门预算编制指南（2016）［M］. 北京：中国财政经济出版社，2015.

[48] 冯俏彬. 美国预算过程的发展演变及其启示［J］. 财政研究，2007（6）.

[49] 国务院. 关于调整证券交易印花税中央与地方分享比例的通知（国发明电［2015］3号）.

[50] 国务院. 关于改革和完善国有资产管理体制的若干意见（国发 [2015] 63 号）.

[51] 国务院. 关于改革和完善中央对地方转移支付制度的意见（国发 [2014] 71 号）.

[52] 国务院. 关于加强地方政府性债务管理的意见（国发 [2014] 43 号）.

[53] 国务院. 关于进一步做好盘活财政存量资金工作的通知（国办发 [2014] 70 号）.

[54] 国务院. 关于批转财政部权责发生制政府综合财务报告制度改革方案的通知（国发 [2014] 63 号）.

[55] 国务院. 关于全面推进政务公开工作的意见实施细则的通知（国办发 [2016] 80 号）.

[56] 国务院. 关于深化预算管理制度改革的决定（国发 [2014] 45 号）.

[57] 国务院. 关于实行中期财政规划管理的意见（国发 [2015] 3 号）.

[58] 国务院. 关于推进中央与地方财政事权和支出责任划分改革的指导意见（国发 [2016] 49 号）.

[59] 国务院. 关于印发 2016 年政务公开工作要点的通知（国办发 [2016] 19 号）.

[60] 国务院. 关于印发地方政府性债务风险应急处置预案的通知（国办函 [2016] 88 号）.

[61] 国务院. 关于印发全面推开营改增试点后调整中央与地方增值税收入划分过渡方案的通知（国发 [2016] 26 号）.

[62] 国务院. 关于印发推进财政资金统筹使用方案的通知（国发 [2015] 35 号）.

[63] 李俊生. 中期预算管理的国内外实践及中国实施中期预算管理的路径分析, 世界银行 TCC5 A24-10 子项目.

[64] 李萍, 许宏才, 李承. 财政体制简明图解 [M]. 北京：中国财政经济出版社, 2010.

[65] 李萍, 许宏才. 中国政府间财政关系图解 [M]. 北京: 中国财政经济出版社, 2006.

[66] 李燕, 刘霞. 我国预算稳定调节基金研究 [J]. 南京审计学院学报, 2013 (3).

[67] 李燕. 财政可持续发展与透明视角下的中期预算探究 [J]. 中国行政管理, 2012 (9).

[69] 李燕. 财政预算透明度提升的环境基础研究报告 [M]. 北京: 中国社会科学出版社, 2011.

[69] 李燕. 财政中期 (多年滚动) 预算: 借鉴与实施 [J]. 财政研究, 2006 (2).

[70] 李燕. 实施跨年度预算平衡机制相关问题的思考 [J]. 中国财政, 2015 (2).

[71] 李燕. 我国全口径预算报告体系构建研究 [J]. 财政研究, 2014 (2).

[72] 李燕. 新预算法释解与实务指导 [M]. 北京: 中国财政经济出版社, 2015.

[73] 李燕. 政府预算管理 [M]. 北京: 北京大学出版社, 2016.

[74] 李燕. 政府预算理论与实务 [M]. 北京: 中国财政经济出版社, 2010.

[75] 楼继伟. 深化财税体制改革 [M]. 北京: 人民出版社, 2015.

[76] 楼继伟. 政府预算与会计的未来——权责发生制改革纵览与探索 [M]. 北京: 中国财政经济出版社, 2002.

[77] 楼继伟. 中国政府间财政关系再思考 [M]. 北京: 中国财政经济出版社, 2013.

[78] 卢真, 陈莹. 澳大利亚政府预算制度 [M]. 北京: 经济科学出版社, 2015.

[79] 马蔡琛. 现代预算制度的演化特征与路径选择 [J]. 中国人民大

学学报，2014（5）.

［80］马海涛.中国分税改革20周年：回顾与展望［M］.北京：经济科学出版社，2014.

［81］马克·G·波波维奇.创建高绩效政府组织［M］.北京：中国人民大学出版社，2002.

［82］彭健.英国政府预算制度的演进及特征［J］.东北财经大学学报，2008（2）.

［83］童伟.俄罗斯政府预算制度［M］.北京：经济科学出版社，2013.

［84］王淑杰.英国政府预算制度［M］.北京：经济科学出版社，2015.

［85］王熙.美国预算制度变迁及其对中国的启示［J］.中央财经大学学报，2010（2）.

［86］肖鹏.基于防范财政风险视角的中国政府会计改革探讨［J］.会计研究，2010（6）.

［87］肖鹏.美国政府预算制度［M］.北京：经济科学出版社，2014.

［88］肖鹏.政府会计视角的中国财政透明度提升研究［M］.北京：中国财政经济出版社，2012.

［89］肖文东.中国政府预算改革：从年度基础到中期基础［D］.中央财经大学，2008.

［90］杨华，肖鹏.日本政府会计改革的经验与启示［J］.中国行政管理，2012（4）.

［91］杨志勇，杨之刚.中国财政制度改革30年［M］.上海：格致出版社，2008.

［92］中华人民共和国预算法［M］.北京：中国法制出版社，2014.

后 记

为推进现代财政制度的建立，进一步提高财政干部的业务素质，经财政部领导批准，我们立项开发了我国现代财政制度系列教材课题，包括一个总课题和六个子课题，由中央财经大学牵头，联合其他五所部省共建院校共同研究，财政部有关司局也参与了研究。本书是在中央财经大学李燕教授主持的子课题之一《现代预算制度研究》的基础上而成。

本书定位于预算政策制度的梳理和研究，避免成为学院派的纯理论研究，以适应财政干部培训的需要。在本书写作过程中，突出四大特色：一是前瞻性。内容来源于预算改革实践而又高于实践，在分析总结国内外现代预算制度改革实践经验的基础上，力图完整解析我国现代预算制度的内涵与建设之路。二是科学性。在写作过程中力争做到概念准确，论证充分，术语规范。三是通俗性。不仅适合财政专业人士阅读，而且适合非财政专业人士理解和掌握中国新一轮预算制度改革背景、历程与未来方向。四是可操作性。紧密联系当前预算改革前沿动态，注重相关预算改革的实践操作性，以便于政策的落实与推广应用。

本书由中央财经大学李燕教授主持，李燕教授、肖鹏教授负责全书的总纂和统稿。各章写作分工如下：李燕教授及王晓博士承担第一章，第四章，第五章第一、二、三节，第八章的写作；肖鹏教授承担第三章第二、三节，第五章第四节，第六章，第九章的写作；童伟教授承担第七章的写作；杨华教授承担第二章第三节的写作；马金华教授承担第三章第一节的写作；卢真博士承担第二章第一、二、四、五节的写作。

在课题研究和书稿写作过程中，财政部预算司积极参与了课题研究和书稿审核；中央财经大学马海涛教授对本书进行了审阅；中国财经出版传媒集团经济科学出版社在本书的出版编辑过程中给予了大力支持。在此，对参与课题研究、书稿写作、审核和编辑出版的各个单位和各位专家表示衷心感谢。

目前，财税体制改革正处于攻坚克难的关键时期，现代财政制度的构建也在不断实践和推进之中，加之我们的理解和研究水平所限，书稿中的疏漏和不足之处在所难免，欢迎读者予以批评指正，以便再版时修正。